KB070264

더 알고 싶은
심리학

더 알고 싶은 심리학

Something about Psychology

한국심리학회 편

김재휘 · 김경일 · 김영훈 · 김지호 · 김학진 · 나진경 · 양난미 · 이병관
이수정 · 이은경 · 조양석 · 최영은 · 최인철 · 최진영 · 최　훈 · 허태균 공저

학지사

머리말

심리학에 대한 세상의 관심이 이처럼 높았던 적이 있었던가 하는 생각을 하면서 심리학자들이 모였다.

이제는 상담심리, 범죄심리 등과 같은 심리학 분야가 초등학생에게도 익숙하고, 카운슬러, 프로파일러, 임상심리사라는 직업을 동경하는 청소년도 늘고 있다. 대학 입시는 물론이고 대학원 입시에서도 심리학 전공이 가장 뜨거운 경쟁률을 나타내고 있으며, 드라마와 서적에서도 심리학 혹은 심리라는 키워드가 녹아 있으면 최소한의 흥행이 보장된다고 한다.

우리의 일상생활에서도 심리학을 찾는 사람들이 점차 많아지고 있다. 긍정심리학을 통해 행복과 사랑에 대한 답을 찾고자 하고, 학습장애나 중독, 재난 위기 등의 문제 해결 방법도 심리학에서 구하고 있다.

그뿐만이 아니다. 기업도 공공기관도 심지어 정치 영역에서도 난제가 있으면 심리학자들에게 질문을 던지고 해결에 도움을 요청하는 일이 빈번해지고 있다. 반가운 일이다.

그래서 대학에서 심리학을 가르치고 있는 교수들이 만나 고민하기 시작했다. 심리학 전공생들만을 위한 교육과 강의에만 집중할 것이 아니라 사회의 요청에 귀 기울이고, 심리학에 호기심과 관심을 보이는 대중에게 도움이 되는 무엇인가를 만들어 보고자 하였다.

이 책은 현재 활발히 활동하는 저명한 심리학자 16명이 모여서 집필한 책이다. 국내 심리학자들의 대표 학술단체인 한국심리학회가 기획하고 주관한 최초의 대중적 교양서이기도 하다.

이 책을 교양서라고 한 것은 이것이 심리학개론과 같이 심리학 전공자를 위한 교과서가 아니기 때문이다. 심리학의 다양한 분야를 연구하는 16명의 교수가 모였음에도 불구하고 심리학의 모든 분야를 망라하지 않았으며, 심리학의 기초부터 단계적으로 학습해야 할 내용을 담고 있는 것도 아니다.

이 책은 대중적 교양서이다. 즉, 심리학에 관심을 갖는 중 · 고등학생, 학부모 그리고 일반인이 읽는다면 앞으로의 진로를 정하고 세상을 살아가는 데 도움이 되리라 생각한다. 또한 심리학이라는 분야가 이렇게 다양하며 또 이렇게까지 응용되고 활용되고 있다는 사실을 독자 여러분이 알았으면 하는 바람도 가지고 있다.

그리고 이 책은 개론서에서 담을 수 없었던 최신의 심리학 연구들을 많이 보여 주고 있다. 집필자인 교수들이 현재 가장 주력하고 있는 연구 주제를 다루고 있기 때문이다. 따라서 이 책은 심리학 전공자들에게도 유용할 것이다. 그들에게도 심리학의 응용 가능성을 보여 줌으로써 각자 자신의 전공을 통해 나아갈 길을 가늠해 보고 새로운 학문적 도전에 대한 확신을 갖게 될 것이라고 믿는다.

이 책은 집필자들이 자신의 주전공 분야에 집중하여 기술한 것으로, 지각심리, 인지심리, 뇌신경심리, 발달심리, 사회심리, 문화심리, 임상심리, 상담심리, 범죄심리, 광고심리, 소비자심리 등 기초 분야부터 응용 분야에 걸쳐 다양한 내용을 다루고 있다. 하지만 여기에서 소개하는 응용 분야의 이해를 위해 기초를 반드시 알아야 하는 것은 아니다. 처음부터 순차적으로 읽을 필요는 없으며, 순서에 관계없이 관심 있는 분야를 선별해서 읽어도 좋은 책이다.

이 책의 단점이라고 한다면, 집필자 개개인의 전문성과 개성을 최대한 존중하여 문체의 통일성은 고려하지 않았다는 것이다. 따라서 장마다 새로운 책으로 느껴질 정도로 개성적일 수도 있다. 하지만 이러한 점은 저자들의 개별적 성향을 살펴볼 수 있는 좋은 기회가 될 수도 있을 것이다.

이 책을 통해서 심리학에 대한 여러분의 관심이 더욱 깊어지기를 바라며, 또 다른 장면에서 여러분과의 만남이 이어지기를 기대한다.

2018년 8월

집필자들을 대표해서

김재휘

차례

1장

세상과 마음의 연결고리, 지각심리학

:

최훈 (한림대학교 심리학과 교수)

   '보는 것이 믿는 것이다.'라는 말이 있다. 뭔가 믿기지 않는 일이 있거나 확실하지 않은 상황일 때 직접 경험해 보면 그것이 사실임을 믿을 수 있다는 뜻이다. 귀신이나 UFO 같은 대상에 대해서 논쟁을 할 때도 많이 사용되는 표현으로 내가 직접 경험하면 그 존재를 인정한다는 뜻이다. 이렇듯 우리에게 경험은 매우 중요한 부분이다. 내가 경험했을 때, 비로소 어떤 사실에 대해서 혹은 어떤 대상의 존재에 대해서 확실한 결론을 내릴 수 있다. 그렇다면 이 경험이라는 것은 무엇일까? 왜 이 표현에서는 굳이 '보는 것'이라고 표현을 했을까?

   심리학은 인간의 마음을 연구하는 학문이라고 한다. 아마 심리학에 관심을 가지고 있는 많은 사람의 바탕에는 인간의 마음에 대한 호기심이 있지 않을까 생각한다. 하지만 마음이라는 말은 너무나도 넓은 의미로 쓰이기 때문에 이를 정의하는 것은 쉽지 않다. 화창한 날씨에 밖을 걸으면 즐겁다. 이때 우리는 마음을 느낀다. 매우 어려운 수학 문제를 풀고 있을 때도, 우리는 마음이 열심히 일하고 있다는 것을 느낀다. 친구들과의 관계에서도 마음이 개입되고 있다. 이렇게 많고 다양한 마음 활동에서 가장 기본이 되는 과정 그리고 첫걸음이 되는 과정은 무엇일까?

마음이라는 것은 다양한 상황에서 여러 가지 의미로 사용되지만, 궁극적인 마음의 기능은 외부의 환경 및 상황을 파악하고, 그 상황에 적절한 반응을 하는 것이다. 적절한 반응을 하는 과정에서만 마음이 개입되는 것이라 생각하기 쉽지만 외부의 환경 및 상황을 파악하는 것도 마음의 중요한 부분이다. 실제로, 심리학의 아버지라고 불리는 분트(Wundt)가 라이프치히 대학교에서 심리학 실험실을 최초로 개소한 이래, 초기 심리학자들이 많은 관심을 기울였던 분야 중의 하나가 바로 외부의 환경에 대한 정보를 우리 안으로 가져오는 과정이었다. 그들은 이 과정을 가장 간단한 형태의 마음 활동으로 보았고, 이 과정을 잘 이해한 후에 복잡해 보이는 인간의 마음을 제대로 이해할 수 있다고 보았다.

이렇게 외부 환경을 우리의 마음으로 가져오는 과정을 연구하는 심리학의 분야를 지각심리학이라고 한다. 조금 더 어려운 표현을 쓰자면, 지각심리학은 감각 기관을 통해 받아들인 외부 환경에 대한 정보를 해석하는 과정을 연구하는 학문이다. 외부 환경에 대한 정보를 받아들이는 곳은 오감이라고 하는 우리의 감각 기관이다. 눈, 귀, 코, 피부, 혀를 통해서 우리는 외부 환경의 정보를 얻는다. 이를 통해 우리의 경험이 형성된다. 그래서 굳이 '보는 것'이 믿는 것이 된다.

그렇다면 우리는 감각 기관을 통해서 얻어진 정보를 어떻게 처리할까? 시각의 경우를 예로 들면, 빛이 눈에 들어오면서 우리의 시지각(visual perception)은 시작된다. 빛 에너지가 우리의 눈에 들어오면 망막이라는 곳에 그대로 맺힌다. 그 망막이라는 곳에는 빛 수용기라고 하는 추상체, 간상체라는 신경세포들이 있는데, 그 세포들이 빛 에너지를 뇌에서 사용 가능한 형태인 신경 신호로 바꾼다. 그 신경 신호를 뇌로 보내면 우리는 우리의 주변 환경을 볼 수 있게 된다.

이쯤에서 우리는 위와 같은 시지각의 과정까지 왜 심리학의 영역에 속하는지에 대한 의문이 들 수 있다. 빛의 속성은 물리학의 영역처럼 보이고, 추상체니 간상체니 하는 세포들은 생물학의 영역인 것처럼 보인다. 신경세포가 빛을 신경 신호로 바꿔서 우리의 뇌가 볼 수 있다는데, 이 과정에서 우리의 마음이 어떻게 개입될 수 있을까?

실제로 많은 사람이 지각심리학이라는 분야를 심리학의 한 분야로 여기는 것을 힘들어한다. 굳이 앞에서처럼 물리학과 생물학에서 사용하는 용어를 사용하여 설명하지 않아도, 우리가 세상을 보고 듣는 지각의 과정에 우리의 마음이 개입되었다고 상상하기 힘들다. 복잡한 마음이 개입했다고 생각하기에는 우리는 너무 쉽게 세상을 보고 소리를 들을 수 있다. 그러나 사실, 우리 주변 환경은 생각하는 것보다 훨씬 더 복잡하다. 횡단보도를 건넌다고 생각해 보자. 양쪽 방향으로 빠르게 달리는 자동차들이 있다. 내 주변을 오가는 많은 다른 사람이 있다. 보행자 신호등을 확인해야 한다. 파란불로 바뀌어도 방심할 수 없다. 신호를 지키지 않는 일부의 차량도 있기 때문이다. 하지만 사람들과 부딪치지 않고, 신호를 확인하며, 위험한 차량을 피할 수 있도록 복잡한 주변 환경을 보는 일이 우리에게는 아주 쉽고 단순하게 느껴진다. 이와 같은 지각의 용이성은 우리의 지각 과정이 매우 수동적인 과정이라고 느껴지게 한다. 마치 카메라로 주변 환경을 사진 찍듯이 주변 환경을 그대로 수동적으로 받아들이는 것이 지각 과정이라고 생각한다. 이 과정에서 우리의 마음이 개입된다는 것은 상상하기 힘들다.

우리의 지각 과정은 실제로 수동적인 과정일까? 그렇지 않다. 우리의 지각 과정은 매우 능동적이고 복잡한 과정이며, 지각은 우리의 마음이 적극적으로 개입하여 작용한 결과물이다. 이제 지각 과정의 능동성을 시지각을 통해서 알아보자.

선택하는 눈

우리 눈앞에 갑자기 고릴라가 나타난다. 저벅저벅 걸어와서 포효하듯 팔을 휘젓는다. 우리가 과연 이 고릴라를 못 볼 수 있을까? 말도 안 되는 일이라고 생각하겠지만, 못 볼 수도 있다는 사실을 1999년 사이먼스(Simons)와 차브리스(Chabris)가 실험을 통해서 보여 주었다. 그 실험에서 참가자들은 여러 명의 학생이 농구공을 주고받는 영상을 보면서 그 주고받는 횟수를 세는 과제를 수행하고 있었다. 과제 수행 도중 영상에서 갑자기 고릴라(정확하게는 고릴라의 탈을 쓴 사람)가 유유히 걸어 나와서 농구공을 주고받는 한가운데를 지나갔다. 심지어 포효하듯 팔을 휘저으며 잠시 동안 퍼포먼스를 하고는 화면 밖으로 사라졌다([그림 1-1] 참조). 그런데 놀랍게도 이 영상을 보던 참가자들 중 절반이 넘는 참가자가 고릴라를 보지 못했다. 참가자가 화면에서 어느 부위에 초점을 맞추고 있는지를 기록할 수 있는 장치(눈 운동 탐지기, eye-tracker)를 사용한 후속 연구(Memmert, 2006)를 통해서 알게 된 더 놀라운 사

[그림 1-1] **보이지 않는 고릴라 실험**

우리가 주의를 두지 않으면, 우리는 내 눈앞에 나타난 고릴라도 볼 수 없다. (한림대학교 지각심리 실험실 제작)

실은 우리가 초점을 고릴라에게 맞추어도 여전히 볼 수 없다는 것이다. 즉, 이상한 말 같겠지만, 두 눈으로 고릴라를 똑바로 보고 있는데도 고릴라의 존재를 보지도 못하고, 보았다는 사실을 알지도 못했다는 것이다.

참가자들이 고릴라를 보지 못하는 이유는 모든 주의(attention)가 농구공을 주고받는 횟수를 세는 데 다 투입되었기 때문이다. 주의는 그 능력에 한계가 있어서, 눈에 맺히는 모든 것에 다 주의를 둘 수 없다. 그래서 우리에게 가장 중요하다고 생각되는 부분에만 주의를 둔다. 주의를 눈 부분이나 사물에 대해서는 더 빠르고 정교하게 볼 수 있지만, 주의를 제대로 두지 않는 부분이나 사물들은 제대로 보지 못하게 된다. 이처럼 주의가 주어지지 않는 대상을 지각조차 하지 못하는 현상을 무주의 맹시(inattentional blindness)라고 한다.

모든 대상에 주의를 두지 않고, 일부의 대상에만 주의를 두는 것을 주의의 선택적(selective) 속성이라고 한다. 제한된 능력을 가지고 가장 효율적으로 주변을 이해하기 위해서 가장 중요하다고 판단되는 부분에 능력을 많이 할당하는 전략이다. 주의의 선택성은 인류의 오랜 진화의 과정에서 만들어진 것이고, 지금까지 그 효율성이 자연선택이라는 과정을 통해 검증되었기 때문에 여전히 시지각에서 결정적인 역할을 하고 있다. 하지만 완벽이 아닌 효율을 추구하다 보니 어쩔 수 없이 생기는 오류가 있는데, 그 한 예가 무주의 맹시이다. 무주의 맹시는 단순하게 실험실에서 발생하는 예외적인 현상이 아니다. 전화 통화를 하면서 운전을 하는 경우에 교통사고를 더 자주 내는 것도 전화 통화에 많은 양의 주의를 기울이게 되면서 주변의 다른 대상에 투입할 주의가 부족하기 때문이다.

무주의 맹시는 선택적 주의가 가지는 오류 중 하나이지만, 동시에 우리의 시지각이 단순하게 물리적인 세상을 있는 그대로 보는 것은 아니라는 점을 보여 준다. 우리가 보는 것은 물리적인 세상에서 우리에게 중요하다고 생각되는 것을 능동적으로 선택했을 때 가능한 결과물인 것이다.

없는 것도 채워 넣는 눈

무주의 맹시가 물리적으로 존재하는 고릴라를 지각하지 못한 경우라면, 그 반대의 경우도 있다. 즉, 물리적으로는 존재하지 않는데 우리가 보는 경우이다. 대표적인 예가 [그림 1–2]의 삼각형이다. [그림 1–2]는 단순하게 1/6이 메워지지 않은 검은색 원, 일명 팩맨(1980년대 유행했던 게임인 팩맨의 모양과 유사하다고 하여 붙여진 이름) 3개로 구성되어 있지만, 이 그림을 보는 대부분의 사람은 세 개의 팩맨을 보기보다는, 세 개의 검은 원 위에 흰색 삼각형이 놓인 형태로 보게 된다. 즉, 실제로는 존재하지 않는 삼각형을 보게 되는데, 이 그림을 최초로 고안한 이탈리아 학자의 이름을 따서 이 삼각형을 카니자(Kanizsa)의 삼각형이라고 부른다.

카니자의 삼각형이 흥미로운 점은 단 3개의 팩맨으로 구성된 단순한 그림이 여러 측면에서 착시 효과를 일으킨다는 것이다. 첫째, 이 삼각형을 잘 보면, 실제로는 존재하지 않는 윤곽선이 선명하게 지각된다. 팩맨 3개밖에 존재하지 않기 때문에 팩맨들 사이의 공간은 물리적으로 전혀 차이가 없는 흰색이지만 삼각형을 이루는 선분을 지각할 수 있다. 둘째, 삼각형 부분이 주변

[그림 1–2] **카니자의 삼각형**

우리는 3개의 팩맨 대신에 3개의 검은 원 위의 실제로 존재하지 않는 흰색 삼각형을 본다.

부분에 비해 더 밝다. 삼각형 내부는 배경과 동일한 흰색이지만, 배경에 비해 더 하얗게 지각된다. 셋째, 삼각형이 검은색 원보다 확실하게 관찰자에게 더 가까이 있는, 입체감을 지각할 수 있게 한다.

이와 같이 실제로는 존재하지 않지만 주변의 정보로 인해 특정 도형이 지각될 때, 이 도형을 주관적 도형(illusory figure)이라고 한다. 주관적 도형이 지각되는 원인은 게슈탈트(Gestalt) 심리학의 관점에서 설명이 된다. 게슈탈트는 독일어로 형태라는 뜻으로, 게슈탈트 심리학은 우리의 지각이 작은 부분의 합으로 결정되는 것이 아니라 전체로서 지각됨을 주장하였다. 카니자의 삼각형으로 설명한다면, 우리의 지각 결과는 부분의 합이라고 할 수 있는, 세 개의 팩맨이 아니라 전체적인 형태인 검은색 원 위에 흰색 삼각형이 존재하는 형태로 나타난다는 것이다. 이와 같은 게슈탈트 심리학의 철학은 '전체는 부분의 합보다 크다.'라는 표현으로 나타난다.

카니자의 삼각형의 경우, 우리의 시각 시스템이 '좋은 형태의 법칙'을 따르기 때문에 발생한다. 좋은 형태의 법칙이란 우리가 보고 있는 세상이 가능한 한 좋은(그럴듯한) 형태를 가진 도형들로 구성되어 있다는 가정하에 본다는 의미이다. 팩맨의 형태는 완전한 형태라기보다는 이가 빠진 원의 형태이기 때문에 카니자의 삼각형 그림을 봤을 때 3개의 팩맨으로 이루어져 있다고 이해하는 것은 좋은 형태의 구성이 아니다. 차라리 3개의 검은 원과 하나의 흰 삼각형으로 구성되었다고 이해하는 것이 좋은 형태를 가진 도형들로만 이루어진 더 바람직한 형태이기 때문에 주관적 도형을 볼 수 있게 된다.

실제 존재하지 않는 삼각형이 보이는 이 주관적 도형의 예에서 알 수 있듯이 우리의 보는 행위는 단순하게 물리적인 세상을 보는 것이 아니다. 물리적 세상을 토대로 적극적으로 해석하고 그 해석의 결과대로 재구성하는 작업을 거치고 그 결과물을 보게 된다.

비교하고 해석하는 눈

[그림 1–3]에는 2개의 탑이 있다. 왼쪽에 있는 탑을 A, 오른쪽에 있는 탑을 B 라고 하자. 두 개의 탑 중 어느 것이 더 기울어 있는 것으로 보이는가? 아마 대부분의 사람은 B탑이 오른쪽으로 더 많이 기울어져 있다고 말할 것이다. A탑도 약간 오른쪽으로 기울어져 있지만, 그래도 B탑과 비교하면 상대적으로 곧게 서 있는 것처럼 보인다. 반면, B탑은 똑바로 서 있다고 말하기 힘들 정도로 오른쪽으로 기울어져 있다. 하지만 실제 A탑과 B탑은 동일한 정도로 기울어져 있다. 더 정확하게 이야기하자면, A탑의 사진과 B탑의 사진은 동일한 사진이다. 믿기 힘들다면, 사진을 잘라서 위 아래로 나란히 놓고 보라. 두 개의 사진은 오른쪽으로 동일한 정도로 살짝 기울어져 있는 같은 사진임을 확인할 수 있다.

흥미로운 점은 두 탑의 위치를 서로 바꾸면 마찬가지로 착시가 발생한다는

──────── [그림 1–3] **사탑 착시** ────────

두 개의 탑 사진은 동일한 것이다. 하지만 탑의 기울기는 우측에 있는 탑이 더 오른쪽으로 더 많이 기울어져 있는 것처럼 보인다.
출처: Kingdom, Yoonessi, & Gheorghiu (2007).

것이다. 이번에 A탑을 오른쪽에, B탑을 왼쪽에 가도록 위치를 바꿔 보면, 이번엔 반대로 A탑이 B탑보다 더 오른쪽으로 기울어져 있는 것으로 보인다. 왜 동일한 사진임에도 불구하고 사진이 놓인 위치에 따라 기울기가 달라 보일까?

착시의 발생 원인에 대해서는 여러 가지 가설이 있기 마련인데 이는 사탑 착시도 마찬가지이다. 그래도 가장 유력한 가설들의 공통점은 어떤 특정 대상을 지각할 때 주변에 있는 다른 대상들과의 비교 과정이 포함된다는 것이다. [그림 1-3]과 같이 두 개의 자극이 인접해 있을 때 시각 기제는 그 두 개의 자극을 서로 비교하여 그 결과를 반영한다. 그런데 우리의 뇌는 가장 편한 방식으로 일하는 것을 선호하기 때문에 가장 근접한 정보를 비교한다. 따라서 두 탑의 기울기를 비교할 때에는 A탑의 오른쪽 윤곽선과 B탑의 왼쪽 윤곽선을 비교한다. 만일 두 탑이 동일한 탑이라면 A탑의 오른쪽 윤곽선과 B탑의 왼쪽 윤곽선이 어떻게 되어 있어야 할까? 막연하게 생각해 본다면, 그 두 윤곽선은 서로 평행하거나 혹은 탑의 높이가 매우 높아서 우리의 시야에서 많이 멀어진다고 가정하면 투시법이 적용되어 한 점으로 모여야 할 것이다. 하지만 [그림 1-3]에서 두 윤곽선은 이 경우에 해당하지 않고, 탑의 꼭대기 부분으로 올라갈수록 두 윤곽선의 거리가 서로 멀어지는 확산의 형태를 띠고 있다. 따라서 우리 시각 시스템은 두 개의 탑이 동일한 탑이 아니며, 서로 다른 정도로 기울어져 있다고 판단을 한다. 특히 A의 오른쪽 윤곽선에 비해 B의 왼쪽 윤곽선이 더 많이 기울어져 있는 것으로 보인다. 그 결과 B탑이 A탑보다 더 많이 기울어져 있다고 느끼는 일종의 '채워 넣기(filling-in)'가 발생하여 착시가 발생하는 것이다.

주변에 있는 것들과의 비교를 통해 지각하는 것은 우리 지각과정의 일반적인 속성인데, 또 다른 예가 [그림 1-4]의 자스트로(Zastrow) 착시이다. A와 B는 동일한 도형임에도 불구하고 B가 더 큰 것으로 지각된다. 자스트로 착시 발생 원인에 대한 많은 가설 중에 가장 폭넓게 받아들여지고 있는 가설도 앞의 사탑 착시와 유사하다. A와 B가 인접해 있기 때문에 두 개 도형의 크기를

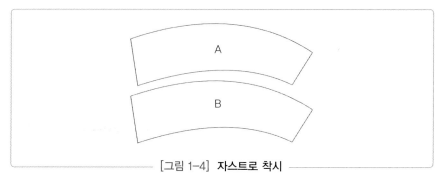

[그림 1-4] **자스트로 착시**

A와 B는 동일한 도형이지만 B가 더 크게 보인다.

판단할 때는 가장 인접해 있는 두 변인 A의 아랫변과 B의 윗변을 비교하게 된다. 이때 A의 아랫변보다 B의 윗변이 더 길어서, 이 상대적인 크기 때문에 A의 아랫변은 실제보다 더 작아 보이고, B의 윗변은 실제보다 더 커 보이는 착시가 발생한다. 이 비교의 결과가 채워 넣기로 적용되어 A보다 B가 더 큰 도형이라고 지각하게 되는 것이다.

　기울기나 크기와 같은 지각에서뿐 아니라 시지각의 가장 기본이라고 할 수 있는 밝기(lightness) 지각에도 이런 현상이 발생한다. 밝기는 쉽게 말하면 빛 에너지의 강도로 표현할 수 있다. 우리 눈에 들어오는 빛 에너지가 강하면 매우 높은 수준의 밝기를, 약하면 매우 낮은 수준의 밝기를 지각할 수 있다. 매우 화창한 날씨의 밝기와 해질 무렵 아직 전등을 켜지 않은 내 방의 밝기를 생각하면 밝기 차이를 쉽게 상상할 수 있을 것이다.

　[그림 1-5]를 보면서 밝기 지각의 이야기를 하자. 어둡거나 밝은 회색의 사각형들로 구성되어 있는 그림에서 무슨 밝기 지각의 이야기가 가능할까 하는 의문을 가질 수 있다. 하지만 눈에 들어오는 빛 에너지의 강도를 지각하는 것이 밝기 지각이라는 측면에서 보면, [그림 1-5]와 같은 흑백 그림은 밝기 지각의 훌륭한 예이다. 태양 혹은 전등과 같이 빛을 발하는 광원에서부터 나온 빛 에너지는 물리적인 대상에 다가가 만나, 일부는 흡수되고 다른 일부는 반사된다. 우리가 보는 것은 결국 이 반사된 빛이다. 그런데 동일한 양의 빛에

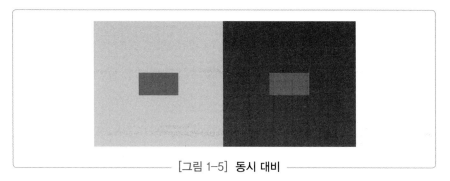

[그림 1-5] **동시 대비**
내부의 두 사각형은 동일한 밝기를 가졌으니, 오른쪽의 사각형이 더 밝아 보인다.

대해서 A라는 대상은 대부분의 빛을 흡수하고 매우 소량의 빛만을 반사한 반면, B라는 대상은 대부분의 빛을 반사한다고 가정하자. 이 경우, 우리 눈에는 어떻게 보일까? A로부터 반사된 빛 에너지는 소량이기 때문에 낮은 수준의 빛 에너지를 갖는다. 그 결과, 우리는 A 대상을 검은색 혹은 검은색에 가까운 회색으로 지각하게 된다. 반면, B에서는 많은 빛 에너지가 반사되기 때문에 높은 강도의 빛 에너지가 눈에 들어와서, 우리는 그 대상이 흰색이나 흰색에 가까운 회색으로 지각하게 된다.

그럼 [그림 1-5]를 자세히 보자. 왼쪽에는 밝은 회색의 정사각형이 있고, 그 사각형의 한가운데에 그보다는 조금 더 짙은 회색을 띤 작은 사각형이 있다. 마찬가지로 오른쪽에는 짙은 회색의 정사각형이 있고, 그 한가운데에 조금 더 밝은 회색의 작은 사각형이 있다. 작은 사각형을 중심사각형, 큰 정사각형을 배경사각형이라고 하자. 이제 우리가 해야 할 것은 양쪽에 있는 중심사각형 중에 어느 것이 더 밝은지를 판단하는 것이다. 다르게 표현하면, 어느 중심사각형이 더 흰색에 가까운지를 판단하는 것이다. 아마도 대부분의 사람은 오른쪽에 있는 중심사각형이 더 밝다고 할 것이다. 그럼 이번엔 다른 종이로 배경사각형을 가린 채 두 개의 중심사각형만을 보고, 어떤 것이 더 밝은지 보자. 그 결과는 어떠한가?

배경사각형을 가리고 본 중심사각형의 밝기는 동일할 것이다. 실제 두 개의 중심사각형은 동일한 회색을 가진 동일한 사각형이다. 하지만 배경사각형이 존재하면 그 밝기가 달라 보인다. 더 밝은 회색 배경 위에 있는 왼쪽의 사각형이, 어두운 배경 위에 있는 오른쪽 사각형에 비해 더 어두워 보인다. 마찬가지로, 이 현상도 근접해 있는 주변의 자극(배경사각형)과의 비교를 통해 중심사각형의 밝기를 지각하기 때문에 물리적으로 동일한 밝기를 가지더라도 우리의 지각 결과는 오른쪽의 중심사각형이 더 밝다.

[그림 1-5]처럼 한 대상 혹은 영역의 밝기 지각이 함께 제시된 주변의 밝기 수준에 따라 달라질 때, 이를 동시대비(simultaneous contrast)가 발생한다고 한다. 동시대비에서 주변 밝기와의 비교를 통해 밝기 지각이 이루어지는 것을 측면억제(lateral inhibition)라고 하는 생리적인 수준으로 설명한다. 측면억제는 망막에 있는 신경세포가 발화할 때 그 세포 주변에 있는 다른 세포의 발화를 억제하는 생리적인 현상이다. 발화가 더 활발히 되면 그 억제의 정도도 강해지는데, 이를 밝기라는 측면에서 설명하면 밝기 수준이 높을수록(다시 말하면, 흰색에 가까울수록) 주변의 억제 강도가 높다는 것이다. 따라서 [그림 1-5]에서 주변이 어두울수록 내부의 사각형에 대한 측면억제가 약한 수준으로 발생하여 더 밝게 보이고, 이와 반대로 주변이 밝을수록 내부의 사각형에 대한 측면억제가 강한 수준으로 발생하여 더 어둡게 보인다는 것이다. 하지만 최근의 연구들은 밝기 지각에서 주변과의 비교가 단순하게 생리적인 수준에서 발생하는 것보다는 더 복잡한 해석의 결과라고 주장하고 있다.

하나의 착시에 대해서도 여러 가지 설명이 가능하다. 위에서 언급한 착시들의 발생 원인에 대해서도 다양한 가설이 있다. 하지만 세 착시의 공통점은 한 대상의 지각은 주변의 대상과의 비교를 통해서 이루어진다는 점이다. 비교를 통해 얻어진 결과를 바탕으로 지각하려는 대상의 물리적 속성을 해석하여 심리적 속성으로 바꾼다. 그래서 물리적인 세상에서는 동일한 물체도 우리의 심리적 세상에서는 다른 물체가 될 수 있다.

착시의 미학

지금까지 본다고 하는 것이 수동적인 과정을 통해서 이루어지는 것이 아님을 몇 가지의 착시를 통해 이야기했다. 착시는 어떤 대상이나 장면을 실제 물리적 속성과 다른 속성으로 지각하는 일종의 착각이 시지각과 관련되어 발생하는 경우를 말한다. 지각의 목적이 주변 환경을 정확하게 이해할 수 있게 해주는 것이라는 측면에서 생각해 보면, 착시는 실패된 지각이라고 말할 수 있을 것이다. 앞에서 언급했던 것처럼, 무주의 맹시와 같은 착시는 교통사고를 유발하여 우리의 생존에 해를 끼칠 수도 있다.

하지만 흥미로운 점은 많은 시지각 학자가 착시에 관심을 두고, 연구를 하는 주된 이유가 착시를 실패된 지각으로만 규정하지 않기 때문이라는 것이다. 언급했던 것과 같이, 우리의 보는 행위는 매우 자동적이고 쉽게, 순식간에 일어나는 일이다. 실제 보는 행위가 아주 복잡한 과정을 통해서 이루어진다고 해도 이 과정을 알아내기란 쉬운 일이 아니다. 착시는 이 과정을 우리가 이해하는 데에 결정적인 힌트를 준다. 대상 혹은 장면이 실제와 다르게 지각될 때 우리는 그 차이로부터 지각 과정을 유추할 수 있기 때문이다.

[그림 1-6]을 보자. 그림 안에는 두 명의 사람이 있다. 두 명 모두 생김새는 동일해 보이지만 그 크기가 달라 보인다. 오른쪽에 있는 사람이 왼쪽에 있는 사람보다 커 보인다. 실제로 둘은 동일한 크기의 사람이다. 이는 주변에 있는 무늬 때문에 발생하는 착시이다. 이 착시의 발생 원인을 설명하는 것은 우리의 시지각 과정을 이해하는 데 많은 도움이 된다.

[그림 1-6]의 착시는 깊이(depth) 지각, 즉 입체감과 관련된 지각과 연관이 있다. 크기가 실제와 다르게 지각되는 착시에서 왜 깊이 지각의 이야기가 나오는지 의아해할 수도 있지만, 한 대상의 크기와 관찰자와 그 대상까지의 거리, 즉 깊이는 매우 밀접한 관계에 있다. 한 대상의 망막에 맺히는 상의 크기

[그림 1-6] **복도 착시(corridor illusion)**

두 명은 동일한 사람이지만 오른쪽에 있는 사람이 더 커 보인다. (한림대학교 지각실험실 제작)

는 관찰자와 그 대상까지의 거리에 반비례한다. 그래서 멀리 있는 대상은 망막에 작게, 가까이 있는 대상은 크게 상이 맺힌다. 하지만 우리는 망막에 맺힌 상의 크기대로 그 대상의 크기를 지각하지 않는다. 망막에 맺힌 상의 크기와 함께 그 대상까지의 거리를 고려하여, 그 대상의 크기를 판단한다.

그런데 문제는 그 대상까지의 거리를 계산하는 것이 쉽지 않다는 점이다. 깊이 지각은 시지각 과정 중에서도 가장 어려운 부분이라고 여겨지는 분야인데, 그 이유는 원천적으로 정보가 손실되는 특징 때문이다. 시지각 과정의 시작점은 망막에 맺힌 이미지이다. 망막에 있는 신경세포가 빛을 해석하면서 시지각이 시작된다. 하지만 물리적인 세상이 3차원인 반면, 망막에 맺힌 이미지는 근본적으로 2차원의 속성을 가지고 있다. 따라서 깊이 지각에 필요한 정보들이 처음부터 손실되어 있는 셈이다.

이와 같은 손실을 보충하기 위하여 시각 시스템이 사용하는 방법은 단서 접근법(cue approach)인데, 이는 양 눈에 있는 망막의 이미지에서 깊이를 알 수 있게 해 주는 모든 단서를 찾아내서 그를 바탕으로 해석하는 것이다. 이 과정은 매우 효율적이어서 일상생활에는 큰 문제가 없지만 어떤 경우에는 오류가 생긴다.

[그림 1-6]에서는 벽과 바닥 및 천장에 있는 무늬가 깊이 지각의 강력한 단서로 작용을 한다. 그래서 오른쪽에 있는 사람이 왼쪽에 있는 사람보다 더 멀리 있는 것처럼 보이게 한다. 실제로 두 명의 사람은 관찰자로부터 동일한 거리에 있기 때문에 망막에 맺힌 상의 크기는 동일하다. 하지만 두 명까지의 거리가 각기 다르게 지각되기 때문에 크기의 착각이 발생하는 것이다. 즉, 오른쪽에 있는 사람이 더 멀리 있는 사람이기 때문에 망막에 맺힌 크기보다 사실은 더 클 것이라고 판단하게 된다.

[그림 1-6]의 착시를 통해서 우리는 시각 시스템이 망막에서 손실된 깊이 정보를 어떻게 복원하는지 그리고 한 대상에 대한 망막 상의 크기와 관찰자와 그 대상까지의 거리가 어떻게 관련 맺고 있고, 이를 통해서 그 대상의 실제 크기를 어떻게 판단하는지에 대해 알 수 있다. 이렇듯 착시는 일종의 실패된 지각을 통해서 우리의 시지각 과정을 알 수 있게 해 준다.

◦

지각한다는 것

착시를 통해 우리의 시지각 과정을 이해할 수 있다는 장점은 납득할 수 있지만, 그래도 여전히 찜찜한 질문이 있다. 착시가 연구적 측면에서 장점이 있을 수 있지만 그럼에도 불구하고 왜 우리 시각 시스템은 이러한 착시를 용인하는 방향으로 시각 정보를 처리하는 것일까? 물리적인 세상을 있는 그대로 정확하게 볼 수 있는 것이 더 좋은 방식이지 않을까?

과학의 발전이 빠르게 진행되고 있는 오늘, 이러한 질문이 더 의미 있게 들린다. 우리의 눈과 여러분이 가지고 있는 휴대전화에 있는 카메라를 비교할 때 어느 것이 더 우월한지를 한번 생각해 보자. 해상도 측면만 고려해 보자면, 카메라의 일방적인 승리가 될 것이다. 우리의 망막에서 뇌로 정보를 전달해 주는 신경절 세포의 수는 한 눈에 약 100만 개 정도이다. 따라서 우리의 눈은 100만 화소의 카메라와 비견될 수 있을 것이다. 하지만 요즘 유행하는 휴대전화의 카메라는 어떠한가? 1,000만 화소를 넘는 카메라가 장착되어 있다. 카메라의 해상도는 인간 눈의 해상도를 훨씬 뛰어넘고 있다. 그런데 얼굴 인식을 한번 생각해 보자. 내 앞에 있는 사람이 누구인지를 알아보는 것은 무척이나 쉬운 일이며, 동시에 매우 중요한 일이다. 하지만 휴대전화는 최근에 들어서야 매우 제한된 조건에서 얼굴 인식이 가능하게 되었다.

착시를 효율적 처리의 필요악이라고 한다. 우리의 세상은 고정되어 있는 세상이 아니다. 우리가 보고 있는 어느 한 장면 안에서도 매우 많은 물체가 움직이고 있고, 그것을 보는 우리도 움직이고 있다. 이런 복잡한 환경에서 시각 시스템이 가장 필요로 한 능력은 무엇이었을까? 그것은 효율성이다. 앞에서 말한 대로 우리 뇌의 능력은 제한되어 있기 때문에, 그 제한된 능력으로 복잡한 시각 장면을 이해하기 위해서 시각 시스템이 가져야 할 것은 완벽한 정확도가 아닌 효율성이어야 한다. 효율성을 위해서 어느 정도 포기하는 정확도, 그것이 착시라는 현상으로 나타난 것이라고 할 수 있다.

하지만 착시 현상과 같이 우리의 지각 과정 자체가 내포하고 있는 불완전성이 단순하게 뇌의 능력 한계에 기인한 효율성 추구의 결과로만 이해하는 것은 옳지 않다. 시지각 과정의 시작점이라고 할 수 있는 망막 상의 이미지에서 깊이를 포함한 많은 정보가 이미 손실되었듯이, 우리의 감각 기관이 받아들이는 정보 자체가 이미 제한되어 있다. 우리 인간은 시각을 포함하여 오감이라는 다섯 개의 감각 기관을 통하여 세상의 정보를 받아들인다. 하지만 그 감각 기관이 얻을 수 있는 정보들은 대부분 제한적이다. 시각 이외의 감각도 마찬가지이다. 세상의 그 수많은 산해진미의 음식을 단 다섯 종류의 맛으로밖에 받아들이지 못하는 미각의 경우도 그 대표적인 예가 될 수 있을 것이다.

외부의 환경을 우리의 마음으로 가져오는 과정은 생각보다 어렵다. 그 과정이 쉬워서 외부 환경을 정확하게 받아들이는 정답이 있었다면, 아마 지구상에 있는 모든 생물은 유사한 감각 기관을 가지고 있지 않을까? 단세포 생물에서부터 복잡한 인간에까지 모든 생물은 자신들만의 독특한 감각 시스템을 가지고 있으며, 그 어떤 것도 외부 세상을 완전 정확하게 파악하지는 못한다. 어쩌면 감각 기관을 통해서 외부 환경의 모든 정보를 정확하게 받아들인다는 것은 불가능한 일인지도 모른다.

우리의 지각이란 무엇일까? 지각의 목적은 우리 주변 환경을 파악하고 이해하는 것이다. 착시를 통해 보이는 지각 실패 사례는 우리 지각 과정의 본질을 불완전성으로 이해하게 한다. 하지만 우리 지각 과정의 본질은 정반대에 있다. 우리의 감각 기관을 통해서 얻어진 정보는 부족하다. 그럼에도 불구하고, 우리는 착시처럼 매우 예외적인 경우를 제외하고는 외부 환경을 파악하는 데 부족함이 없다. 깊이에 대한 정보가 손실된 상태의 망막 상의 이미지에서 거의 완벽하게 3차원의 물리적 환경을 마음에서 재구성하는 것처럼 우리 지각 과정의 본질은 실재의 회복이다.

지각은 물리적인 세상을 우리 마음 안으로 가져오게 하는 연결고리이다. 지각 과정이 여러 가지 측면에서 완벽하지는 않다. 그래도 우리가 이 물리적인 세상에서 살아가기에 전혀 부족함이 없도록 훌륭하게 우리의 마음속에 물리적인 세상을 멋지게 만들어 내는 나름 매우 든든한 연결고리이다.

참고문헌

Kingdom, F. A., Yoonessi, A., & Gheorghiu, E. (2007). The Leaning Tower illusion: a new illusion of perspective. *Perception*, 36(3), 475-477.

Memmert, D. (2006). The effects of eye movements, age, and expertise on inattentional blindness. *Consciousness and cognition*, 15(3), 620-627.

Simons, D. J., & Chabris, C. F. (1999). Gorillas in our midst: Sustained inattentional blindness for dynamic events. *Perception*, 28(9), 1059-1074.

2장

메타인지:
생각을 보는 능력이 진짜 능력이다

⋮

김경일 (아주대학교 심리학과 교수)

●

실수하니까 인간이다

2010년 모 방송사에서 방영했던 〈0.1%의 비밀〉이라는 프로그램이 화제가 된 적이 있었다. 필자도 자문교수로 제작에 참여했던 이 프로그램 제목의 0.1%는 누구를 의미할까? 전국모의고사 전국석차가 0.1% 이내에 들어가는 800명의 학생을 두고 한 말이다. 그리고 이 학생들에게는 평범한 학생들과 비교해 볼 때 어떤 차이가 있는가를 알아보는 내용이었다. 필자와 제작진은 당시 상당한 고민에 빠질 수밖에 없었다. 왜냐하면 이 두 집단을 다각도로 조사해 봤는데 의외로 별 차이가 없었기 때문이다. 0.1% 그룹에 속하는 학생이라고 해서 평범한 학생들에 비해 IQ가 딱히 높은 것도 아니었다. 부모님의 경제력이나 학력도 크게 다르지 않았다. 예상 밖의 결과였던 것이다. 그렇다면 도대체 무엇을 통해 두 집단 간의 그 큰 차이를 설명해 낼 수 있을까? 머리를 맞대고 고민하던 중 문득 이런 생각이 뇌리를 스쳤다. "아, 메타인지!" 곧바로 필자와 제작진은 0.1% 학생들을 대상으로 색다른 실험을 시도했다. 사실 기존 연구들을 종합해 그대로 따른 것이기는 하지만 말이다.

0.1% 학생들에게(그리고 평범한 학생들에게도) 서로 연관성이 없는 단어(예: 변호사, 여행, 초인종 등) 25개를 하나당 3초씩 모두 75초 동안 보여 주었다. 그러고는 얼마나 기억할 수 있는가를 검사했다. 여기에서는 두 집단 간의 차이가 그리 크게 나타나지 않았다. 그런데 기억력 검사를 받기 전 '자신이 얼마나 기억해 낼 수 있는가'를 먼저 대답하게 했는데 여기서는 흥미로운 결과가 나타났다. 0.1%의 학생들은 자신의 판단과 실제 기억해 낸 단어들의 수에 있어서 거의 차이가 나타나지 않았다. 반면, 평범한 학생들은 이 둘 간의 차이가(기억력 점수가 높든 낮든 간에) 훨씬 더 크게 나타난 것이다. 즉, 기억해 낸 단어의 수 자체에 있어서는 이 두 그룹 간의 차이가 크지 않았지만 자신의 예측과 실제 기억 사이의 차이에서는 집단 간의 차이가 확연하게 나타났다. 자신의 기억력을 바라보는 눈에 있어서는 0.1%의 학생들이 더 정확했다. 이는 무엇을 의미하는 것일까? 바로 메타인지 능력에서의 차이이다. 메타인지(meta-cognition)란 무슨 뜻인가? 그리고 이 메타인지는 우리의 인지 체계에서 무엇을 담당하고 있는가?

●

자신의 생각을 바라보는 또 하나의 눈, 메타인지

사람들에게 이런 질문을 한다고 가정해 보자. "네 혹은 아니요로, 가능한 한 빠르게 대답해 주세요."라고 한 뒤 "우리나라 수도의 이름을 아시나요?"라고 묻는다. 대부분 사람들은 '네'라고 매우 빠르게 대답할 수 있다. 바로 이어 사람들에게 이런 질문을 한다. "과테말라에서 7번째로 큰 도시의 이름을 아시나요?"라고 말이다. 아마도 '아니요'라는 대답이 매우 빠르게 나올 것이다. 첫 번째 질문에 대한 '네'라는 대답과 거의 같은 속도로 말이다. 결론부터 이야기하자면 이것이 인간의 두뇌가 지닌 특별한 능력이며 최소한 현재까지의 컴퓨터나 AI가 지니고 있지 못한 기능이기도 하다. 무슨 엉뚱한 소리냐고 할지도 모르지만 이는 분명한 사실이다. 기계는 두 번째 질문에 대한 대답인 '아니요'가 무조건 느리기 때문이다. 좀 더 구체적으로 왜 그런지 알아보자. 가끔씩 우리는 컴퓨터를 사용하면서 내가 찾는 파일이나 내용이 있는지(즉, 컴퓨터가 그 지식을 가지고 있는지)를 알아보기 위해 검색 기능을 사용한다. 검색 창에 파일 제목을 입력한 뒤 '검색' 버튼을 누르면 컴퓨터는 열심히 그 제목에 해당하는 파일이 있는지를 찾기 시작한다. 만일 검색하고자 하는 파일이 그 컴퓨터에 있다면 찾아가는 과정 어느 지점에서 그 파일의 제목과 하드디스크상 위치를 화면에 출력한다. 하지만 그 파일이 그 컴퓨터에 없다면, 즉 컴퓨터가 그 지식을 가지고 있지 않다면 어떤 일이 일어나겠는가? 검색에 상당한 시간을 소모하여 컴퓨터의 하드디스크 구석구석을 모두 찾아본 뒤에야 '그런 파일은 없습니다.' 혹은 '파일을 찾지 못했습니다.'와 같은 메시지를 출력한다. 그리고 이 메시지를 출력할 때 걸리는 시간은 파일을 찾았을 때의 메시지보다 반드시 느리다. 즉, 컴퓨터는 '아니요, 모릅니다.'라는 대답을 '네, 알고 있습니다.'라는 대답보다 언제나 느리게 할 수밖에 없는 존재라는 것이다.

그런데 왜 인간은 이 두 종류의 대답을 거의 같은 스피드로 할 수 있는 것인가? 단순히 컴퓨터의 중앙처리장치(CPU)와 같은 우리의 뇌 구조물이 이를 빠르게 해서가 아니다. 왜냐하면 우리는 모른다는 대답을 할 때 우리 뇌의 전체를 이른바 '스캔' 하지는 않기 때문이다. 그렇다면 무엇이 이러한 판단을 내려 주는 걸까? 바로 메타인지가 이 일을 담당하고 있다. '안다'와 '모른다' 혹은 '할 수 있다'나 '할 수 없다' 등에 대한 판단 말이다.

메타인지는 '인지 현상에 대한 지식과 인지'로 정의된다. 인지란 무엇인가? 어렵게 생각할 필요 없다. 생각이다. 따라서 메타인지는 '생각에 대한 생각'이

[그림 2-1] 메타인지: 내 생각을 보는 또 다른 생각

며 '인지를 인지하는 것'이다. 따라서 보다 고차원적인 능력을 의미한다. 즉, 메타인지는 자신의 인지적 활동에 대한 모니터링과 조절을 의미하는 것으로 내가 무엇을 알고 모르는지에 대한 판단을 하는 것에서부터 자신이 모르는 부분을 보완하기 위한 계획과 그 계획의 실행 과정을 평가하는 것에 이르는 추상적 사고의 전반을 아우른다(Flavell, 1979). 그리고 이 능력이 뛰어난 사람은 자신의 사고과정 전반에 대한 이해와 평가가 가능할 뿐만 아니라 그 수준이 높기 때문에 어떤 것을 수행하거나 배우는 과정에서 어떠한 구체적 활동과 능력이 필요한지를 비교적 정확하게 알고 있다. 그러니 이에 기초해서 효과적인 전략을 선택하여 적절히 사용할 수 있는 것 역시 마찬가지이다.

방금 전 언급한 바와 같이 여기에는 크게 두 가지 구성 요소(즉, 지식과 조절)가 있는데 이를 좀 더 구체적으로 살펴보면 다음과 같다. 첫째, 메타인지적 지식(metacognitive knowledge)이다. 이는 무언가를 배우거나 실행할 때 내가 아는 것과 모르는 것을 정확히 파악할 수 있는 능력이다. 예를 들어, 수학 시험 공부를 하면서 이항정리 부분은 잘 알고 있는데 순열조합과 미적분은 잘 모르고 있다는 것을 파악할 수 있다면 이 지식을 잘 가지고 있다는 것이다. 이 지식이 없다면 잘 알고 있는 부분을 계속 들여다보면서 시간을 허비하고 있을 것이다. 시험 공부를 할 때 이미 공부해서 잘 알고 있는 부분에는 굳이 계속 눈길을 주면서 정작 잘 모르고 있는 내용이나 단원에는 여전히 관심을 기울이고 있지 않는 현상이 바로 여기에 해당한다. 이 경우에 중요한 것이 바로 학습에 대한 판단(Judgment of Learning: JOL)이다. 자신의 실제 점수보다 점수를 더 낮게 판단하는 경우를 과소 확신(underconfidence)이라고 부르며, 더 높게 판단하는 경우는 과잉 확신(overconfidence)이 된다. 대부분 우리는 과소 확신보다는 과잉 확신을 지니는 경우가 많다. 그리고 과소든 과잉이든 그 과함의 크기만큼 우리의 판단과 실제 점수의 차이는 벌어지고, 그 벌어진 차이만큼 우리는 우리의 판단을 믿지 못하게 되며 심지어는 의기소침하게 되는 것이다. 둘째, 메타인지적 기술(metacognitive skill)이다. 이는 메타인지적 지식에 기초하여 발휘되는 것으로, 예를 들어 이항정리 부분을 잘 모른다는 것을 알 경우, 이 부분을 집중적으로 계속하여 볼지, 아니면 여러 차례에 걸쳐 들여다볼지 등 전략을 사용하는 능력을 의미한다. 그러니 메타인지적 기술은 메타인지적 지식을 일정 수준 이상으로 가지고 있을 때에만 가질 수 있다. 즉, 메타인지적 지식이 전제 조건이 된다는 말이다.

　메타인지와 관련된 이 두 측면은 어린아이들에게서는 찾아보기 어려운 능력이다. 일반적으로 인간의 다양한 인지 능력은 성장을 해 가면서 점차 발달하게 되는 것이 일반적인 상식이다. 메타인지 역시 예외가 아니다. 연령이 낮을수록 자신의 기억력 점수를 부정확하게 예측하면서도 기억 능력은 과잉 확신하는 것으로 관찰되기 때문이다(Flavell, Friedrichs, & Hoyt, 1970; Shin, Bjorklund, & Beck, 2007).

메타인지 능력의 향상? 여기에도 왕도는 없다

이러한 메타인지 능력은 어떻게 향상될 수 있을까? 가장 흥미를 끄는 질문임과 동시에 그 대답이 가장 어려운 것이기도 한다. 왜냐하면 너무나도 다양한 과정과 변수가 존재하기 때문이다. 그 방법 역시 아직 밝혀지지 않은 것들이 많다. 메타인지에 대한 연구들이 아직 충분하게 진행되지 않은 것 역시 그 이유이다. 하지만 그럼에도 불구하고 간접적이면서도 의미심장한 방법 하나는 논의가 가능하다. 앞서 언급했던 TV 프로그램 〈0.1%의 비밀〉로 다시 돌아가 보자. 0.1%에 속하는 학생들이 학교생활에 있어서 평범한 학생들과 비교했을 때 보이는 중요한 차이점이 있었다. 바로 설명을 많이 하고 있다는 것이다. 실제로 이 0.1% 학생들에게는 주위의 다양한 친구가 여러 가지 질문거리를 가져온다. 그리고 대부분의 경우 열심히 설명해 주는 모습을 쉽게 발견할 수 있었다. 즉, 0.1% 학생들은 실제 생활에서 '설명'이라는 행위를 자주 그리고 많이 하고 있다는 것이다. 심지어는 자신의 공부방에 칠판이나 보드를 설치해 놓고 중요한 부분을 공부한 뒤 부모님을 모셔 놓고 그 내용을 설명하는 이른바 '선생님 놀이'를 하는 여학생도 있었다. 필자와 제작진 모두 놀랄 정도로 설명을, 그것도 다양한 대상에게 하고 있는 것이 거의 유일한 차이점이었던 것이다. 자, 그렇다면 이 설명이라는 것은 도대체 무얼까? 그리고 왜 중요한 행동일까?

인지심리학자들이 좋아하는 말 중에 이런 것이 있다. "세상에는 두 가지 종류의 지식이 있다. 첫째, 내가 알고 있다는 느낌은 있는데 남들에게 설명할 수는 없는 지식이다. 둘째, 내가 알고 있다는 느낌을 가질 뿐만 아니라 남들에게 설명할 수도 있는 지식이다. 둘째 지식만이 진짜 지식이며 내가 사용할 수 있는 지식이다." 굉장히 의미심장하면서도 중요한 말이 아닐 수 없다. 그렇다면 첫째 지식은 왜 진짜 지식이 아닐까? 알고 있다고 느끼고 있을 뿐 실제 우리가 알고 있는 것이 아닐 가능성이 높기 때문이다.

인간은 자주 경험해서 친숙한 대상을 보면 자신이 그 대상을 잘 알고 있다는 착각을 매주 자주 한다. 실제로 우리는 살아가면서 이런 경험을 자주 하기도 하며 또 목격하기도 한다. 예를 하나 들어 보자. 온 가족이 자가용에 탑승해 즐거운 휴가길에 오른다. 그런데 휴가지로 가는 도중 자동차가 고장나서 멈춰 서는 것 아닌가. '차가 왜 말썽이지?'라며 남편이 차에서 내려 자동차 보닛을 자신 있게 열어젖힌다. 그러나 이내 할 수 있는 것이 별로 없는 자기 자신을 발견한다. 그저 멍하니 자동차 내부를 쳐다볼 뿐이다. 보다 못한 부인이 핀잔을 준다. 고치지도 못할 거면서 왜 열어 보느냐고 말이다. 이때 남편은 당황스럽기도 하고, 또 한편으로는 민망할 것이다. 자신이 보닛을 열어 보기 전에는 문제점을 발견하고 해결책을 찾을 수 있을 것 같은 기분이 왠지 모르게 들었기 때문이다. 하지만 열어 놓고 보니 할 수 있는 것은 아무것도 없다. 실제로 이런 광경을 스스로든 아니면 타인을 통해서든 우리는 도로에서 자주 목격한다. 왜 이런 우스꽝스러운 일이 끊이지 않고 일어나는 것일까? 보닛을 열어젖힌 사람은 그 차를 지난 수년 동안 매일같이 봐 와서 매우 '친숙'하기 때문이다. 그 자동차의 내부에 대해서는 이해하고 있는 바가 조금도 없음에도 말이다. 사람들에게 냉장고, 양변기, 세탁기 등 우리 주위의 수많은 친숙한 물건 혹은 장치에 대해서 잘 알고 있느냐를 물어보면 대부분 '그렇다'고 자신 있게 대답한다. 하지만 그 작동 원리를 구체적으로 설명해 보라고 요구하면 거의 모든 사람은 당황해하며 난감한 표정을 짓는다. 매일같이 봐서 친숙하기 때문에 잘 알고 있을 거라고 지레짐작하고 있었지만 막상 설명을 요구하면 꿀 먹은 벙어리처럼 되는 것이다.

이는 시험 공부를 할 때도 정말 자주 경험하게 된다. '자, 이만하면 충분하다.'라고 생각한 뒤 시험을 보러 들어가서는 눈앞이 막막해지거나 머리가 갑자기 텅 빈 것 같은 경험을 우리가 어디 한두 번 해 봤는가? 이 모든 경우가 바로 첫 번째 종류의 지식만을 가졌기 때문에 그런 것이다. 알고 있다는 느낌만 있고 설명은 되지 않는 지식을 가지고 있으면서도 충분한 지식을 가지고 있다고 착각하는 것이다. 그리고 이런 착각의 핵심에는 그저 친숙하고 익숙하기만 한 상태라는 전제 조건이 있다. 즉, 우리는 무언가에 무작정 친숙해지면 그때부터 생각의 함정에 빠지는 이른바 친숙함의 함정을 경험하게 된다.

친숙함의 함정

친숙함의 함정을 실험적으로 잘 보여 준 흥미로운 연구가 있다. 미국 카네기 멜론 대학교의 린네 리더와 리터(Reder & Ritter, 1992) 교수의 연구에 참여한 참가자들은 26×13과 47+15와 같은 여러 개의 사칙연산 과제를 사전에 여러 개 풀었다. 이후 참가자들은 다음과 같은 지시문을 받았다.

"자, 지금까지는 연습 시행이었습니다. 지금부터 본격적으로 문제를 풀게 됩니다. 그런데 지금부터는 각 문제를 풀 때마다 그 전에 A와 B 두 가지 중 하나의 옵션을 재빨리(통상 1~3초 내의 짧은 시간만을 준다) 선택하고 문제를 풀어야 합니다. 옵션 A를 선택하면 빠른 시간 내에 답을 구하고 정답을 맞히면 50포인트를 받습니다. 하지만 옵션 B를 선택하면 여유 있게 답을 구하고 정답일 경우 5포인트를 받습니다."

참가자들은 이런 사전 조항을 받고 문제를 풀게 된다. 자, 참가자들은 어떻게 해야 할까? 문제가 쉽다고 판단한 경우에는 당연히 옵션 A를 선택한 뒤 문제를 푸는 것이 합당하다. 반면, 문제가 어렵다고 생각되면 옵션 B를 선택하고 문제를 푸는 것이 타당하다. 가령, '47+15'가 나오면 옵션 A를, '26×13'을 풀어야 하면 옵션 B를 선택하는 것이 적절한 선택 방법이다. 그런데 여기에는 재미있는 함정이 하나 숨어 있었다. 사전에 연습을 할 때 예를 들어, '47+15'가 주기적으로 여러 번 문제로 제시되었다. 그리고 난 뒤 이 문제를 다시금 옵션을 선택하면서 문제를 푸는 본 시행에도 제시하였다. 결과는 매우 재미있었다. 사람들은 '19×35'와 같이 사전 연습 시행에서 본 적이 없는 문제에는 당연히 옵션 B를 선택하고 문제를 풀었다. 그런데 '47×15'와 같은 문제에는 옵션 A를 선택하는 사람들이 눈에 띄게 늘어났다. '19×35' 못지않게 시간이 더 필요한 문제임에도 말이다. 그래서 실제로 47×15에 무모한 옵션 선택을 하고 시간이 모자라는 것을 경험하고 난 뒤에도 참가자들은 좀처럼 이 현상을 개선하지 못했다. 실험이 끝날 때까지 말이다. 왜 이런 판단의 오류가 일어났을까? 바로 친숙함에 그 비밀이 있다. 47과 15라는 두 숫자를 사전에 자주 경험했기 때문이다. 그런데 그 숫자는 더하기 형태의 문제를 통해서 친숙해졌던 것일 뿐 곱하기 형태로 제시되면 전혀 다른 문제인데도 이 점은 철저히 간과된 것이다. 우리는 친숙함을 판단의 근거로 중요하게 고려하는 메타인지의 착오로 인한 오류를, 살아가면서 이렇게 곳곳에서 경험한다.

●

설명하기를 통한 Can do와 Can't do의 파악

불행히도 이 메타인지를 증진시키는 지름길이나 왕도는 없다. 다만 간접적인 방법을 통해 친숙함과 실제 아는 정도의 괴리를 '확인'하여 줄여 나가는 방법이 있을 뿐이다. 그리고 그 방법 중 가장 중요한 것은 '설명하기'의 일상화이다. 설명은 필연적으로 인과관계를 포함하고 있다. 그리고 이 인과관계는 우리의 언어에서 '왜냐하면'이라는 단어를 자주 사용할 수밖에 없게 한다. 잘 설명할 수 있을 것 같았는데 중간중간에 이 왜냐하면 다음에 오는 말들을 모를 경우, 우리는 메타인지의 잘못된 판단의 결과표를 받아들고 있는 것이다. 따라서 스터디 그룹의 가장 큰 수혜자는 발표를 듣는 사람이 아니라 아낌없는 수고로 많은 시간을 들여 준비를 해 온 발표자임이 분명해지는 이유이다. 대중 연설에 능한 정치인이나 학자 혹은 유명인이라도 대부분 자신이 얘기할 내용을 거의 똑같은 어투로 사전에 여러 번 시연해 본다. 그러면서 자신이 알릴 내용이나 해야 할 일들에 대해 더욱 완벽한 이해를 하는 것이다. 이와 관련하여 인지심리학자들은 이 세상에 두 가지 지식이 있는데 하나는 '알고 있다는 느낌은 있는데 설명할 수 없는 지식'이고 다른 하나는 '느낌과 설명이 모두 가능한 지식'이라고 구분하는 것이다. 그리고 후자만이 진짜 지식이라고 강조한다. 눈만이 아닌 입도 사용하는 수고의 혜택은 간과할 수 없을 만큼 크다.

그렇다면 설명은 어떤 과정을 포함하고 있기에 이리도 중요한 걸까? 바로 내가 설명하고자 하는 그 대상에 대한 본질적 이해가 있을 때에만 설명이 가능하다는 점에 있다. 즉, 이해가 수반되지 않으면 설명은 전혀 가능하지 않다. 따라서 설명을 해 나가면서 자연스럽게 내가 이해하고 있는 부분과 그렇지 못한 부분을 스스로 확인하고 구분해 낼 수 있다. 그렇기 때문에 스터디 그룹의 최대 수혜자는 열심히 발표 준비를 해 와 남들에게 설명해 주는 학생인 것이다. 설명을 듣는 사람은 오히려 그 스터디 그룹에서 많은 것을 가져갈 수가 없다는 뜻이다. 설명을 하려면 "아, 이건 이래서 그런 거구나."라는 느낌이 들 정도까지 이해를 해야 하는데 그런 느낌은 기억에 오래 남을 수밖에 없다. 그렇다면 설명은 무엇을 필요로 하는가? 눈이 아닌 입이다. 입을 열어서 주위에 다른 사람이 없다면 나 자신에게라도 설명을 해 보아야 한다. 내가 모르고 있는 것들이 일목요연하게 발견이 되며 무엇을 해야 할지도 자연스럽게 정리가 된다. 이러한 과정을 통해서 매우 유용하지만 간혹 우리 자신을 기만할 수도 있는 메타인지라는 눈을 정확하게 만들 수 있다. 메타인지는 그야말로 '느낌'을 결정하는 장치이기 때문이다.

중요한 점 하나를 덧붙여 볼 필요가 있다. 이러한 설명을 누구한테 하느냐는 것이다. 전국 최상위권 고등학생들이나 대학에서 학업 성취도가 극히 높은 학생들 그리고 명강의라고 소문이 난 교수들 모두가 설명을 늘 즐기는 것은 분명하다. 그런데 이들의 일상생활 속 설명에는 무언가 흥미로운 공통점이 하나 있다. 자기 일과 무관한 사람에게도 이 설명을 하는 것을 기꺼이 즐긴다는 것이다. 어머니에게 자신이 공부하고 있는 내용을 설명하는 고등학생, 자기 전공과는 전혀 상관없는 동아리 후배에게도 자신이 최근 관심을 가지고 있는 이론을 설명하는 대학생, 주위 친지들에게도 자신이 연구하는 내용을 기꺼이 설명하는 교수들. 이들은 하나같이 지금까지와는 전혀 다른 방식과 언어로 설명을 해야 한다. 그러면 지금까지 자신이 당연시해 왔던 내용들 중에서 완전히 새로운 측면들이 속속 발견되므로 같은 내용을 두고도 반복된다는 느낌이 아닌 호기심이 다시 생기는 것이다. 필자도 가끔씩 대학생이나 대학원생에게 강의하는 전공 내용을 70~80대 노인이나 중·고등학생에게 강연할 기회를 재능 기부 차원에서 마다하지 않는다. 당연히 그때마다 엄청난 후회를 하게 된다. 왜냐하면 대학에서 강의할 때는 너무나도 쉬웠던 내용을 그들이 이해할 수 있도록 하는 것은 훨씬 더 어렵기 때문이다. 하지만 그 열매는 매우 달콤하다. 진땀을 흘리며 강의를 마치고 돌아오는 길에 우리 학생들에게 가르쳐 줄 새로운 측면이나 아이디어가 속출하기 때문이다. 그러니 더욱 연구와 강의에 집중할 수 있게 된다.

우리는 흔히 '집중했기 때문에 무엇을 잘한다.'고 생각한다. 이렇게 보면 집중은 원인이다. 하지만 사실은 집중도 결과이다. 내 일과 무관한 사람에게도 설명을 즐기다 보면 일상적으로 친숙하거나 알고 있다고 생각되는 내용의 전혀 다른 부분들이 보이며 따라서 당연히 이제 지겹지가 않게 된다. 그 결과가 집중하게 된다는 것이다. 그래서 필자는 오늘 저녁에도 내가 하는 연구와 강의 내용의 일부를 이제 중학교에 진학하는 막내딸에게 '최대한 쉽게 설명'해 보려 진땀을 빼고 있다. 아마도 잠자리에 들 때쯤이면 내일 대학원생들에게 해 줄 재미있는 아이디어 몇 개쯤은 건지고 있을 거라는 기대를 해 보면서 말이다.

낯섦을 이용하기

앞서 언급한 것처럼 메타인지는 친숙함을 근거로 판단을 한다. 그리고 친숙함의 함정은 우리로 하여금 생각의 품질을 떨어뜨리게 하는 요인 중 하나이다. 그렇다면 친숙함의 반대는 무엇인가? 당연히 낯섦이다. 그렇다면 이 낯설음을 이용해 생각의 질을 높이고 더 나아가서 창조적인 생각을 만들어 낼 수도 있지 않을까? 그렇다. 이를 잘 보여 주는 실험을 예로 들어 보자. 초등학생이든 대학생이든 대부분 같은 결과를 관찰할 수 있다. 한 교실에 앉아 있는 같은 연령의 학생들에게 15개의 물체를 준다.

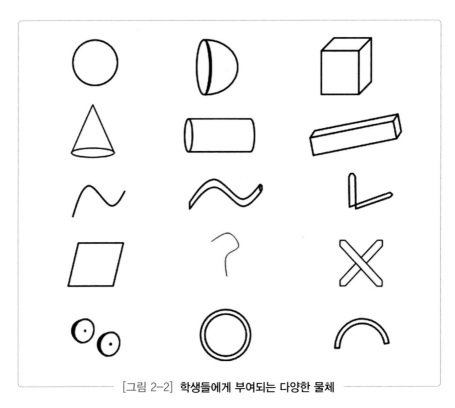

[그림 2-2] 학생들에게 부여되는 다양한 물체

위에 있는 물체들은 대체적으로 평범하고, 아래에 있는 것들은 특이한 것들 위주이다.

[그림 2-2]에서 볼 수 있듯이 학생들에게 준 물체는 직육면체나 원통형 등 흔히 볼 수 있는 모양의 평범한 물체에서부터 구부러지고 각이 져 있으며 꼬여 있는 등 특이한 모습을 하고 있는 것까지 다양하다. 이러한 여러 가지 형태의 15개 물체를 학생들의 손에 쥐어 준 뒤 교사가 어떤 식으로 지시를 하는

가에 따라 결과에는 실로 엄청난 차이가 발생한다. 어떤 경우에는 학생들이 지극히 평범한 결과물을 만드는 반면, 또 다른 경우에는 학생들이 굉장히 신기하고 창의적인 결과물을 내놓는다.

먼저, 지극히 평범한 결과를 만들어 내게 하는 지시부터 살펴보자. 수단과 목표를 동시에 다 알려 주는 것이다. 예를 들어, 어떤 반에 들어가 '이 15개의 도형 중에서 5개를 골라 새롭고 신기한 걸 만들어 보세요.'라고 하면 학생들은 특이한 물체를 결코 선택하지 않으려 한다. 무난한 물체들을 5개 선택하는 경향이 뚜렷하게 나타나고 결과 역시 집이나 기차처럼 무난하고 평범한 것들 일색이다. 하지만 그 옆반에 들어가서는 수단과 목표를 분리시킨다. 예들 들어, 이렇게 지시하는 것이다. 먼저, "마음에 드는 5개를 아무것이나 고르세요."라고 말한다. 이러면 학생들은 무난한 물체와 특이한 물체들 중 골고루 선택을 한다. 학생들이 다 고르고 난 뒤에야 이렇게 다음 지시를 한다. "이제 자신이 고른 5개의 물체를 가지고 새롭고 신기한 것을 만들어 보세요." 이러면 학생들은 예상치 못했던 목표를 부여 받았기 때문에 당황해한다. 하지만 학생들이 만들어 낸 작품들은 첫 번째 반에서보다 더 창의적인 것들이 눈에 띄게 많아진다. 여기서 그치지 않는다. 학생들을 더욱더 창의적으로 만들 수도 있다. 이번에는 순서를 완전히 바꿔 목표부터 물어본다. "새롭고 신기한 걸 만든다면 무얼 만들고 싶은가요?"라고 먼저 묻는다. 이러면 학생들은 매우 다양한 여러 가지 재미있는 아이디어를 내놓는다. 이를 다 들어주고 난 뒤 학생들에게 같은 15개 물체를 던져 준다. 그리고 "자, 여러분이 방금 전에 말한 걸 이 15개 물체 중 5개를 골라 만들어 보세요." 학생들은 이제 당황스러움을 넘어 난감한 표정을 짓는다. 하지만 이 반에서는 심사위원들도 놀랄 정도로 창의적인 작품들이 부지기수로 나온다. 왜 이런 차이가 발생할까? 목표를 먼저 자유롭게 생각하고 난 뒤 물체를 받은 학생들은 이 물체들을 매우 새롭고 낯설게 느꼈기 때문이다. 그래서 앞선 두 경우의 학생들에 비해 새로운 시각을 가지고 물체들을 살펴볼 수 있는 상태가 된 것이다. 이렇게 수단−방법−목표의 순서가 아니라 목표–수단–방법으로 생각의 순서를 바꾸는 것만으로도 낯섦의 효과를 이용해 더욱 창의적인 결과를 만드는 것이 가능하다.

●

백지보다 오답이 낫다

메타인지 연구들을 종합해 보면 더욱 흥미로운 사실들을 발견할 수 있다. 그중 대표적인 것이 바로 이른바 '백지보다 오답이 낫다.'는 사실이다. 우리는 흔히 실수를 많이 해 봐야 배우는 것이 많다고 한다. 하지만 실수를 하지 않고 도 처음부터 잘 배우면 그게 더 좋은 것이 아닐까라고 생각하기도 한다. 하지 만 이는 분명히 잘못된 생각이다. 인간이 그렇지 않기 때문이다. 제대로 배우 려면 실수도 제대로 해야 한다. 그리고 그 제대로 된 실수는 자신감 있는 실수 를 의미한다. 좀 더 구체적으로 말하자면 확신을 가지고 저지른 실수나 오답 이 나중에 바로잡히게 되면 훨씬 더 오랫동안 기억에 남고 오랫동안 지속된 다는 것이다. 즉, '과감하고 자신 있게 틀려야 나중에 더 잘하게 된다.'[1] 실수 의 긍정적 측면에 관한 연구로 유명한 컬럼비아 대학교의 자넷 멧칼프(Janet Metcalfe)와 리사 손(Lisa Son) 교수 등의 간단한 실험 하나를 통해 왜 그런지 알아보자. 사람들에게 문제를 준다. 모르면 답을 쓰지 않아도 된다. 만일 답 을 적었다면 자신이 적은 답에 얼마나 자신이 있는지 물어본다. 학생들이 풀 어야 하는 문제는 대부분의 사람이 틀릴 수밖에 없는 것들이다. 그리고 자신 이 쓴 답의 확신감에 대해서 상중하로 그룹을 나눈다. 답을 아예 쓰지 않은 그룹까지 포함해서 총 네 그룹이다. 약간의 시간이 흐른 뒤 이 네 그룹 모두 에게 정답을 알려 준다. 그리고 다시금 얼마의 시간이 흐른 뒤 그 정답을 얼 마나 잘 기억하는지를 관찰했다. 누가 가장 그 정답을 잘 기억해 냈을까? 자

---

1) 심리학에서는 이를 과잉수정(hypercorrection) 현상이라고 부른다.

신의 오답을 정답이라고 확신했던 쪽이다. 다시 말해, 자신 있게 틀렸던 그룹이다. 시험 문제가 아닌 다른 형태의 일에 있어서도 이러한 결과는 일관되게 관찰됐다. 즉, 일이든 공부든 자신감을 가지고 틀린 경우가 이후 바로잡아 준 지식이나 행동을 유지하게 만들기 가장 쉽다는 것이다. 그렇다면 아예 답을 하지 않은 경우에는 어떤 결과가 나왔을까? 시험으로 치자면 백지를 낸 것이고, 일로 치자면 아무런 시도를 하지 않은 경우이다. 바로잡은 정답이나 정확한 행동을 기억해 내는 확률이 자신감 있게 틀린 그룹의 절반에도 미치지 못했다. 실로 엄청난 차이가 아닐 수 없다.

벤더빌트 대학교의 심리학자인 리사 파지오(Lisa Fazio) 교수는 이러한 현상의 이유를 다음과 같이 설명한다. 잘못된 기억이나 생각이 바로잡힐 때 사람은 그 일에 훨씬 더 주의를 기울이기 때문이다. 예를 들어, 아인슈타인의 고등학교 성적이 안 좋았다고 강하게 믿었던 사람들이 성적이 평범한 수준이었다고 어정쩡하게 믿었던 사람들보다 더 '아인슈타인이 실제로는 우등생이었다.'는 이후의 바로잡아 준 사실을 훨씬 더 잘 기억하게 된다는 기억 현상이 여기에 해당된다. 전자의 경우에 훨씬 더 '어? 그게 아니었어?'라고 하면서 눈과 귀를 쫑긋 세우기 때문이다. 이를 주의의 포획(attentional capture) 효과라고 한다. 이러한 결과들이 의미하는 바는 결국 하나이다. 이것은 이 시대의 수많은 사람에게, 리더들에게 어떤 메시지가 되는가? 실패나 실수는 누구라도 한다. 하지만 매사에 자신감을 가지고 임하라는 것이다. 그 결과가 실패나 실수가 되더라도 말이다. 그래야만 새로운 정답을 더 잘 기억하고 일상생활에 더 잘 적용할 수 있게 된다.

Flavell, J. H. (1979). Metacognition and cognitive monitoring. *American Psychologist, 34*, 906–911.

Flavell, J. H., Friedrichs, A. G., & Hoyt, J. D. (1970). Developmental changes in memorization processes. *Cognitive psychology, 1*(4), 324–340.

Shin, H., Bjorklund, D. F., & Beck, E. F. (2007). The adaptive nature of children's overestimation in a strategic memory task. *Cognitive Development, 22*(2), 197–212.

Reder, L. M. & Ritter, F. E. (1992). What determines initial feeling of knowing? Familiarity with question terms, not with the answer. *Journal of Experimental Psychology: Learning, Memory, and Cognition, 18*, 435–451.

Butterfield, B., & Metcalfe, J. (2006). The correction of errors committed with high confidence. *Metacognition and Learning, 1*, 1556–1623.

Fazio, L. K., & Marsh, E. J. (2010). Correcting false memories. *Psychological Science, 21*, 801–803.

3장

내 두뇌는 고사양일까

:

조양석 (고려대학교 심리학과 교수)

　배틀 그라운드와 같은 인터넷 게임을 하기 위해서는 고성능 컴퓨터가 필요하다. 일단 동시에 접속한 수많은 사용자가 쉴 틈 없이 움직이는 가상의 상황에서는 빠른 조작이 필요할 것이다. 이러한 빠른 조작을 구현하기 위해 컴퓨터는 많은 정보를 처리할 수 있어야 한다. 그리고 처리한 내용을 모니터를 통해 생생히 표현해야 한다. 다시 말해, 빠른 연산을 위해 고성능의 중앙처리장치(CPU)가 필요하며, 많은 정보를 동시에 처리하기 위해 용량이 큰 주기억장치(main memory)가 필요하고, 복잡하고 빠른 상황의 변화를 모니터에 구현하기 위한 성능 좋은 그래픽 카드가 필요하다.

　인간의 정보처리 체계인 뇌도 컴퓨터와 유사한 기능을 한다. 외부 환경의 변화를 빠르게 인식하고 대처하기 위해서는 많은 정보를 동시다발적으로 처리해야 하고 이를 위해 우리의 뇌는 컴퓨터와 같은 중앙처리장치와 주기억장치의 기능을 필요로 한다. 대부분의 경우, 우리 뇌는 고성능 컴퓨터와 마찬가지로 외부에서 들어오는 정보들을 충분히 처리할 수 있으며 주변 환경에서 벌어지고 있는 변화에 대해 적절히 반응할 수 있다. 그렇다면 우리의 뇌는 고성능이라고 할 수 있을까? 우리의 뇌는 필요로 하는 정보처리를 제대로 하지 못하는 경우가 종종 있다. 예를 들어, 피자를 주문하려고 전화기에 번호를 입력할 때 바로 옆에서 불러 주는 피자가게의 전화번호를 몇 번씩이나 친구에게 되물어 봐야 하거나, 친한 친구의 이름이 갑자기 기억나지 않은 것과 같이 너무나 쉬운 정보처리조차 실패하는 경험을 한다. 이렇게 간단한 일을 왜 제대로 하지 못하는 걸까? 아마도 우리의 중앙처리장치와 주기억장치가 고사양 컴퓨터와 같이 많은 정보를 빠르게 처리하지 못하기 때문일 것이다. 그렇다면 인간의 중앙처리장치와 주기억장치의 사양은 어떻게 될까? 제2차 세계대전이 끝나고 이러한 질문에 대한 답을 얻기 위해 많은 심리학자는 기억, 주의, 사고, 문제 해결 능력을 연구하였고, 이러한 연구 결과들을 바탕으로 인간의 인지 체계(cognitive system)의 특성이 많이 밝혀졌다.

기억

우리의 뇌에 기억(memory)이라는 과정이 없다면 쉽게 할 수 있는 아주 많은 일을 할 수 없다. 예를 들어, 기억이 없다면 한글을 읽을 수 없으며, 사과를 봐도 그것이 무엇인지 알 수 없다. 친구를 봐도 그 사람이 누구인지 인식할 수 없다. 우리가 한글을 읽을 수 있고, 사과를 알 수 있으며, 친구의 얼굴을 인식할 수 있는 것은 한글에 대한 정보, 사과에 대한 정보 그리고 친구의 얼굴을 기억하고 있기 때문이다. 우리가 아마존의 어느 작은 부족의 언어를 들었을 때, 단 한마디도 알아들을 수 없는 이유는 그 언어에 대한 정보가 기억 속에 없기 때문이다. 기억은 컴퓨터에서 문서나 사진들을 USB나 하드디스크에 저장하듯이 우리의 정보처리 체계인 뇌에 정보를 저장하는 과정이다. 즉, 기억은 미래에 인출하여 사용하기 위하여 기술이나 지식을 정보처리 체계에 저장하고 보유하는 능력을 말한다. 기억은 부호화(encoding), 저장(storage), 인출(retrieval)의 세 가지 과정을 거친다. 부호화란 컴퓨터에 문서를 키보드로 입력하여 '저장' 버튼을 누르는 것과 같이 기억을 생성하는 과정이며, 저장은 문서나 사진을 하드디스크나 다른 저장소에 보관하는 것과 같이 정보를 유지하는 과정을 말한다. 그리고 인출은 컴퓨터의 저장소에 저장되어 있는 문서나 사진을 다시 찾아 불러오듯 이전에 부호화하고 저장한 정보를 필요할 때 끄집어내는 과정을 말한다. 이러한 과정 중 하나라도 문제가 발생한다면 우리는 기억의 실패를 경험하게 된다. 예를 들어, 시험을 잘 보기 위해서는 수업을 듣고 공부를 열심히 해야 하고(부호화), 공부한 내용을 저장하기 위해 시험을 보기 전까지 공부하며, 시험을 볼 때 공부한 내용을 정확하게 인출해야 한다.

앳킨슨과 쉬프린(Atkinson & Schiffrin, 1968) 등을 포함한 많은 심리학자는 인간의 기억 체계에는 세 개의 서로 다른 저장소가 있다고 주장한다([그림 3-1] 참조). 이는 눈이나 귀와 같은 감각 기관에 입력된 감각 정보를 잠시 동안 저장하는 감각기억(sensory store), 정보처리를 위해 정보를 저장하는 작업

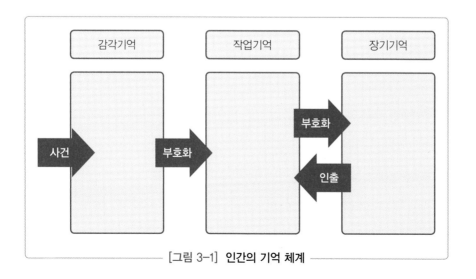

[그림 3-1] 인간의 기억 체계

기억(working memory) 그리고 미래에 필요할 때 인출하여 사용하기 위해 정보를 오랫동안 저장하는 장기기억(long-term memory) 저장소이며, 이들 기억 저장소는 서로 다른 특성을 갖고 있다.

감각기억

눈이나 귀와 같은 감각 기관으로 감각 정보가 입력되면 우리의 시각이나 청각을 포함하는 감각 체계들은 감각 정보를 아주 잠깐 동안 저장하는데, 이러한 기억 저장소를 감각기억이라 한다. 우리의 시각, 청각, 후각, 미각 그리고 체감각 체계들은 모두 각자 자신만의 감각기억을 갖고 있으며, 이들 기억 저장소에는 감각 형태의 정보가 저장된다. 예를 들어, 시각 체계는 시각 감각 기억인 영사기억(iconic memory)을 갖고 있고 이곳에는 눈으로 입력된(부호화된) 시각 정보를 사진과 유사한 시각 형태로 아주 잠시 동안 저장한다. 청각 체계는 청각 감각기억인 잔향기억(echoic memory)을 갖고 있고 귀로 입력된 청각 정보를 음성 파일과 같은 소리의 형태로 아주 잠시 동안 저장한다. 감각 기억은 외부에서 들어오는 실제 감각 자극(sensory stimulation)이 더 이상 존재하지 않아도 그 감각 정보에 대한 느낌을 경험할 수 있게 해 준다.

그렇다면 이런 감각기억은 얼마나 많은 정보를 얼마나 오랫동안 저장할 수 있을까? 1959년 하버드 대학교 심리학과 대학원생이었던 조지 스펄링 (George Sperling, 1960)은 부분보고법(partial report paradigm)이라는 실험 방법을 통해 시각 체계의 감각기억인 영사적 기억의 저장 용량과 지속 기간을 측정하였다. 스펄링은 영사기억이 얼마나 많은 정보를 저장할 수 있는지 알아보기 위해 영어 알파벳과 아라비아 숫자로 구성된 3×4의 자극 배열을 50msec(1/20초) 동안 아주 짧게 시각적으로 제시하고, 연구 대상자에게 본 글자나 숫자를 모두 보고하도록 하는 실험을 실시하였다([그림 3-2] 참조). 자극 배열이 매우 짧게 제시되었기 때문에 이 자극들에 대한 정보는 영사기억

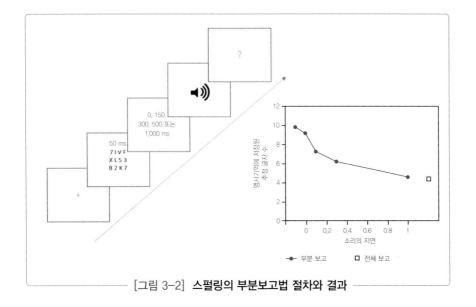

[그림 3-2] **스펄링의 부분보고법 절차와 결과**

에 저장되어 있다고 가정하였다. 연구 대상자들은 평균 3~4개 정도의 글자와 숫자만을 보고할 수 있었다. 하지만 보고할 수 있는 글자나 숫자의 개수보다 더 많은 정보를 영사기억에 저장하긴 했으나 저장할 수 있는 기간이 너무 짧아 보고하는 동안에 이들 정보가 사라졌을 가능성이 있었다. 따라서 스펄링은 이러한 가능성을 통제하기 위해 연구 대상자에게 전체 글자와 숫자 중에 일부만 보고하도록 하는 부분보고법 방법을 이용하여 실험을 실시하였다. 즉, 전 실험과 같은 자극 배열을 보여 주고, 이 배열이 사라진 후에 높은, 중간 또는 낮은 짧은 소리를 들려주고, 연구 대상자에게 만약 높은 소리가 제시되면 가장 윗줄의 글자와 숫자를, 중간 소리가 제시되면 중간 줄의 글자와 숫자를, 그리고 낮은 소리가 제시되면 가장 아랫줄의 글자와 숫자를 보고하도록 요구하였다. 글자와 숫자가 사라지고 소리가 나오기 전까지 어떤 자극들을 보고해야 하는지 몰랐음에도 불구하고 연구 대상자들은 평균 3개 이상의 글자와 숫자를 정확하게 보고할 수 있었다. 즉, 영사기억은 제시된 12개의 글자와 숫자, 거의 모두를 저장할 수 있음을 보여 주었다.

하지만 이러한 부분보고법 우세 효과는 숫자가 나오고 소리가 나올 때까지 시간적 간격이 1초 이상이면 사라졌다. 이 결과를 바탕으로 스펄링은 영사기억이 시각으로 제시된 정보 거의 모두를 약 1초간 기억할 수 있는 저장소라고 결론 내렸다. 잔향기억 역시 청각적으로 제시된 정보를 소리의 형태로 약 3~4초간 저장할 수 있는 저장소임이 밝혀졌다(Glucksberg & Cowan, 1970; Neisser, 1967).

작업기억

감각기억에 부호화되고 저장된 정보들은 대부분 짧은 시간 내에 사라진다. 다만 감각기억에 저장된 정보 중 일부가 선택되어 다른 저장소인 작업기억으로 부호화되며 본격적인 인지적 처리를 거치게 된다. 컴퓨터에서는 연산을 해야 할 정보를 주기억장치에 부호화해서 저장하고, 중앙처리기가 주기억장치에서 연산 작업을 수행하듯이 작업기억은 컴퓨터의 중앙처리기와 주기억장치와 같은 역할을 한다. 예를 들어, 친구와 함께 찍은 사진을 보정하기 위해서 애플리케이션이나 프로그램을 이용하여 사진 파일을 불러오고(주기억장치에 정보를 부호화하고 인출하여 저장), 프로그램을 이용하여 이미지를 조작하는(중앙처리기가 저장된 사진 파일에 수정을 가하는 정보처리) 것과 같이 인간의 작업기억은 정보처리를 해야 할 정보를 감각기억으로부터 부호화하거나 장기기억으로부터 인출하여 그 정보를 작업기억에 따로 저장하고, 이들 정보와 다른 관련 정보를 연결시키거나 조작하여 사고 또는 추론을 하거나, 문제를 해결하는 것과 같은 여러 역할을 수행한다. 즉, 작업기억은 인지적 정보처리를 위해 지금 당장 필요한 정보들을 저장하는 주기억장치와 같은 저장소 역할뿐만 아니라 그 정보를 처리하는 중앙처리기의 역할을 하는 장치이다. 과거의 초기 심리학자들은 작업기억을 단기기억(short-term memory)이라고 부르고, 정보를 임시로 저장하는 주기억장치의 역할만을 강조하였으나, 배들리(Baddeley, 1998)를 비롯한 최근의 많은 심리학자는 주기억장치의 역할뿐만 아니라 중앙처리장치의 역할도 함께 강조하며 이 저장소를 단기기억 대신 작업기억이라 부른다.

그러나 작업기억은 컴퓨터의 주기억장치와 마찬가지로 정보를 보관하기 위한 정보 저장소는 아니다. 문서 작업을 할 때 그 내용이 컴퓨터의 주기억장치에는 저장되어 있지만 정보를 보관하기 위한 저장소인 하드디스크나 USB 메모리스틱과 같은 이동저장장치에 따로 저장하지 않은 채 컴퓨터가 꺼져 버린다면 그 내용이 사라져 버린다. 마찬가지로 작업기억에 저장되어 있는 정보들은 정보 보관을 위한 기억 저장소인 장기기억에 부호화하지 않으면 짧은 시간 내에 사라지게 된다. 우리의 인지 정보처리 체계는 감각기억으로부터 부호화된 정보와 장기기억에서 인출한 정보를 작업기억에 잠시 저장하고 이들 정보를 사용하여 정보처리를 하게 된다. 컴퓨터는 주로 얼마나 많은 정보를 얼마나 빨리 처리할 수 있는지에 따라 그 성능이 결정된다. 그렇다면 인간의 정보처리기 성능은 어떻게 될까?

작업기억의 가장 큰 특징은 작업기억에 정보를 오랫동안 저장할 수 없으며, 또 그 용량 역시 매우 제한되어 있다는 것이다. 작업기억은 지금 당장 처리해야 하는 정보를 임시로 저장하는 곳일 뿐이며 정보를 따로 보관하기 위한 저장소가 아니기 때문에 시연(rehearsal)을 하지 않으면 정보를 작업기억에 오랫동안 저장할 수 없다. 시연이란 정보를 작업기억에 유지시키기 위해 단순히 반복적으로 되새김하거나(유지 시연, maintenance rehearsal) 관련된 이미 알고 있는 정보들과 연결시키고 통합시키는 작업(정교화 시연, elaborative rehearsal)을 말한다. 초기 심리학자들은 단기기억의 용량(capacity)과 저장 지속 기간(duration)을 측정하는 연구를 진행하였다. 조지 밀러(George Miller, 1956)는 사람들이 단기기억에 저장할 수 있는 항목의 수가 7±2라고 주장했다. 밀러는 단기기억에 저장된 정보의 기본 단위를 청크(chunk)라고 하였으며, 청크의 크기가 커질수록 더 많은 정보를 단기기억에 저장할 수 있다고 주장하였다. 청크는 사람이 제시된 정보에서 인식할 수 있는 가장 큰 의미 단위이다. 예를 들어, 피자집에 주문하기 위해 전화번호를 잠시 기억해야 하는 경우, 02나 010을 '02'나 '010'과 같이 하나의 청크로 단기기억에 부호화하는 것이 '0'과 '2', '0, 1'과 '0' 등과 같이 개개의 숫자로 부호화하는 것보다 더 많은 정보를 단기기억에 부호화하고 저장할 수 있다(Cowan, Chen, & Rouder, 2004). 하지만 단기기억에 청크를 이용하여 많은 정보를 부호화할 수 있다 할지라도 우리의 주기억장치인 작업기억의 용량은 매우 작다고 밝혀져 왔다.

피터슨과 피터슨(Peterson & Peterson, 1959), 브라운(Brown, 1958)은 시연 없이 얼마나 오랫동안 단기기억에 정보를 저장할 수 있는지 알아보기 위한 실험을 실시하였다. 실험의 각 시행에서 CHJ와 같은 3개의 자음으로 구성된 알파벳을 들려주고, 506과 같은 3자리 숫자를 바로 이어서 들려주었다. 연구대상자들이 해야 할 일은 3개의 자음으로 구성된 알파벳을 기억하고, 시연을 방지하기 위해 들려준 숫자부터 3씩 거꾸로 소리 내어 세도록 요구하였다(506, 503, 500, 497,……). 그러다 빨간 빛이 나타나면 기억하고 있던 3개의 자음을 보고하도록 하였다. 숫자가 제시되었을 때부터 빨간 빛이 제시될 때까지의 시간 간격을 변화시켜서, 작업기억에 부호화되고 난 후 시간 간격에 따라 자음들을 얼마나 정확하게 보고할 수 있는지를 측정하였다. 자음을 들려주고 바로 보고하도록 하였을 때에는 90% 정도의 기억 정확률을 보여 주었으나, 15초간 숫자를 거꾸로 세도록 하였을 때에는 정확하게 기억하는 비율이 10% 이하로 떨어졌다([그림 3-3] 참조). 이러한 결과를 바탕으로 피터슨과 피터슨, 브라운은 단기기억이 시연 없이 정보를 저장할 수 있는 기간이 15초 이하라고 결론을 내렸다. 즉, 우리의 주기억장치는 정보를 오랫동안 유지시키지 못하는 제한된 능력을 갖고 있다. 그러나 이러한 초기 심리학자의 연구들은 작업기억의 주기억장치의 역할만을 강조하였기 때문에, 이런 제한점을 극복하기 위해서 많은 심리학자가 작업기억의 중앙처리기의 역할을 강조한 작업기억 모형을 제안하였다.

배들리와 히치(Baddeley & Hitch, 1974)는 여러 개의 하위 체계를 갖는 다중

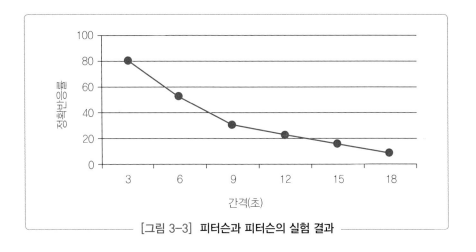

[그림 3-3] 피터슨과 피터슨의 실험 결과

장치 작업기억 모형을 제안하였다. 이들 연구자에 따르면, 작업기억은 중앙집행기(central executive), 음운 루프(phonological loop) 그리고 시공간 잡기장(visuospatial sketchpad)의 세 개 주요 장치로 구성되어 있다. 중앙집행기는 작업기억의 주인과 같은 역할을 하며, 인지 정보처리의 전체적인 감독 역할을 수행한다. 그래서 인지 수행을 위한 계획을 세워서 어떤 정보를 어떻게 처리할 것인지 결정하며, 정보처리 과정에서 문제가 발생할 시 필요 없는 정보의 처리를 억제하는 조정 역할로 문제를 해결하고, 여러 가지 정보를 통합하는 역할을 한다. 그러나 중앙집행기는 제한된 용량과 능력을 갖고 있어, 두 개의 서로 다른 과제를 동시에 효과적으로 감독할 수 없다(Rogers & Monsell, 1995).

중앙집행기는 대부분의 인지 과제의 정보처리에 관여하지만, 다루어야 할 인지 과제의 특성에 따라 작업기억의 다른 두 장치를 사용하기도 한다. 우리가 컴퓨터로 문서 정보를 다루기 위해서는 MS워드(Word)나 아래 한글과 같은 문서 편집기를 사용하고, 이미지 정보를 다루기 위해서는 그림판과 같은 이미지 편집기를 사용해야 하는 것과 마찬가지로, 중앙집행기도 언어 정보를 다루기 위해서는 음운 루프를 사용하여 언어 정보를 잠시 저장하고 처리하며, 시각 정보는 시공간 잡기장을 이용해 시각적인 영상 정보를 잠시 저장

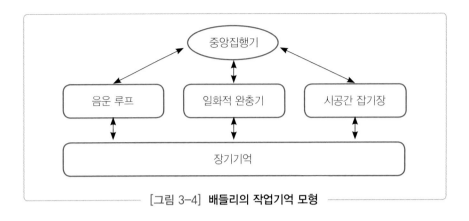

[그림 3-4] 배들리의 작업기억 모형

하여 영상에 대한 정보를 처리한다. 최근에 배들리(2000)는 중앙집행기, 음운 루프, 시공간 잡기장 그리고 장기기억으로부터 정보를 모으고 통합하는 역할을 하는 일화적 완충기(episodic buffer)를 작업기억의 기본 장치로 추가하였다([그림 3-4] 참조). 이러한 구성 장치들은 서로 독립적인 정보처리 기제(중앙처리장치)와 정보 저장 용량(주기억장치)을 갖고 있음이 밝혀졌다.

음운 루프는 언어 정보를 말소리(phonological) 형태로 임시로 저장하고 언어 처리를 하는 작업기억 장치이다. 예를 들어, 단어 '사과'가 시각적으로 제시되면, 이 정보는 말소리 형태로 음운 루프에 부호화되고 임시로 저장이 된다. 그리고 장기기억에 있는 유사한 말소리 정보들을 음운 루프로 인출하여 음운 루프에 저장한 후 부호화된 정보와 인출된 정보를 비교한다. 그래서 장기기억으로부터 인출된 정보 중 부호화된 '사과'에 대한 정보와 가장 유사한 정보를 바탕으로 '사과'라는 단어의 의미를 처리하고 그 의미를 파악할 수 있는 것이다. 이러한 단어 재인뿐만 아니라 임시로 저장된 언어 정보를 이용한 언어 정보처리 역시 음운 루프에서 이루어질 수 있다. 음운 루프는 2초간 소리 내어 말할 수 있는 만큼의 말소리 정보를 저장할 수 있다. 즉, 2초짜리 녹음기와 같은 저장 용량을 갖고 있다. 하지만 음운 루프가 언어 정보를 말소리 형태로 저장하고 있기 때문에 소리가 유사한 단어보다는 소리가 유사하지 않은 단어를 더 많이 음운 루프에 저장할 수 있다.

시공간 잡기장은 그림과 같은 시각적인 정보와 공간적인 정보를 임시로 저장하고 처리를 할 수 있도록 특화된 작업기억의 장치이다. 예를 들어, '韓'과 같은 복잡한 한자의 거울상을 떠올리는 것은 쉽지 않다. 거울상을 알아내는 작업은 시각 정보와 공간 정보를 이용하여 시공간 잡기장에서 이루어진다. 얼굴이나 지도와 같은 정보를 처리할 때에도 시공간 잡기장에 그 정보를 임시로 저장한 후에 정보처리를 하게 된다. 작업기억의 다른 장치들과 마찬가지로, 시공간 잡기장의 용량과 정보의 저장 시간 역시 제한적이다(Frick, 1988).

두 가지 이상의 과제를 동시에 수행해야 할 때 만약 두 과제가 같은 작업기억 장치에서 처리되어야 한다면, 그 장치의 용량제한으로 과제 수행이 어려워지지만 두 과제가 각각 다른 작업기억 장치에서 처리된다면 과제 수행의 어려움을 덜 느끼게 된다. 이러한 사실은 이들 장치가 서로 독립적인 중앙처리장치와 주기억장치를 갖고 있음을 보여 준다(Baddeley, 1986). 따라서 우리 인간은 용량이 매우 제한적인 주기억장치와 아주 적은 양의 정보를 처리할 수밖에 없는 여러 개의 중앙처리장치를 갖고 있다.

장기기억

컴퓨터에서 사용한 정보를 보관하고 필요한 때 다시 인출하여 사용하기 위해서는 하드디스크나 외부 이동저장장치에 따로 저장해야 한다. 우리의 정보처리 체계 역시 작업기억에서 사용한 정보를 시간이 지난 후 다시 사용하기 위해선 정보를 오랫동안 보관할 수 있는 저장 장치가 필요하다. 이러한 저장 장치를 장기기억이라 부른다. 작업기억에서는 정보를 30초 이상 저장할 수 없기 때문에 무엇인가를 기억하기 위해서는 그 내용을 장기기억에 부호화해야 한다. 예를 들어, 시험을 잘 보기 위해서는 공부를 열심히 해서 공부한 내용을 기억해야 하는데, 공부한다는 것은 공부할 내용을 작업기억에서 정보처리하는 과정이며, 공부한 내용을 기억하는 것은 작업기억에서 처리한 정보를 장기기억에 부호화해서 저장하는 과정이다. 그리고 시험을 볼 때는 이 장기기억에 저장한 정보 중 시험 문제와 관련된 정보를 성공적으로 인출해야만 한다. 하드디스크에 아주 많은 정보를 오랫동안 저장할 수 있듯이, 장기기억의 용량과 정보 저장 기간은 작업기억과 달리 한계가 없으므로 많은 정보를 아주 오랫동안 장기기억에 보관할 수 있다. 그렇다면 장기기억에 정보를 어떻게 부호화할 수 있을까?

작업기억에서 처리된 정보는 장기기억으로 부호화된다. 하지만 처리된 모든 정보를 장기기억으로 부호화하지는 못한다. 예를 들어, 단순히 시연을 반복하는 것만으로는 정보를 장기기억으로 부호화하기 힘들다. 즉, 공부를 할 때 그저 반복적으로 외우는 방법으로는 그 내용을 장기기억에 저장하기 어려울뿐더러 시험 볼 때 그 정보를 인출하기도 어렵다. 반면, 새로운 정보를 이미 알고 있는 정보들과 서로 관련시켜 통합하는 정교화 시연은 새로운 정보를 장기기억에 부호화하는 데 큰 도움을 준다. 실제로 새롭게 공부한 내용을 이해하는 것은 작업기억에서 새로운 정보와 이미 알고 있는 지식들을 통합하면서 이루어진다. 따라서 단순히 반복해서 외운 내용보다는 이해한 내용을 더 잘 기억할 수 있으며, 그 내용을 쉽게 인출해 낼 수 있다(Benjamin & Bjork, 2000). 특히 장기기억에는 정보가 각자 하나씩 따로 분리되어 저장되어 있는 것이 아니라 관련 정보들과 통합하고 연결해서 저장된다. 통합된 정보는 기억한 내용을 인출할 때 도움을 줄 수 있는 인출 단서(retrieval cue)로 사용할 수 있으므로 이러한 연결이 많으면 많을수록 정보의 인출은 쉬워진다(Tulving & Osler, 1968). 따라서 시험을 잘 보기 위해서는 다양한 맥락에서 그 정보와 관련된 이미 알고 있는 많은 정보와 통합하면서 이해하는 것이 필요하다.

한편, 크레이크와 록하트(Craik & Lockhart, 1972)는 작업기억에서 단어가 부정적인 의미를 갖고 있는지 혹은 긍정적인 의미를 갖고 있는지를 판단하기 위해 단어의 의미를 파악하는 것과 같은 깊이 있는 처리를 한 정보가 단순히 크기나 소리와 같은 물리적 속성을 처리하는 것과 같은 얕은 처리를 한 정보보다 더 강한 기억 흔적을 남기기 때문에 장기기억에 더 잘 저장될 수 있다고 주장하였으나, 하이드와 젠킨스(Hyde & Jenkins, 1973) 등은 입력된 자극을 어떻게 처리하느냐에 따라 장기기억 속에 저장되는 정보가 결정되는 것이라 주장하였다. 즉, 자극에 대한 물리적 처리는 자극의 물리적 속성이 장기기억에 저장되도록 하며, 의미 처리는 자극의 의미적 속성이 저장되도록 한다.

그렇다면 장기기억에는 어떠한 정보가 저장되어 있을까? 컴퓨터의 하드디스크에 문서 파일, 사진 파일, 프로그램 파일 등이 저장되어 있듯이, 우리의 장기기억에도 여러 종류의 정보들이 저장되어 있다. 장기기억은 크게 외현기억(explicit memory)과 암묵기억(implicit memory)으로 구분할 수 있다. 외현기억은 의식적이고 의도를 갖고 인출할 수 있는 기억으로 의미기억(semantic memory)과 일화기억(episodic memory)으로 구분할 수 있다. 의미기억은 우리가 살면서 축적해 온 단어의 뜻이나 과일, 가구과 같은 개념, 사실 등과 같은 일반적인 지식에 관한 기억이다. 우리는 의미기억을 이용하여 글을 읽고 단어의 뜻을 이해할 수 있으며, '포도'를 보고 먹을 수 있고 맛이 시면서 달다는 것을 알 수 있다. 일화기억은 개인의 과거 경험에 대한 기억으로 시간과 장소, 정서에 대한 정보를 포함할 수 있는 기억이다. 초등학교 때 친한 친구와 자전거를 타고 놀았던 기억이나 지난 겨울에 여행을 다녀왔던 기억 등이 일화기억에 포함된다. 이에 반해, 암묵기억은 우리의 사고와 행동에 영향을 미치지만 정보의 획득과 사용을 의식하지 못하는 기억을 말한다. 암묵기억의 대표적인 예는 절차기억(procedural memory)이다. 우리가 자전거를 타는 방법이나 수영하는 방법 등 특정 과제를 수행하는 데 있어 과제에 대한 이전 경험을 의식적으로 떠올리지 않아도 수행에 도움을 주는 장기기억을 절차기억이라고 한다. 우리는 자전거를 타는 방법을 말로 표현할 수는 없고, 그것을 의식적으로 인출할 수도 없지만, 경험을 통해 자전거 타는 방법을 배우면 의식적 인출 없이도 그 기억을 사용할 수 있으며 아무런 문제없이 자전거를 탈

수 있다.

●

기억의 실패

우리는 누구나 무엇인가를 기억해 내지 못하는 경험을 하며, 때로는 자신이 기억력이 남보다 나쁘다고 자책하기도 한다. 매일 사용하는 도어락의 비밀번호가 생각나지 않거나 오늘 아침 어머니가 시킨 심부름을 잊기도 한다. 이러한 기억의 실패인 망각(forgetting)은 왜 일어날까? 장기기억에 필요한 정보를 부호화하지 못했기 때문에 나타날 수도 있고, 장기기억에 부호화가 되었다 하더라도 성공적으로 인출하지 못했기 때문에 나타날 수도 있다. 실제로 장기기억의 용량과 그 지속 시간이 무한대에 가깝더라도 장기기억에 있는 정보를 항상 사용할 수 있는 것은 아니다. 스스로 알고 있다는 것을 인지함에도 불구하고 시험 내내 생각나지 않던 내용이 시험이 끝난 후 비로소 생각나는 경우도 있다. 마치 하드디스크에 저장되어 있는 친구와 작년에 함께 찍은 사진이 어느 폴더에 저장되어 있는지 모르는 경우 그 사진을 찾을 수 없듯이 장기기억에 저장된 기억이라도 정확하게 찾아내지 못한다면 기억의 실패를 경험하게 된다. 이러한 기억의 실패를 일으키는 구체적인 이유는 여러 가지가 있다.

기억의 쇠잔

헤르만 에빙하우스(Hermann Ebbinghaus)는 친숙하지 않은 정보에 대한 기억을 측정하는 연구를 통해 우리가 학습한 내용들이 기억에서 빠르게 사라진다는 것을 보여 주었다. 즉, 새로운 정보에 대한 기억은 장기기억이 부호화된 직후에는 매우 약하기 때문에 시간이 지나면서 빠르게 사라진다. 예를 들어,

재미있는 영화를 보고 난 직후에는 영화의 내용과 장면들이 생생하게 기억나지만 자세한 장면에 대한 기억은 시간이 지남에 따라 점점 사라지며, 결국 주요 등장인물과 줄거리만 기억 속에 남게 된다. 새롭게 만들어진 기억은 기억의 공고화(memory consolidation)라는 과정을 통해 비로소 오랜 기간 저장하고 사용할 수 있는 기억으로 전환된다. 기억의 공고화는 다른 정보들과의 통합을 통해 이루어지며 실제로 우리의 신경세포의 시냅스에서 일어나는 기억의 공고화 초기 과정은 학습한 후 몇 시간 동안 지속되고(Bramham & Messaoudi, 2005) 뇌의 전반에서 일어나는 기억의 공고화 과정은 몇 년씩 걸리기도 한다(Dudai, 2004). 따라서 공고화가 되기 전의 기억들은 시간이 지남에 따라 빠르게 사라지게 된다. 한편, 기억의 공고화 과정은 주로 자는 동안에 일어나기 때문에 공부한 내용을 잘 기억하려면 공부를 한 후에 잠을 자는 것이 필요하다.

간섭

간섭(interference)은 또 다른 기억 실패의 원인이다. 간섭이란 장기기억에 저장되어 있는 정보들이 서로 방해하여 작업기억에서 정보의 인출이 어려워지는 현상을 말한다. 먼저 기억한 내용이 이후에 기억한 내용의 인출을 방해하는 순행간섭(proactive interference)과 나중에 기억한 내용이 먼저 기억한 내용의 인출을 방해하는 역행간섭(retroactive interference)이 있다. 예를 들어, 영어 단어 'art'가 '예술'이라는 뜻을 먼저 배웠기 때문에 새로 배운 '기술'이라는 뜻이 생각나지 않는다면 이는 순행간섭 때문이며, 새로운 집으로 이사를 했을 때 현재 집 주소에 대한 기억 때문에 이전 집 주소가 생각나지 않는다면 이는 역행간섭 때문이다. 연구 결과에 따르면 수면은 간섭, 특히 역행간섭을 감소시킨다(Ekstrand, 1967). 따라서 시험을 잘 보거나 기억을 잘하기 위해서는 잠을 충분히 자는 것이 필수적이다. 원하는 단어가 생각나지 않고 의미나 소리가 비슷한 익숙한 다른 단어들만 떠오르는 경우도 있는데 이러한 현상도

간섭 때문에 일어나는 기억의 실패이다. 이 밖에 어머니의 심부름을 잊는 것과 같이 방심 때문에 기억을 못하는 경우도 많이 경험한다.

하지만 기억의 실패가 반드시 나쁜 것은 아니다. 우리가 작업기억에서 처리한 모든 내용을 오랫동안 장기기억에 보관한다면, 정리되지 않은 컴퓨터의 하드디스크와 같이 원하는 정보를 장기기억으로부터 쉽게 찾을 수 없을 것이다. 또한 지난 일 년간 먹은 모든 아침, 점심, 저녁의 밥과 반찬과 같은 불필요한 정보들을 일일이 기억하고 있다면, 이는 우리를 매우 혼란스럽게 할 것이다. 실제로 원치 않은 부정적인 정서와 관련된 경험에 대한 기억이 사라지지 않아 괴로워하는 경우가 많다. 예를 들어, 초등학교 때 개에게 물린 경험이 있는 사람은 그 기억이 사라지지 않기 때문에 평생 개를 무서워하면서 살수도 있다. 부정적인 감정과 연합된 기억을 쉽게 잊을 수 있다면 보다 즐거운 삶을 살 수 있겠지만 기억 속에 계속 남아서 의도와 상관없이 불현듯 인출되어 우리를 괴롭히기도 한다. 그래서 망각은 우리에게 불편한 경험만 주는 것이 아니라 우리가 세상을 사는 데 반드시 필요한 좋은 기능도 하고 있다는 점을 생각한다면 기억이 나지 않아 시험 문제 몇 개를 틀리는 불편한 상황은 충분히 감수해도 될 듯하다.

기억의 왜곡

컴퓨터의 하드디스크에 저장된 정보를 다시 인출할 때 컴퓨터에 이상이 없다면 저장된 정보와 인출된 정보는 항상 같을 것이다. 사람도 컴퓨터와 같이 장기기억에 부호화된 정보를 정확하게 인출할 수 있을까? 많은 사람은 한번 공부한 책의 내용은 잘 기억하지 못한다는 것을 스스로 인정하면서 실제 생활에서 경험한 사건은 정확하게 기억할 수 있다는 확신을 하는 경향이 있다. 우리가 다른 사람들에게 자주 하는 말인 "내가 직접 봤어."는 본 것에 대한 내 기억이 항상 정확하다는 점을 가정하고 하는 말이다. 그렇다면 내가 직접 본 사건에 대한 기억은 확신하는 것만큼 정확할까? 앞에서 언급하였듯이 새로운 정보를 이해하기 위해서는 새로운 정보를 이미 알고 있는 내용과 통합을 하여야 한다. 예를 들어, 식당에서 자리에 앉고 난 후 누군가가 책을 갖고 온다면 사람들은 식당에 대한 맥락적 지식을 바탕으로 그 책이 식당의 메뉴임을 쉽게 알 수 있다. 하지만 게임을 하러 PC방에 갔는데 누군가가 책을 갖고 온다면 PC방에 대한 사람들의 지식에는 책이 포함되어 있지 않기 때문에 그 책이 무엇인지 이해하기 어렵다. 이와 마찬가지로 지금 일어나고 있는 일(사건)이 무엇인지 이해하고 그 내용을 장기기억에 부호화하기 위해서는 경험하고 있는 일과 관련된 이전 지식을 장기기억으로부터 인출해서 통합을 해야 한다(Bransford & Johnson, 1972). 이러한 통합이 일어나는 장소가 작업기억이기 때문에 특정 사건에 대한 지식을 새로운 정보와 함께 작업기억에 임시로 저장해야 한다. 하지만 우리의 작업기억의 용량은 제한되어 있기 때문에 많은 심리학자는 잘 조직화된 정보인 도식(schema)을 장기기억으로부터 인출하여 새로운 경험을 이해하고 다시 장기기억에 부호화하는 데 이용한다고 주장한다(Schank & Abelson, 1977). 도식은 과거의 경험을 바탕으로 특정한 사건이나 물체, 상황 또는 행동에 대한 잘 조직화된 일반적인 지식을 말한다. 식당에서 일어나는 일들에 대해서 우리가 쉽게 이해할 수 있는 것은 식당에서 일반적으로 일어나는 일련의 행위에 대한 조직화된 지식인 '식당 도식'을 갖고 있기 때문이다. 배틀 그라운드를 자주 하게 되면 배틀 그라운드에 대한 일반적인 지식인 '배틀 그라운드 도식'이 생긴다. 이 도식을 이용하여 변화하는 게임 상황을 빠르게 이해할 수 있고 적절한 대처를 할 수 있으며, 게임이 끝난 후 각 상황에 대해 비교적 많은 기억을 할 수 있다. 하지만 지금 벌어지고 있는 사건 또는 상황을 이해하기 위해서는 불필요하게 상세한 정보까지 포함하여 도식과 통합되는 것은 아니고 주요한 정보만이 선택되어 도식과 통합되며, 이렇게 통합된 내용만이 선택적으로 장기기억으로 부호화된다. 따라서 도식과 통합되지 않은 경험에 대한 정보는 도식에 있는 일반적인 지식으로 대체되어 장기기억에 부호화되고 저장된다. 또한 이렇게 통합된 정보조차도 정보를 저장하고 있는 동안에 시간이 지남에 따라 사라지게 된다. 정보를 장기기억에서 인출할 때에도 다시 같은 도식을 사용하기 때문에 사라진 경험에 대한 많은 정보는 도식에 포함된 일반적인 지식으로 대체된다(Anderson & Pichert, 1978). 따라서 아무리 확신에 찬 기억이라도 아주 많은 부분은 도식이 포함하고 있는 일반적인 지식으로 대체되어 재구성되기 때문에 인출된 기억은 항상 부정확한 정보를 포함하게 된다.

특정한 경험에 대한 기억은 그 기억에 대한 질문을 어떻게 하느냐에 따라 왜곡되기도 한다. 로프데스와 팔머(Loftus & Palmer, 1974)는 실험 참여자에게 교통사고가 나는 짧은 동영상을 보여 주고 난 후 일부에게는 '접촉(hit)' 사고가 났을 때 자동차들이 얼마나 빨리 달렸는지 물어보았고, 다른 실험 참여자에게는 '충돌(smash)' 사고가 났을 때 자동차들이 얼마나 빨리 달렸는지를 물어보았다. 그리고 다른 참여자에게는 아무것도 묻지 않았다. 동영상을 보고 일주일이 지난 후 모든 연구 대상자에게 다시 "지난주에 봤던 동영상에서 사고 후 깨진 유리를 보았느냐?"고 물어보았다. 실제로 동영상에서는 유리창이 깨지는 장면이 없었지만 처음에 '접촉' 사고라고 물어봤던 연구 대상자 중 약 14%가, 아무것도 묻지 않았던 대상자 중 약 13%가 깨진 유리를 보았다고 보고하였다. 반면, '충돌' 사고라고 물어봤던 연구대상자들 중에서는 무려 32%가 깨진 유리를 보았다고 보고하였다. 즉, 질문을 어떻게 하느냐에 따라 사람들은 다른 도식을 사용하여 동영상 장면을 장기기억에 부호화했으며, 동영상에 대한 기억을 인출할 때에도 깨진 유리창 정보가 포함되어 있는 충돌 사고 도식과 깨진 유리창 정보가 포함되어 있지 않은 접촉 사고 도식 등 서로 다른 도식을 이용하여 기억이 재구성되었다. 로프터스와 피크렐(Loftus & Pickrell, 1995)은 사람들이 실제로 경험하지 않은 사건에 대한 기억을 만들어 낼 수도 있음을 보여 주었다. 이와 같이 경험에 대한 우리의 기억은 특히나 긴박하고 짧은 시간에 벌어진 사건 경험에 대한 기억일수록 정확하게 장기기억으로 부호화되기 어려울 뿐 아니라 많은 요인에 의해 왜곡되어 재구성될 수 있다. 안타깝게도 우리의 장기기억은 컴퓨터의 하드디스크만큼 정보를 정확하게 부호화하고, 저장하며, 인출하지 못한다.

기억상실증

영화나 드라마를 보면 유난히 기억상실증 환자가 많이 나온다. 사건 해결의 열쇠를 갖고 있는 등장인물이 갑자기 교통사고나 심한 심리적 충격을 받게 되면서 모든 것을 기억하지 못하게 된다. 그리고 주변 사람들은 이 기억상실증 환자가 기억을 찾을 수 있도록 노력한다. 기억상실증은 뇌손상이나 심리적 충격으로 나타나는 기억의 손상을 말하며, 여러 형태의 기억상실증이 있으나 크게 역행성 기억상실증(retrograde amnesia)과 순행성 기억상실증(anterograde amnesia)으로 구분된다.

역행성 기억상실증은 앞에서 언급했듯이 기억상실증을 일으킨 뇌손상이나 심리적 충격으로 이전에 경험한 사건들에 대한 기억을 인출할 수 없는 기억 손상이다. 반면, 뇌손상이나 충격이 일어난 후에 경험한 사건들에 대한 기억은 정확하게 인출할 수 있다. 역행성 기억상실증은 뇌손상이나 충격 이전에 일어난 모든 사건에 대한 기억이 손상될 수도 있고 일부 사건에 대한 기억만이 손상될 수도 있다. 하드디스크가 고장나면 하드디스크에 저장된 정보를 사용하지 못하게 되는데, 역행성 기억상실증이란 장기기억이 저장된 영역이 손상되거나 혹은 장기기억에 접근하는 과정이 손상되어 장기기억에 저장된 정보를 인출하는 데 실패하는 기억 손상을 말한다.

이에 반해, 순행성 기억상실증 환자들은 기억상실증을 일으킨 뇌손상이나 충격 이후에 일어나는 새로운 경험에 대한 기억을 하지 못한다. 순행성 기억상실증에 대한 많은 연구는 H. M.이라는 기억상실증 환자를 대상으로 이루어졌다. H. M.은 어렸을 때부터 심한 간질 발작을 경험하였고, 간질 치료를 위해 27세 때 양쪽 해마(hippocampus)와 그 주변 영역 그리고 양쪽 내측측두엽(bilateral medial temporal lobes)을 제거하는 뇌수술을 받았다. 수술을 받은 후 간질 발작은 치료가 되었으나 H. M.의 기억에 문제가 발생하였다. H. M.은 작업기억에는 아무런 문제가 없었으나 더 이상 새로운 외현기억을 만들지 못하는 순행성 기억상실증을 겪었다.

해마는 새로운 경험에 대한 기억을 공고화하는 데 중요한 역할을 하는 뇌 영역이다. 즉, 문서편집기의 '저장' 키가 고장나면 주기억장치에 저장된 문서를 하드디스크에 저장하지 못하는 것처럼 순행성 기억상실증은 해마의 고장으로 작업기억에 처리되고 저장된 정보를 장기기억으로 부호화시키지 못하는 기억 손상을 말한다.

헨리 모라이슨

20세기 이후 인간 기억의 특성을 밝히기 위한 많은 연구가 수행되었으며, 이러한 연구를 바탕으로 인간의 기억 체계에 대한 많은 지식이 축적되었다. '기억' 연구에 공헌한 많은 사람 중에 가장 큰 공헌을 한 사람을 뽑으라고 한다면, 많은 연구자가 헨리 모라이슨(Henry Molaison)을 선택할 것이다. 헨리 모라이슨은 심리학자도, 뇌과학자도 아닌 앞서 언급한 뇌손상 환자 H. M.이다. 헨리 모라이슨은 2008년 12월에 82세의 나이로 사망하기 전까지 단지 H. M.으로 알려졌다. 1953년 뇌수술을 받은 후 1957년부터 죽기 전까지 헨리 모라이슨을 대상으로 한 수백 편의 연구 논문이 출간되었다. 앞서 언급하였듯이 해마를 제거하는 수술을 받은 후 더 이상 새로운 외현기억을 만들 수 없는 순행성 기억상실증 환자였던 그는 정상적인 작업기억을 갖고 있었으며, 새로운 운동 기술을 배울 수 있듯이 장기기억의 일부인 절차기억에는 문제가 없었다. 또한 수술을 받고 난 후에 이사한 집의 구조를 정확하게 그림으로 표현할 수 있었다. 이와 같이 헨리 모라이슨의 기억 특성을 바탕으로 정상인의 기억 체계의 구조, 특성 등에 관한 많은 사실이 밝혀졌다. 헨리 모라이슨의 뇌는 현재 2,401개의 얇은 슬라이스로 잘려져 UC 샌디에이고에 보관되어 있으며 죽고 난 후에도 기억 연구에 엄청난 공헌을 하고 있다.

인간의 뇌는 고성능인가

지금까지 보았듯이 컴퓨터와 인간의 정보처리기인 뇌의 기능 사이에는 많은 유사점이 있다. 인간에게는 컴퓨터의 중앙처리장치와 주기억장치의 역할을 하는 작업기억이 있고, 컴퓨터의 하드디스크나 이동저장장치와 같은 장기기억이 있다. 하지만 우리의 작업기억은 고성능 컴퓨터의 주기억장치와 비교하기 어려울 정도로 작은 정보 저장 능력을 갖고 있으며, 고성능 컴퓨터의 중앙처리장치처럼 많은 정보를 빠르게 처리할 수 있는 능력도 없다. 우리의 장기기억 또한 마찬가지이다. 인간은 정보를 장기 보관하는 장치인 하드디스크의 역할을 하는 장기기억을 갖고 있어 거의 무한대의 정보를 아주 오랫동안 저장할 수 있지만 하드디스크만큼 빠르게 정보를 부호화하거나 인출할 수 없다. 장기기억에 정보를 부호화하기 위해서는 몇 시간 혹은 몇 년까지 걸릴 수 있다. 장기기억의 더 큰 문제는 부정확하고 불완전한 정보가 부호화되며, 또한 장기기억에서 인출된 정보는 부정확할 수 있다는 것이다. 이와 같이 단점이 많은 우리의 정보처리 체계를 고성능이라고 할 수 있을까?

이러한 단점들에도 불구하고 인간의 정보처리기는 고성능이라 이야기할 수 있다. 비록 적은 작업기억 용량을 갖고 있지만, 음운 루프와 시공간 잡기장과 같은 다수의 특화된 중앙처리장치와 주기억장치를 갖고 있다. 이들 중앙처리장치들과 주기억장치들은 서로 독립적이기 때문에 작업기억의 제한된 저장 용량을 보다 효율적으로 사용할 수 있다. 물론 작업기억에서 일어나는 정보처리를 전체적으로 계획하고 관리하는 중앙집행기의 저장 용량 제한으로 완벽한 병렬 정보처리는 불가능하지만, 여러 개의 과제가 작업기억의 다른 장치에서 처리된다면 이들 과제를 완벽하게는 아니지만 어느 정도 동시에 수행할 수 있다. 또한 도식을 이용하여 외부에서 일어나는 사건이나 물체, 사람들에 대해 정보처리를 함으로써 불필요하거나 사소한 것에 대한 정보처리를 생략할 수 있으며 제한된 정보처리 용량을 극복할 수 있다. 그리고 도식을 이용한 인출도 지나치게 많은 정보를 장기기억에 저장해야 하는 불편함을 극복할 수 있도록 한다. 특히 도식에 포함된 일반적인 지식들은 대부분의 상황에서 적절하게 사용할 수 있는 정보이기 때문에 큰 문제를 일으키지 않는다.

그 밖에 주의 기제(attention mechanism)를 이용하여 중요하거나 필요한 정보 또는 두드러진 자극을 선택적으로 처리할 수 있고, 여러 가지 어림법(heuristics)을 이용하여 완벽하지는 않지만 효율적이고 효과적인 정보처리를 할 수 있다. 이러한 인간의 정보처리 능력은 끊임없이 변화하는 세상에 대한 정보를 효율적으로 처리하고 대처할 수 있도록 최적화된 것이며, 따라서 인간의 뇌는 충분한 기능을 가진 고성능 정보처리기이다. 다만 정보처리 능력의 한계와 사람마다 장기기억의 내용이 조금씩 다르다는 점을 스스로 인정한다면 좀 더 즐겁고 준비된 삶을 살 수 있을 것이다.

참고문헌

Anderson, J. R., & Pichert, J. W. (1978). Recall of previously unrecallable information following a shift in perspective. *Journal of Verbal Learning and Verbal Behavior, 17*, 1-12.

Atkinson, R. C., & Schiffrin, R. M. (1968). Human memory: A proposed system and its control processes. In K. W. Spence & J. T. Spence (Eds.), *The psychology of learning and motivation* (Vol. 2). London: Academic Press.

Baddeley, A. D. (1986). *Working memory*. Oxford, England: Glarendon.

Baddeley, A. D. (1998). *Human memory: Theory and practice*. Needham Heights,

MA: Allyn & Bacon.

Baddeley, A. D. (2000). The episodic buffer: A new component of working memory. *Trends in Cognitive Sciences, 4*, 417–423.

Baddeley, A. D., & Hitch, G. J. (1974). Working memory. In G. Bower (Ed.), *Advances in learning and motivation* (Vol. 8, pp, 47–90). New York: Academic Press.

Benjamin, A. S., & Bjork, R. A. (2000). On the relationship between recognition speed and accuracy for words rehearsed via versus elaborative rehearsal. *Jounral of Experimental Psychology: Learning, Memory, and Cognition, 26*, 638-648.

Bramham, C. R., & Messaoudi, E. (2005). BDNF function in adult synaptic plasticity: The synaptic consolidation hypothesis. *Progress in Neurobiology, 76*, 99–125.

Bransford, J. D., & Johnson, M. K. (1972). Contextual prerequisites for understanding: Some invetigations of comprehension and recall. *Journal of Verbal Learning and Verbal Behavior, 11*, 717–726.

Brown, J. (1958). Some tests of the decay theory of immediate memory. *Quarterly Journal of Experimental Psychology, 10*, 12–21.

Cowan, N., Chen, Z., & Rouder, J. D. (2004). Constant capacity in an immediate serial–recall task: A logical sequel to Miller 1956. *Psychological Science, 11*, 634–640.

Craik, F. L., M., & Lockhart, R. S. (1972). Levels of processing: A framework for memory research. *Journal of Verbal Learning and Verbal Behavior, 11*, 671–684.

Dudai, Y. (2004). The Neurobiology of Consolidations, Or, How Stable is the Engram? *Annual Review of Psychology, 55*, 51–86.

Ekstrand, B. R. (1967). Effect of sleep on memory. *Journal of Experimental Psychology, 75*, 64–72.

Frick, R. W. (1988). Issues of representation and limited capacity in the visuospatial sketchpad. *British Journal of Psychology, 79*, 289–308.

Glucksberg, S., & Cowan, G. N. (1970). Memory for nonattended auditory material.

Cognitive Psychology, 1, 149–156.

Hyde, T. S., & Jenkins, J. J. (1973). Recall for words as a function of semantic, graphic, and Syntatic orientation tasks. *Journal of Verbal Learning and Verbal Behavior, 12,* 471–480.

Loftus, E. F., & Palmer, J. C. (1974). Reconstruction of automobile destruction: An example of the interaction between language and memory. *Journal of Verbal Learning and Verbal Behavior, 13,* 585–589.

Loftus, E. F., & Pickrell, J. E. (1995). The formation of false memories. *Psychiatric Annals, 25,* 720–725.

Miller, G. A. (1956). The magic number seven, plus or minus two: Some limits on our capacity for processing information. *Psychological Review, 63,* 81–93.

Neisser, U. (1967). *Cognitive psychology.* New York: Appleton.

Peterson, L. R., & Peterson, M. J. (1959). Short-term retention of individual verbal items. *Journal of Experimental Psychology, 58,* 193–198.

Rogers, R. D., & Monsell, S. (1995). Costs of a predictable switch between simple cognitive tasks. *Journal of Experimental Psychology: General, 124,* 207–231.

Schank, R. C., & Abelson, R. P. (1977). *Scripts, plans, goals and understanding.* Hillsdale, NJ: Lawrence Erlbaum Associates Inc.

Sperling, G. (1960). The information available in brief visual presentation. *Psychological Monograhgs: General and Applied, 74,* 1–29.

Tulving, E., & Osler, S. (1968). Effectiveness of retrieval cues in memory for words. *Journal of Experimental Psychology, 77,* 593–601.

4장

뇌과학으로 본 착한 사람의 속마음

⋮

김학진 (고려대학교 심리학과 교수)

●

"당신은 나를 더 좋은 사람이 되고 싶게 해요."

영화 〈이보다 더 좋을 순 없다〉에서 옮겨온 이 문장은, 오랫동안 극도의 이기주의자로 살아왔지만 캐럴을 만난 뒤로 타인을 향해 마음을 열게 된 멜빈이 그녀에게 사랑을 고백하며 건넨 감동적인 대사이다. 그런데 이 대사가 주는 감동은 누군가에게 잘 보이기 위해 남을 돕는 행위를 불순한 동기로 규정하곤 하는 우리를 매우 혼란스럽게 한다. 과연 타인으로부터 인정받고자 하는 욕구는 이타적인 행동의 동기로서 용납될 수 없는 것일까? 그렇다면 어려운 사람을 도왔을 때의 뿌듯함 그리고 즐거움은 과연 어디서 비롯된 것일까? 또한 위기에 처한 사람을 구하기 위해 일말의 망설임도 없이 목숨을 던진 이수현과 같은 영웅들의 행동은 어떻게 설명할 수 있을까?

우리는 이타성은 숭고하며 인정 욕구는 그 반대라는 편견을 가지기 쉽다. 뇌과학은 바로 이러한 편견 속에 감춰져 있는 인간 본성을 표면 위로 드러내 줄 수 있으며, 이타성을 이해하기 위해서는 먼저 우리의 편견을 걷어내고 인정 욕구의 뇌과학적 원리를 살펴보라고 말해 준다. 이 장에서는 이타성뿐 아니라 인정 욕구에서 야기되는 다양한 사회적 행동에 대해 살펴보고, 자기감정 인식을 통해 공감의 자기중심성에서 벗어나 건강하고 합리적인 이타성으로 나아가기 위한 뇌과학적 통찰들에 대해 알아볼 것이다.

생존에 필수적인 행동에 관여하는 뇌의 영역 : 측핵과 편도체

흔히 감각신호라 하면 시각, 청각 그리고 촉각을 떠올리기 쉽다. 이러한 감각신호는 모두 나의 신체 외부로부터 오는 외부 감각신호들이다. 하지만 우리의 뇌는 이러한 외부 감각신호 외에도 많은 양의 신호를 심장과 같은 신체 내부 장기들로부터 끊임없이 받고 있는데, 이를 내부 감각신호(interoception) 라고 부른다(Critchley & Harrison, 2013). 그렇다면 이렇게 뇌로 끊임없이 전달되는 방대한 내부 감각신호는 어떤 기능을 담당할까?

뇌가 담당하는 가장 중요한 기능은 우리 신체의 항상성을 유지하는 것이다. 그리고 아마도 내부 감각신호를 통해 우리 뇌는 끊임없이 신체의 상태를 모니터링하고, 신체항상성의 불균형이 감지되면 이를 다시 균형 상태로 되돌리기 위한 적절한 행동을 만들 수 있다. 예를 들어, 외부로부터의 자극이 신체 조직을 파괴하여 신체항상성이 깨지게 되면 이는 통증이라는 신호를 통해 뇌로 전달되고, 우리 뇌는 이 자극을 회피하는 행동을 통해 다시 신체항상성의 균형을 회복하고자 한다. 또한 체내 영양 상태의 불균형이 감지되면 이는 식욕이라는 신호를 통해 뇌로 전달되고 우리 뇌는 음식에 접근하는 행동을 통해 다시 신체항상성의 균형을 회복하고자 한다. 이렇게 접근 행동과 회피 행동은 우리 신체의 항상성을 유지하는 데 중요한 두 가지 행동 반응으로 볼 수 있다.

뇌에는 접근 행동과 회피 행동에 비교적 전문화되어 있는 뇌 구조가 있다. 먼저, 우리 뇌 한복판에 위치한 측핵(nucleus accumbens)이라는 부위는 접근 행동에 중요하게 관여하고 있는 곳이다([그림 4-1] 참조).

측핵은 우리가 음식이나 이성의 사진 혹은 돈과 같은 보상 자극들을 만날 때 강한 반응을 보인다. 카지노에서 무심코 당긴 슬롯머신에서 잭팟이 터지는 순간, 측핵의 활동이 급증하고, 이때 우리는 강한 쾌감을 느끼며 도박에

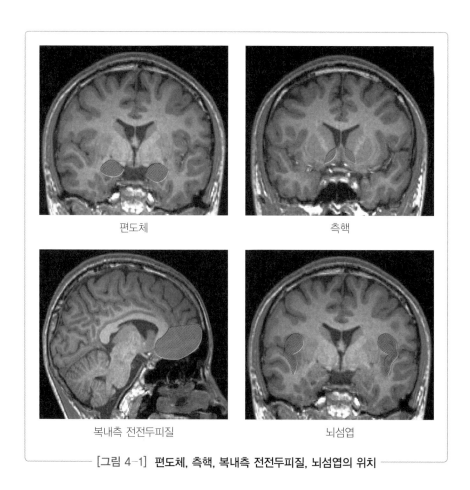

편도체

측핵

복내측 전전두피질

뇌섬엽

[그림 4-1] 편도체, 측핵, 복내측 전전두피질, 뇌섬엽의 위치

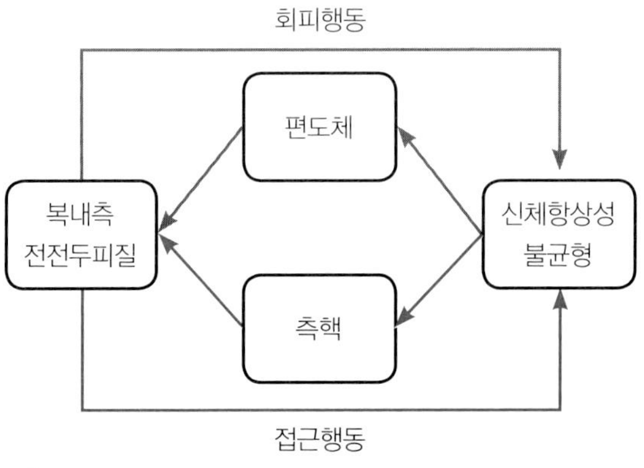

[그림 4-2] **회피행동과 접근행동의 신경학적 회로**

빠져들게 된다. 측핵은 돈뿐만 아니라 고급 스포츠카, 매력적인 얼굴 등 다양한 보상에 대해 즉각적으로 반응하고 그 보상을 얻기 위한 행동을 강화시킨다(Ikemoto & Panksepp, 1999; Olds & Milner, 1954). 측핵과는 대조적으로, 양쪽 측두엽 안쪽 부분에 위치한 **편도체**(amygdala)라는 부위는 회피 행동에 더 관여하고 있다([그림 4-1] 참조). 편도체는 공포 기억을 만들거나 주변의 위협적인 대상이나 공포에 질린 얼굴을 빠르게 탐지해서 회피 행동을 준비하도록 해 주며 이러한 과정은 우리가 의식하지 못하더라도 자동적으로 이루어질 수 있다(Whalen et al., 2004).

◉

가치를 계산하는 복내측 전전두피질의 메커니즘

그렇다면 만약 보상을 향해 접근하도록 부추기는 측핵과 위협적인 자극으로부터 회피하도록 요구하는 편도체가 상충할 때는 과연 어떤 일이 벌어질까? 이해를 돕기 위해 호감이 가는 누군가에게 마음을 고백하려는 상황을 떠올려 보자. 측핵은 상대방에게 다가가서 고백하라고 재촉하지만 혹시라도 불쾌해할 상대방의 반응을 생각하면 선뜻 다가가기가 쉽지 않다. 우리 뇌는 과연 이러한 갈등 상황을 어떻게 해결할까? 이 경우 중요한 역할을 담당하는 부위는 바로 복내측 전전두피질(ventromedial prefrontal cortex)이다([그림 4-1] 참조).

이마 정중앙 지점으로부터 약 5cm가량 뒤쪽에 위치하고 있는 복내측 전전두피질은 측핵과 편도체 모두와 강하게 연결되어 서로 신호를 주고받는다. 고통을 유발하는 자극은 신체항상성을 깨뜨리고 편도체는 다시 항상성을 회복하기 위해 복내측 전전두피질로 신호를 보내 회피 반응을 촉발시킨다. 또한 음식을 보고 강하게 끌리는 이유는 체내 영양 상태의 불균형을 감지한 측핵이 다시 균형 상태로 되돌리기 위해 복내측 전전두피질로 신호를 보내 음식을 향한 접근 행동을 촉발시켰기 때문으로 볼 수 있다. 이렇듯 복내측 전전두피질은 측핵과 편도체 사이에서 아슬아슬하게 접근과 회피 간의 균형을 유지하면서 신체항상성 유지라는 목표를 향해 조심스럽게 줄을 건너가는 외줄타기 곡예사와 비슷하다([그림 4-2] 참조).

우리는 태어나는 순간부터 일생 동안 수많은 크고 작은 접근과 회피 간의 갈등을 경험하게 된다. 그리고 이 경험을 통해 체득된 접근과 회피 간의 절묘한 전략이 반복적으로 사용됨에 따라 점차 자동화되어 우리 뇌 속에 각인돼 간다. 우리는 이렇게 자동화된 삶의 전략을 직관이라고 부르는데, 복내측 전전두피질은 바로 이러한 직관들이 저장된 뇌 부위라 할 수 있다. 우리가 이전에 경험했던 갈등 상황과 유사한 상황에 놓이게 되면 복내측 전전두피질에 저장된 직관이 활성화되고, 이를 통해 우리는 이전보다 훨씬 더 수월하게 접근과 회피 간의 갈등을 해결해 낼 수 있다. 이렇게 경험들을 통해 습득되어 자동화된 직관적 행동 전략들은 우리의 선택에 직접적으로 영향을 미치게 되는데 이를 우리는 가치(value)라 부르기도 한다. 우리가 일상에서 하게 되는 대부분의 선택은 우리가 의식하건 그렇지 못하건 과거의 수많은 경험을 통해 뇌 속에 형성되고 각인되어 온 직관 혹은 가치의 결과이다.

우리의 뇌가 일생 동안 끊임없이 추구하는 궁극적인 목표는 신체항상성의 유지이며, 이를 방해하는 가장 큰 장애물은 바로 끊임없이 변화하는 주변 환경이라 할 수 있다. 그리고 끊임없이 변화하는 환경 속에서 최적의 선택을 위해 고려해야 하는 정보의 양은 무한대에 가까운 반면, 우리 뇌의 용량은 심각할 정도로 제한되어 있다. 설령 우리 뇌가 충분한 용량을 갖추고 있더라도 때로는 이 많은 정보를 고려할 만큼 충분한 시간이 주어지지 않을 경우도 있다. 이러한 목표와 현실 간의 간극을 극복하기 위해 우리 뇌가 고안해 낸 새로운 전략은 자극들을 범주화/추상화시킴으로써 처리해야 할 정보를 최대한 단순화시키는 것이다. 이러한 과정을 통해 우리의 뇌는 최소의 비용과 노력으로 최대의 효과를 얻을 수 있는 보상을 찾고자 끊임없이 노력하고, 이전에는 없었던 새로운 가치를 만들어 낸다. 그리고 음식이나 물과 같은 일차적 보상을 대체할 수 있는 이차적 보상들이 이 과정에서 생겨나며, 돈은 이러한 이차적 보상의 대표적인 예라 할 수 있다. 음식이나 물과 같은 수많은 일차적 보상들을 개별적으로 얻고자 할 때는 많은 시간과 노력이 요구되지만, 이 대신 다양한 일차적 보상으로 쉽게 교환될 수 있는 돈이라는 이차적 보상을 얻는 전략에 집중하게 되면, 훨씬 적은 시간과 노력으로 더 큰 보상을 얻을 수 있다. 따라서 이차적 보상은 일차적 보상보다 훨씬 매력적인 보상이 된다.

돈만큼, 아니 돈보다 훨씬 더 강력하지만 우리가 간과하고 있는 또 다른 중요한 이차적 보상이 있다. 바로 '사회적 보상'이다. 타인으로부터의 인정, 호감 그리고 존중 등을 포함하는 사회적 보상도 돈과 유사하게 우리 뇌의 범주화 · 추상화 과정에서 자연스럽게 탄생된 이차적 보상이다. 사실, 사회적 보상은 발달 과정에서 돈보다 훨씬 먼저 학습되며, 그 어떤 보상보다 더 강력한 보상으로 성장할 수 있다. 페이스북의 '좋아요' 심벌은 극도로 단순화 · 추상화된 강력한 이차적 보상인 사회적 보상의 상징이다. 더 적은 노력으로 더 많은 보상을 얻을 수 있는, 다시 말해서 더 효율적인 이차적 보상을 경험하게 되면, 우리 뇌는 그 전까지 추구하던 일차적 보상들 대신 이 새로운 이차적 보상에 힘없이 빠져들게 된다.

인간은 거의 출생과 동시에 타인의 감정을 파악하고 구분하여 이를 보상으로 환산하는 가치 계산 기제를 발달시켜 왔다. 바로 복내측 전전두피질은 타인의 인정·호감·존중이라는 사회적 가치들을 저장하고 있는 중요한 뇌 부위이다. 최근 뇌 영상 연구들은 복내측 전전두피질이 돈 그리고 타인으로부터의 칭찬과 인정과 같은 다양한 종류의 이차적 보상들에 공통적으로 반응한다는 사실을 보여 준다(Kim, Shimojo, & O'Doherty, 2011; Lin, Adolphs, & Rangel, 2012). 이러한 사실은 경제학 분야에서 오랫동안 찾아온 **공동통화**(common currency)라는 개념의 신경학적 실체를 보여 준 중요한 발견이라 할 수 있다. 이러한 신경학적 공동통화 덕분에 우리는 각기 다른 보상들 간의 비교를 매우 빠르고 정확하게 해낼 수 있다. 예를 들어, 복내측 전전두피질의 이러한 공동통화 기능을 통해 우리는 타인의 비난을 감수하면서 돈을 선택하기도 하고, 때로는 돈을 포기하면서까지 타인의 호감을 얻고자 하는 이타적인 행동을 하기도 한다.

복내측 전전두피질이 손상된 사람의 극적인 행동 변화

실제로 이타적인 사람들이 타인을 도울 때 복내측 전전두피질이 사용될까? 최근에 우리 연구팀의 설선혜 교수는 타인을 돕는 이타적 행동의 가치를 학습하는 데 관여하는 뇌 부위를 알아본 연구를 수행한 바 있다(Sul, Tobler, Hein, Leiberg, Jung, Fehr, & Kim, 2015). 이 연구에서 참가자들은 자신 혹은 타인이 받게 될 고통스러운 경험을 줄이기 위해 노력해야 하는 일종의 게임을 수행했다. 참가자들이 게임을 수행하는 동안 뇌 반응을 측정한 결과, 이타적인 참가자들은 자신과 타인을 위해 선택할 때 모두 복내측 전전두피질을 사용하는 것으로 나타났으나, 이기적인 참가자들은 자신을 위해 선택할 때만 복내측 전전두피질을 사용하는 것으로 나타났다. 다시 말해서, 이기적인 사람들과 달리 이타적인 사람들은 타인을 위한 선택의 가치가 내재화·자동화되어 복내측 전전두피질에 직관적 가치로 저장되어 있으며 이 가치는 자신을 위해 선택할 때와 유사하게 작동한다는 것을 보여 준다(Sauer, 2012; Stich, Doris, & Roedder, 2016).

그렇다면 복내측 전전두피질이 손상된 사람은 정상인과 어떻게 다를까? 100년 전 미국의 철로 작업 노동자였던 피니어스 게이지(Phineas Gage)라는 뇌손상 환자의 사례를 들어 보자. 게이지는 어느 날 쇠막대기가 뇌를 관통하는 끔찍한 사고를 당해 복내측 전전두피질의 대부분이 손상되었지만 놀랍게도 사고 후 게이지의 대부분의 인지 기능은 거의 정상 수준에 가까웠다. 하지만 사고 전에는 따뜻한 성품으로 동료들로부터 존경받던 그의 성격은 사고 후 매우 폭력적이고 무례한 성격으로 바뀐 것이 점차 드러났다. 이와 유사하게, 약 20년 전 자신의 의붓딸을 성폭행하려다 부인에게 발각된 한 40대 남성의 사례가 있다(Burns & Swerdlow, 2003). 극심한 두통을 호소한 이 남성을 급히 병원으로 옮겨 MRI촬영을 한 결과 전두엽, 특히 복내측 전전두피질 부근에서 거대한 종양이 발견되었다. 곧바로 종양 제거 수술을 받은 그 남성은 수술 후 약 7개월간에 걸쳐 성공적으로 성 중독 프로그램을 완수하게 되고 다시 일상으로 복귀하게 된다. 그러나 이 남성은 수술 후 약 10개월 뒤 다시 두통을 호소하며 아동 포르노를 수집하기 시작하였고 발각되었다. 다시 MRI촬영을 해 본 결과, 놀랍게도 이 남성 뇌의 동일한 부위에 다시 종양이 자라 있는 것이 발견되었다. 이러한 사례들은 복내측 전전두피질이 이타적 행동뿐 아니라 윤리적 행동을 위해서도 중요한 기능을 담당하고 있음을 잘 보여 준다.

칭찬에 중독된 뇌

복내측 전전두피질의 물리적 손상 없이 이 부위의 기능적 결함에 의해서도 사회적 행동의 문제는 나타날 수 있다. 접근 행동과 회피 행동 간의 균형점을 유지하는 복내측 전전두피질의 기능에 문제가 발생할 경우, 한쪽 방향으로 편향된 가치 계산의 불균형이 발생할 수 있다. 우리가 일상생활에서 마주치는 수많은 부적응적 사회 행동은 바로 이러한 접근-회피 간 불균형으로 설명될 수 있다. 그럼 몇 가지 사례를 통해 좀 더 알아보도록 하자.

나의 적응력을 점검하는 일은 생존을 위해 매우 중요하며 이를 위해 가장 쉬운 방법은 바로 나와 타인을 비교하는 것이다. 내 주위 사람들과 나를 비교하면서 그들보다 더 높은 보상을 얻기 위해 끊임없이 경쟁하는 심리를 **사회비교**(social comparison)라 부른다. 얼마 전 우리 연구팀의 강평원 박사는 이러한 사회비교의 뇌과학적 이해를 위해 간단한 도박 게임을 사용한 연구를 수행하였다(Kang, Lee, Choi, & Kim, 2013). 이 게임에서 참가자들은 3장의 카드 중 하나를 선택하게 되고, 그 결과로 금전적 이익 혹은 손실을 경험하게 된다. 그리고 옆방에서는 이 실험에 참여하는 또 다른 파트너가 동일한 게임을 수행하고 있었고, 참가자는 자신의 결과를 확인한 뒤에 잠시 후 파트너가 얻은 결과도 확인할 수 있었다. 이때 참가자의 결과는 절대적으로는 이득이지만 파트너와 비교해서 상대적으로는 손실인 경우도 있었고, 반대로 절대적으로는 손실이지만 상대적으로는 이익인 경우도 있었다. 참가자는 얻은 결과가 만족스러우면 결과를 수락하고, 만족스럽지 않으면 나중에 다시 한 번 새로운 기회를 얻기 위해 거절할 수 있었다.

이 실험에는 한국인과 미국인이 참여하였는데, 미국인은 상대적인 결과보다는 절대적 결과에 의해 수용/거절을 선택하는 경향성이 높았던 것에 비해, 한국인의 선택은 절대적인 결과보다 상대적인 결과에 의해 더 많은 영향을 받았다. 사회 비교의 문화차가 관찰된 것이다. 뇌 영상 결과도 유사하게 나왔는데, 문화 간 차이를 가장 크게 보인 뇌 부위는 복내측 전전두피질로 나타났다. 미국인의 경우 이 부위는 상대적인 결과보다는 절대적인 결과에 더 높게 반응했고, 한국인의 경우는 절대적인 결과보다 상대적인 결과에 더 높게 반응했다. 또한 이 부위는 접근 행동에 관련된 측핵과 증가된 기능적 연결 강도를 보였으며, 측핵과 복내측 전전두피질 간의 기능적 연결 강도가 증가할수록 절대적 결과보다 상대적 결과에 의해 영향받는 정도, 즉 사회 비교 경향성이 높은 것으로 나타났다. 이 연구 결과는 복내측 전전두피질의 가치 계산 과정에 측핵이 과도하게 영향을 미침으로써 나타나는 편향된 접근 동기가 경쟁적 사회 비교의 기저에 있음을 보여 준다. 뿐만 아니라 이러한 사회 비교 경향성을 결정하는 신경학적 회로가 개인이 속한 문화에 따라 변화할 수 있음을 알 수 있다.

복내측 전전두피질의 가치 계산 과정에 편도체보다는 측핵의 영향력이 커지게 되면 접근-회피 간 균형 상태가 깨지게 된다. 그러면 나와 타인 간의 상대적 보상의 차이에 극도로 민감해지고 나의 선택이 초래할 처벌, 비난, 손실 등에 둔감해지게 되면서 타인에 비해 상대적으로 우월한 위치에 도달하고자 하는 인정 욕구가 과도하게 표출될 수 있다. 최근 논란의 중심이 되고 있는 갑질 행동이나 분노조절장애 등도 어쩌면 타인의 인정에 과도하게 집착하는 접근 회로를 대적하기엔 턱없이 위축되어 버린 회피 회로 때문이 아닐까? 접근 회로를 작동시키는 핵심 신경전달물질인 도파민은 익숙한 보상에는 반응하지 않고 새롭고 기대하지 못한 보상에만 반응한다는 사실에 주목할 필요가 있다(Schultz, Dayan, & Montague, 1997). 어쩌면 타인으로부터의 과도한 존중과 감사의 신호에 익숙해져 버릴 경우 일상적인 수준의 존중이나 감사에는 오히려 실망하고 무시당했다는 느낌을 받게 되고 이전보다 점차 더 높은 수준의 존중, 칭찬, 감사를 기대하게 될 수 있다. 이렇게 적정선을 넘어선 인정 욕구는 타인으로부터 예상되는 비난에 의해 작동하는 회피 회로에 의해 억제

될 수 있으며, 타인으로부터의 비난을 더 이상 염려하지 않게 될 때 인정 욕구는 무절제하게 표출될 수 있다. 이 설명을 듣고 아마도 많은 사람이 사이코패스를 떠올릴 수 있을 것이다. 흥미롭게도 정상인에 비해 사이코패스의 복내측 전전두피질과 편도체 간 기능적 연결성이 훨씬 약한 것으로 밝혀졌다(Motzkin, Newman, Kiehl, & Koenigs, 2011). 아마도 이들의 비정상적으로 과도한 욕구충족 행동 역시, 유전적 요인 혹은 유년시절에 학대받은 경험 등의 원인으로 타인의 고통에 공감하고 도덕적 비난을 피하기 위해 필요한 회피 회로가 손상되어서 나타나는 편향된 가치 계산의 결과일 수 있다.

●

충독적 이타행동과 배타적 집단주의

접근 회로에 비해 회피 회로가 과도하게 작동할 경우에도 복내측 전전두피질의 가치 계산 과정은 불균형 상태에 빠질 수 있다. 그 결과로 보상을 얻고자 하는 접근 회로가 회피 회로에 밀리게 되면, 지나치게 타인의 시선을 의식하여 비난을 회피하기 위한 충동적인 사회 행동으로 이어질 수 있다(Bateson & Roberts, 2006). 이러한 상황을 몇 가지 사례를 통해 알아보도록 하자.

최근 우리 연구팀의 정대현 박사는 타인이 관찰하는 상황에서 증가하는 윤리 소비 행동의 뇌 기제를 연구한 바 있다(Jung, Sul, Lee, & Kim, 2018). 이 과제에서 참가자들은 사회적 기업과 일반 기업 제품으로 구분되어 제시되는 간단한 음식 상품의 사진과 가격을 보고 구매 결정을 내렸다. 실험 결과, 예상대로 타인이 관찰할 때 일반 기업 제품에 비해 사회적 기업 제품의 구매 확률이 증가했다. 또한 이때 사회적 기업 제품을 구매하는 순간 복내측 전전두피질의 활성화 수준이 증가하면서 이 부위와 편도체 간의 기능적 연결 강도가 증가하는 것으로 밝혀졌다. 누군가가 지켜보는 상황에서 우리는 타인을 배려해야 한다는 무언의 사회적 압력을 느끼게 되고, 이때 느끼는 불안감은 회피회로의 활성화를 통해 복내측 전전두피질의 가치 계산 기능을 편향시켜 평판의 하락을 피하기 위한 충동적인 이타행동을 촉발시키는 것으로 보인다(Izuma, Saito, & Sadato, 2010).

내가 속한 집단으로부터 인정받고 그들의 비난을 피하려는 마음은 때로는 집단 간 갈등의 원인이 되기도 한다. 최근에 사회적 유대감을 촉진시키는 것으로 알려진 옥시토신이라는 신경전달물질을 합성한 약물을 스프레이 형태로 만들어 코를 통해 주입하는 기술이 개발되었다. 이 약물을 주입하게 되면 자신의 배우자에 대한 측핵의 반응은 증가하는 반면, 흥미롭게도 낯선 이성에 대한 측핵의 반응은 오히려 약물을 받지 않은 통제 집단보다 더 감소하는 것이 관찰되었다(Scheele et al., 2013). 어떤 한 대상에 대한 애착심이 증가한다는 것은 곧, 그 외의 대상들에 대한 애착심의 감소를 의미하는 것이 아닐까? 이는 마치 성공을 향한 간절한 마음이 실패한 사람에 대한 혐오감을 키우는 심리현상과 유사하다. 네덜란드에서 수행된 또 다른 한 실험은 옥시토신이 집단 간 차별감정까지 변화시킬 수 있음을 보여 준다. 이 실험에서는 옥시토신을 투여받은 집단과 통제 집단으로 나뉜 참가자들에게 다음과 같은 도덕적 딜레마에 답하도록 요구하였다(Friston, 2010). '달려오는 기차가 이름 없는 5명을 죽일 수 있을 때, 당신은 선로를 변경해서 대신 1명만 희생시키고 5명을 살릴 것인가?' 이때 한 조건에서는 희생시켜야 하는 한 사람을 같은 나라인 네덜란드 사람으로 제시하였고, 다른 조건에서는 아랍 사람으로 제시하였다. 실험 결과, 희생시킬 한 사람이 네덜란드인일 때보다 아랍인일 때 그 한 사람을 희생시키겠다고 답변하는 경향성이 높았고, 이러한 경향성은 통제 집단에 비해 옥시토신을 투여받은 집단에서 현저하게 증가했다. 어쩌면 타집단을 향한 혐오감과 비난은 내집단을 향한 강한 애착이 만들어 내는 피할 수 없는 결과물이 아닐까?

내집단과 경쟁적인 타집단을 향한 증가된 공격성은 내집단 속에서 나의 사회적 지위를 공고히 해 주고 불안감을 해소시킬 기회를 제공해 줄 수 있다. 아마도 옥시토신은 내집단으로부터 인정받고 싶은 욕구를 강화시키고, 이와 동시에 내집단과 경쟁하는 외집단에 대한 혐오감과 공격성을 높이는 것으로 보인다. 집단 내 구성원 간 갈등이 커지거나 집단으로부터의 소외에 대한 두려움이 커질 때, 이를 피하기 위해 우리는 외부의 적 혹은 내부의 희생양을 찾고 싶어질 수 있다. 그리고 이러한 욕구는 타인 험담 혹은 왕따 문화 등으로 이어질 수 있으며, 더 나아가 사회적 규범을 어기면서까지 내집단을 감싸고 타집단을 혐오하고 비난하는 비윤리적 집단 행동으로 표출되기도 한다. 아마도 이러한 심리기제는 한국 사회에서 빼놓을 수 없는 중요한 사회적 문제인 집단 간 편가르기 문화와 관련될 수 있으며, 내가 가진 모든 차별감정을 정확하게 인식하고 다스리기 위한 출발점은 바로, 나의 인정욕구를 세밀하게 들여다보는 것일 수 있다.

타인으로부터의 비난 그리고 사회적 소외에 대한 지나친 염려가 극단적으로 나타난 형태가 바로 우울증이다. 최근 뇌 영상 연구 결과에 의하면, 우울증 환자는 정상인에 비해 부정적인 시각 자극을 볼 때 복내측 전전두피질이 편도체의 회피충동신호를 적절하게 풀어주지 못하는 것으로 나타났다 (Johnstone, van Reekum, Urry, Kalin, & Davidson, 2007). 어쩌면 우울증이란 타인으로부터의 비난을 회피하려는 신경회로의 과도한 작동으로 인해 복내측 전전두피질의 가치 계산 기능이 균형점으로부터 벗어나면서 발생하는 심리적 현상일지 모른다.

●

내면과의 소통을 통한 균형점 회복

앞서 살펴본 바와 같이, 복내측 전전두피질이 균형감각을 잃게 되어 타인으로부터의 인정과 호감에 지나치게 몰입하게 된 상태를 인정 중독이라 말할 수 있고, 인정 중독이 표출되는 양상은 매우 다양하다. 그렇다면 복내측 전전두피질의 가치 계산 기능의 균형 상태를 회복하고 유지함으로써 인정 중독을 예방하고 조절하는 뇌과학적인 해결 방법이 있을까? 이 질문에 대한 답변에 앞서, 우리 주변에서 흔히 볼 수 있는 온도조절기를 떠올려 보자. 사용자가 이 조절기의 기준 온도값을 적절한 수준으로 설정하게 되면, 자동으로 냉방 혹은 난방이 작동하게 되고 방 안의 온도는 항상 이 기준 온도를 유지할 수 있게 된다. 하지만 우리는 가끔 지나치게 덥거나 추운 날에 기준 온도값을 과도하게 설정하곤 하는데, 그러면 온도조절기는 추워도 계속 에어컨을 작동시키거나 더워도 계속 난방을 작동시키는 일이 발생할 수 있다. 이처럼 기준 값에 따라 자동으로 적절한 온도를 유지해 주는 온도조절기는 편리할 수 있지만 기준 온도값이 잘못 설정되어 있을 경우는 오히려 더 큰 불편을 초래할 수 있다. 따라서 우리는 가끔씩 온도조절기의 기준 온도값이 나에게 적절하게 설정되어 있는지를 체크하고 다시 재조정해 줄 필요가 있다.

다양한 사회적 상황에 잘 맞는 적절한 행동의 기준값들이 저장되어 있는 복내측 전전두피질은 마치 온도조절기에 비유될 수 있다. 과도하게 덥거나 추운 날 일시적으로 온도조절기의 기준 온도 값이 바뀌는 것처럼 타인으로부터 과도한 칭찬이나 인정 혹은 심각한 비난을 받게 되는 경우, 복내측 전전두피질에 저장된 기준값들은 일시적으로 변할 수 있다. 이때 온도조절기에 설정된 기준 온도 값이 적절한지 체크하는 것과 같이 복내측 전전두피질에 저장된 기준값이 나의 신체항상성 유지라는 궁극적 목표를 위해 적절한 값인지 아닌지 점검해 보는 시간이 필요하다. 그리고 만약 기준값이 적절하지 않다면 내부 감각신호들에 다시 귀를 기울임으로써 신체의 항상성 유지라는 목표를 위해 최적의 상태로 복내측 전전두피질의 기준값을 다시 재조정하는 과정이 필요하다.

그렇다면 우리는 어떻게 복내측 전전두피질의 기준값을 수정할 수 있을까? 복내측 전전두피질의 몇 가지 기능을 좀 더 자세히 살펴보면 이에 대한 답을 얻을 수 있다. 먼저, 복내측 전전두피질은 타인보다는 자신을 평가하는 상황에서 더 높은 활동을 보이며, 이러한 기능 때문에 이 부위는 자기참조 영역(self-referential area)이라 불리기도 한다(Kelley et al., 2002). 또한 이 부위
는 디폴트 모드 네트워크(default-mode network)의 핵심 영역으로도 잘 알려
져 있는데, 그 이유는 우리가 외부 자극에 몰두해서 뭔가 과제를 수행할 때
이 부위의 활동은 낮아지고, 오히려 과제가 끝나고 휴식을 취하는 동안에는
다시 활동이 증가하기 때문이다(Raichle & Snyder, 2007). 이 부위의 또다른 중
요한 특징은 심장 박동수의 변화와 긴밀한 상관을 보인다는 점이다(Thayer,
Ahs, Fredrikson, Sollers, & Wager, 2012). 이러한 증거들을 종합해 보면, 외부로
부터의 자극을 차단하는 것, 자신에게 집중하는 것 그리고 신체와 소통하는
것이 모두 동일한 뇌 부위로 수렴한다는 사실을 알 수 있다.

우리가 외부 자극들로부터 주의를 거두어 자신을 향해 집중하고 몰입할
때, 우리의 뇌는 신체와 소통할 수 있게 되고 내부 감각신호에 기반하여 가치
를 재조정할 기회를 갖게 되는 것이 아닐까? 이는 타인들과 복잡하게 얽힌 관
계에서 벗어나 자신만의 사색의 시간을 갖는 것이 내면세계를 성장시키고 진
정한 자아를 찾아가는 데 중요할 수 있음을 알리는 수많은 주장의 과학적 근
거가 될 수 있다.

최근의 이론들에 의하면 우리 뇌는 매 순간 신체의 상태를 예측·모니터
링하며, 신체항상성 유지를 위한 우리 뇌의 기준값들이 잘못 설정되어 있을
때 우리의 몸은 감정이라는 신호를 통해 이를 알린다(Friston, 2010; Seth, 2013;
Barrett, 2017). 이때 우리는 이 신호를 무시하고 쉽게 익숙한 가치를 따라갈
수도 있고, 아니면 이러한 예측 오류의 원인을 찾아 기존의 가치를 수정하거
나 새로운 가치를 만들어 낼 수도 있는 매우 중요한 갈림길에 서게 된다. 복
잡한 사회적 관계들에서 잠시 벗어나 자신의 내면세계에 집중하는 시간을 가
질 때, 우리 뇌는 신체와 소통하면서 가치의 재조정 과정을 통해 균형 감각을
갖춘 건강한 복내측 전전두피질을 유지할 수 있게 된다. 본인의 의사와는 무
관하게 강제적으로 홀로된 시간을 경험해야 하는 경우와 달리, 자발적으로
만드는 혼자만의 시간은 타인으로부터 받은 상처를 직면할 수 있는 강한 내

면을 키워 나갈 수 있는 중요한 기회를 마련해 줄 수 있다. 역설적으로 이러한 자발적인 외로움은 세계가 나를 지배하는 사회적 규범과 타인의 시선이라는 보이지 않는 틀을 지각하고 진정한 자아를 찾는 시간이 될 수 있으며, 오히려 타인과의 진정한 대화를 위한 토대를 굳게 다지는 시간이 될 수 있다.

자기감정 인식

나의 신체와 소통할 수 있는 가장 좋은 기회는 바로 우리가 감정을 경험하는 시점이다. 앞서 말한 것처럼 우리 뇌는 매 순간 신체의 상태를 주시하고 있으며, 감정이란 바로 우리의 신체 상태가 예측에서 벗어났음을 알리는 신호라고 볼 수 있다. 감정은 우리의 신체 각 부위들이 각자의 요구를 뇌로 전달함으로써 가치가 재조정되어야 할 필요가 있음을 알리는 중요한 신호이다. 우리의 신체 상태는 끊임없이 변화하고 이 신호들이 만들어 낼 수 있는 가능한 조합은 무한대에 가깝다. 따라서 동일한 감정을 두 번 이상 경험한다는 것은 사실상 불가능하지만 제한된 용량의 우리 뇌는 비슷한 신체 상태들을 묶어서 하나의 이름을 부여한다. 예를 들어, 분노를 경험할 때, 그 원인과 해결 방법은 신체 상태의 패턴에 따라 수없이 다양할 수 있지만 분노라는 하나의 이름이 부여될 때 우리는 익숙한 고정된 형태의 분노 반응을 보이게 된다. 그리고 이러한 고정된 형태의 분노 반응은 신체 상태의 미묘한 차이들을 무시하기 때문에 이렇게 신체상태와 맞지 않는 분노 반응을 계속 사용하면 우리 뇌의 가치정보는 점점 더 균형상태로부터 멀어질 수 있다. 자기감정 인식은 바로 감정을 경험할 때마다 이 감정을 구성하는 신체 신호들을 섬세하고 정확히 인식함으로써 익숙하고 단순한 반응패턴에서 벗어나 보다 정교하고 다양하게 세분화된 감정 반응들을 만들어 가는 과정이다. 이 과정을 통해 우리는 접근과 회피 중 어느 한쪽으로 치우치지 않은, 매 순간 변화하는 신체 상태의 변화에 최적화된 선택의 가치들을 생성해 나갈 수 있다.

공감의 자기중심성

자신의 감정을 인식하는 능력과 이타성 간에는 과연 어떠한 관련성이 있을까? 아마도 타인의 고통을 나의 고통처럼 느끼는 공감 능력이야말로 이타성의 초석이라는 주장에 대해 반대할 만한 사람은 별로 없을 것이다. 공감이라 하면 항상 좋은 면만 떠올리기 쉽지만, 사실 우리는 폭력으로 이어지기 쉬운 분노나 질투심과 같은 감정에도 쉽게 공감하곤 한다. 상식적으로 공감이란 타인과 공유하는 감정을 말한다. 하지만 과연 타인의 감정과 나의 감정이 정확히 같을 수 있을까? 그렇다면 나의 감정이 타인의 감정과 얼마나 유사해야만 이를 공감이라 할 수 있을까? 우리의 일반적인 상식과는 달리, 공감이 타인의 감정보다 자신의 과거 경험들 혹은 자신의 현재 신체 상태에 크게 영향을 받는다는 증거들이 있다. 한 실험에서 참가자들은 산 속에서 길을 잃은 가상의 등산객들을 묘사하는 글을 읽고 그들의 심정을 추측해 볼 것을 요구받았다. 그런데 참가자들의 절반은 체육관 앞에서 운동을 시작하기 전에 이 실험에 참가했고 나머지 절반은 최소 20분 동안 운동을 마친 직후에 참가했다. 실험 결과, 운동 직후 참여한 집단은 운동 직전 참여한 집단에 비해 등산객들이 갈증 때문에 힘들어할 것이며 물을 가지고 오지 않은 것을 후회할 것이라고 추측한 정도가 훨씬 더 높았다(Van Boven & Loewenstein, 2003). 왜 이런 차이가 나타났을까? 혹시 운동 직후에 참여한 집단이 다른 집단에 비해 훨씬 갈증이 심하고 체온이 상승되어 있었기 때문이 아닐까? 어쩌면 타인의 감정을 상상할 때 우리는 필연적으로 우리 자신의 과거 혹은 현재의 경험을 재료로 사용하도록 만들어졌는지 모른다. 그리고 사용된 재료가 다를 경우 그 결과물도 다를 수 있음은 당연한 일이다.

공감이 자기중심적인 이유를 구체적으로 알아보기 위해 공감과 관련된 뇌 기제에 대해 좀 더 살펴보자. 2004년에 수행된 한 연구에서는 사랑하는 남녀 쌍들을 초청하여 남자와 여자가 번갈아서 손가락에 전기 쇼크를 받았는데, 받는 동안 여자의 뇌활동을 촬영해 보았다. 그 결과, 자신과 남자친구의 고통에 공통적으로 반응하는 뇌 부위가 관찰되었다(Singer et al., 2004). 이 부위는 바로 뇌섬엽(insula)이라 불리는 곳이었다([그림 4-1] 참조). 뇌섬엽은 심장 박동수 등과 같은 핵심적인 신체항상성 조절기능을 담당하는 뇌부위와 빠르게 소통할 수 있다(Fischer, Boes, Demertzi et al., 2016). 사람마다 신체로부터 오는 신호(내부 감각신호)에 대한 민감도가 다를 수 있으며 이러한 민감도의 개인차는 심장 박동수 탐지과제라는 비교적 간단한 검사를 통해 측정이 가능하다. 이 검사에서 참가자들은 일정 시간 동안 자신의 심장 박동수를 속으로 세어서 보고하고, 이렇게 보고된 횟수와 장비를 통해 실제로 측정된 심장 박동수 간의 차이가 적을수록 내부 감각신호 민감도는 높은 것으로 볼 수 있다. 흥미로운 사실은 자신의 심장 박동수를 정확하게 지각하는 사람일수록 바로 뇌섬엽의 활동이 높다는 것이다(Critchley & Harrison, 2013). 뿐만 아니라, 자신의 심장 박동수에 주의를 기울일 때와 자신의 감정을 평가할 때 뇌섬엽이 공통적으로 반응하고(Zaki, Davis & Ochsner, 2012), 명상 훈련 등을 통해 심장 박동수 인식능력의 정확도를 향상시키면 자신의 감정을 정확히 묘사하는 능력도 함께 향상된다(Bornemann & Singer, 2017). 어쩌면 뇌섬엽을 거치는 내부 감각신호들은 감정을 만드는데 중요한 재료가 되는 것이 아닐까?

자신의 내부 감각신호에 민감한 사람들은 자신의 감정뿐 아니라 타인의 감정을 이해하고 공감하는 데 더 유리할 수 있다. 자신의 심장 박동수를 정확하게 인식하는 사람은 타인의 얼굴 표정을 더 정확하게 인식할 수 있고(Grynberg & Pollatos, 2015), 타인의 고통에 더 잘 공감한다고 한다(Terasawa, Moriguchi, Tochizawa & Umeda, 2014). 이러한 결과는 자신의 감정을 인식하는 능력과 타인의 감정에 공감하는 능력은 서로 긴밀하게 관련되어 있음을 시사한다. 좀 더 생각해 보면, 내가 아닌 다른 사람의 고통을 나의 고통처럼 느끼는 것은 엄밀히 말해서 정보 처리의 오류로 볼 수 있다. 그렇다면 이러한 공감능력이 진화과정에서 사라지는 대신 오히려 발달되어 올 수 있었던 이유는 과연 무엇일까? 혹시 그 이유는 공감 자체의 적응적 이로움보다는 자신의 신체 상태를 정확하게 인식하는 능력이 가진 적응적 유리함 때문이 아니었을까? 다양한 범주로 감정을 세분화시켜 구분할 수 있는 사람은 아마도 자신의 신체로부터 오는 신호들의 미묘한 차이에 보다 적절하게 반응할 수 있는 능력을 갖춘 사람일 가능성이 높으며, 따라서 적응적인 면에서 훨씬 유리할 수 있다.

분명 공감은 더불어 사는 사회에서 없어서는 안 될 매우 중요한 능력이지만, 무작정 타인의 감정을 이해하려고 노력한다고 해서 얻어지는 것은 아니다. 정교하게 다듬어지지 않은 자신의 무딘 감정의 틀을 무리하게 타인에게 적용하려고 할 때, 이는 공감이 아니라 오히려 폭력에 가까울 수 있다. 또한 공감을 지나치게 강조하는 문화는 자칫 공감하지 못하는 사람들을 가려내는 작위적인 기준을 만들어 이들에 대한 비난과 경멸을 부추길 위험이 있다. 공감이 없는 것보다는 자기중심적인 편향된 공감이 더 큰 문제가 되는 경우를 우리는 주위에서 어렵지 않게 볼 수 있다. 오히려 공감은, 자신의 감정의 원인을 깊이 들여다보고 의식으로 끄집어내어 나의 일부로 통합시키는 과정을 통해 자연스럽게 습득되는 능력이 아닐까? 자신의 감정을 세분화 · 정교화시키는 과정은 타인과의 공감의 범위를 확장시키기 위해 필수적인 과정이며, 타인과의 적극적인 공감을 위해 우리의 열정은 타인이 아닌 나 자신에게로 향해야 함을 뇌과학은 말해 주고 있다.

이타성을 지향하는 이기적인 뇌

우리의 일상 속 대부분의 사회적 행동에 영향을 미치지만 좀처럼 인식하기 어렵고 또 인식하고 싶지 않은 감정이 바로 인정 욕구라 할 수 있다. 태어나는 순간부터 쉬지 않고 인정 욕구의 충족에 몰입해 왔으면서도 끊임없이 이를 감추도록 교육받고 훈련받아 온 우리에게 이 욕구를 인정하기란 쉬운 일이 아니다. 그럴수록 우리는 끊임없는 자기성찰을 통해 무의식속으로 숨으려 하는 이 욕구를 계속해서 의식 세계로 끄집어내어 직면해야만 한다. 특히 인정 욕구가 장애물과 만날 때 필연적으로 발생하는 분노를 경험할 때, 그에 즉각적으로 반응하기보다는 한 발짝 물러서서 이 감정을 들여다보고 그 원인이 자신에게 있는지 아니면 외부의 대상에 있는지를 좀 더 정확하게 파악할 필요가 있다. 원인이 자신에게 있는데 외부의 대상을 바꾸려 할 경우 분노조절장애, 갑질, 인정 중독 등으로 나타날 수 있으며, 반대로 원인이 외부의 대상에게 있는데 자신을 바꾸려 할 경우, 자존감의 하락, 복종이나 동조 행동, 우울증 등에 빠질 수 있음을 인식해야만 한다.

혹자는 이타성의 기저에 인정 욕구가 있다는 것을 강조하게 되면 이타성 뒤에 숨은 이기심에 대한 의심과 비난이 높아지고, 불의에 항거하는 이타주의자들이 출현하기 어려워질 것이라고 우려한다. 하지만 이와 반대로 순수한 이타성을 지나치게 강조하는 문화에서 오히려 이타적인 행동 뒤에 숨은 동기를 비난하기 쉽고 이에 대한 두려움으로 인해 이타 행동이 나오기 어려워지는 것은 아닐까? 인간의 생리 작용과 대사 작용을 이해한다고 해서 식욕이 사라지지 않는 것처럼, 인간의 생존과 적응에 필수적인 인정 욕구가 자연스럽게 확장되어 나타난 건강한 도덕적·이타적 행동은 그 이면의 동기를 이해한다고 해서 결코 사라지지 않으며 오히려 강력한 추진력을 얻을 수 있다. 자신의 신체 상태를 정확히 인식하면 건강에 해로운 습관을 피하기 쉬워질 수 있는 것처럼, 이타성이라는 포장 뒤에 숨은 인정 욕구를 인식하고 점검하는 과정은 인정 욕구가 자신을 포함한 사회 전체를 파괴하는 형태로 무분별하게 퍼져 나가는 것을 막아 줄 수 있을 것이다. 그리고 이를 통해 우리는 사회적 압력들로부터 자신을 지킬 수 있게 되고 감정적·충동적 이타주의로부터 벗어나 좀 더 성숙한 형태의 합리적 이타주의를 실현시킬 수 있을 것이다.

우리가 일상에서 경험하는 행복감과 불행함의 대부분은 타인과의 관계에서 비롯되며 이러한 사회적 관계의 기저에는 항상 인정 욕구가 있다. 매 순간 나의 생각과 행동을 지배하는 인정 욕구로부터 벗어나는 길은 역설적으로 인정 욕구가 발생시키는 감정을 직시함으로써 가능하다. 인정 욕구를 끊임없이 점검함으로써 균형 잡힌 가치를 지향하는 삶이야말로 뇌과학이 제안하는 삶의 모습이 아닐까? 더불어 살 수밖에 없는 복잡한 사회 속에서 내 인정 욕구를 잘 살피며 키워 나갈 때 나의 궁극적 목표는 자연스럽게 이타성과 맞닿을 수 있으며, 이 과정에서 가장 큰 수혜자 역시 다름 아닌 나 자신이 될 것이다.

〈 참고문헌 〉

김학진(2017). 이타주의자의 은밀한 뇌구조. 서울: 갈매나무.

Bateson, M., Nettle, D., & Roberts, G. (2006). Cues of being watched enhance cooperation in a real-world setting. *Biol Lett 2*, 412-414.

Bornemann, B. (2017). Singer T: Taking time to feel our body: steady increases in heartbeat perception accuracy and decreases in alexithymia over 9 months of contemplative mental training. *Psychophysiology, 54*, 469-482.

Burns, J. M., & Swerdlow, R. H. (2003). Right orbitofrontal tumor with pedophilia symptom and constructional apraxia sign. *Arch Neurol 60*, 437-440.

Critchley, H. D., & Harrison, N. A. (2013). Visceral influences on brain and behavior. *Neuron 77*, 624-638.

De Dreu, C. K. W., Greer, L. L., Van Kleef, G. A., Shalvi, S., & Handgraaf, M. J. J. (2011). Oxytocin promotes human ethnocentrism. *Proc Natl A Sci USA, 108,* 1262-1266.

Fischer, D. B., Boes, A. D., & Demertzi, A. et al. (2016). A human brain network derived from coma-causing brainstem lesions. *Neurology, 87,* 2427-2434.

Friston, K. J. (2010) The free-energy principle: A unified brain theory?. *Nature Reviews Neuroscience 11,* 127-138.

Grynberg, D., & Pollatos, O. (2015). Perceiving one's body shapes empathy. *Physiology & Behavior, 140,* 54-60.

Ikemoto, S., & Panksepp, J. (1999). The role of nucleus accumbens DA in motivated behavior: A unifying interpretation with special reference to reward-seeking. *Brain Research Reviews 31,* 6-41.

Izuma, K., Saito, D. N., & Sadato, N. (2010). The roles of the medial prefrontal cortex and striatum in reputation processing. *Soc Neurosci 5,* 133-147.

Johnstone, T., van Reekum, C. M., Urry, H. L., Kalin, N. H. & Davidson, R. J. (2007). Failure to regulate: counterproductive recruitment of top-down prefrontal subcortical circuitry in major depression. *J. Neurosci, 27,* 8877-8884.

Jung, D., Sul, S., Lee, M., & Kim, H. (2018). Social Observation Increases Functional Segregation between MPFC Subregions Predicting Prosocial Consumer Decisions. *Scientific Reports 8,* 33-68.

Kang, P., Lee, Y. S., Choi, I., & Kim, H. (2013). Neural evidence for individual and cultural modulation of social comparison effect. *Journal of Neuroscience 33,* 16200-16208.

Kelley, W. M., et al. (2002). Finding the self? An event-related fMRI study. *J. Cogn. Neurosci 14,* 785-794.

Kim, H., Shimojo, S., & O'Doherty, J. P. (2011). Overlapping responses for the expectation of juice and money rewards in human ventromedial prefrontal cortex. *Cereb Cortex 21,* 769-776.

Lin, A., Adolphs, R., & Rangel, A. (2012). Social and monetary reward learning engage overlapping neural substrates. *Soc Cogn Affect Neurosci 7*, 274-281.

Motzkin, J. C., Newman, J. P., Kiehl, K. A., & Koenigs, M. (2011). Reduced prefrontal connectivity in psychopathy. *The Journal of Neuroscience 31*, 17348-17357.

Olds, J. & Milner, P. (1954). Positive reinforcement produced by electrical stimulation of septal area and other regions of rat brain. *Journal of Comparative and Physiological Psychology*, 419-427.

Raichle, M. E., & Snyder, A. Z. (2007). A default mode of brain function: a brief history of an evolving idea. *Neuroimage, 37*, 1083-1090.

Sauer, H. (2012). Educated intuitions. Automaticity and rationality in moral judgement. *Philosophical Explorations: An International Journal for the Philosophy of Mind and Action, 15*, 255-275.

Schultz, W., Dayan, P., & Montague, P. A. (1997). A neural substrate of prediction and reward. *Science, 275*, 1593-1599.

Scheele, D., Wille, A., Kendrick, K. M., Stoffel-Wagner, B., Becker, B., Gunturkun, O., et al. (2013). Oxytocin enhances brain reward system responses in men viewing the face of their female partner. *Proc Natl Acad Sci USA, 110*, 20308-20313.

Seth, A. K. (2013). Interoceptive inference, emotion, and the embodied self. *Trends Cogn. Science, 17*, 565-573.

Singer, T., Seymour, B., et al. (2004). Empathy for pain involves the affective but not sensory components of pain. *Science, 303*(5661), 1157-1162.

Sripada, C. S., Phan, K. L., Labuschagne, I., Welsh, R., Nathan, P. J., Wood, A. G. (2012). Oxytocin enhances resting-state connectivity between amygdala and medial frontal cortex. *Int. J. Neuropsychopharmacology*, 1-6.

Stich, S., Doris, J. M., & Roedder, E. (2010). Altruism. In T. M. P. R. Group (Eds.), *The Moral Psychology Handbook*. Oxford University Press.

Sul, S., Tobler, P. N., Hein, G., Leiberg, S., Jung, D., Fehr, E., & Kim, H. (2015). Spatial gradient in value representation along the medial prefrontal cortex reflects individual differences in prosociality. *Proceedings of the National*

Academy of Science, 112, 7851–7856.

Terasawa, Y., Moriguchi, Y., Tochizawa, S., & Umeda, S. (2014). Interoceptive sensitivity predicts sensitivity to the emotions of others. *Cognition and Emotion, 28,* 1435–1448.

Thayer, J. F., Ahs, F., Fredrikson, M., Sollers, J. J. III & Wager, T. D. (2012). A meta-analysis of heart rate variability and neuroimaging studies: implications for heart rate variability as a marker of stress and health. *Neurosci. Biobehav. Rev 36,* 747–756.

Van Boven, L., & Loewenstein, G. (2003). Social projection of transient drive states. *Personality and Social Psychology Bulletin, 29,* 1159–1168.

Whalen, P. J., Kagan, J., Cook, R. G., Davis, F. C., Kim, H., Polis, S., et al. (2004). Human amygdala responsivity to masked fearful eye whites. *Science, 306,* 2061.

Zaki, J. Davis, J. I., & Ochsner, K. N. (2012). Overlapping activity in anterior insula during interoception and emotional experience. *Neuroimage, 62,* 493–499.

Barrett, L. F. (2017). *How Emotions Are Made: The Secret Life the Brain and What It Means for Your Health, the Law, and Human Nature.* NY: Houghton Mifflin Harcourt.

더알고 싶은 심리학

5장

눈 그리고 본 것과 안 본 것

⋮

김지호 (경북대학교 심리학과 교수)

눈과 봄

'눈은 마음의 창' '눈이 보배다.' 등 우리 속담에는 '눈'과 관련된 것이 많다. 다른 신체기관에 비해 눈에 관련된 것이 많은데, 속담이라는 것이 오랜 기간 사람들의 말에서 틀을 잡은 관용화된 표현방법이라는 점에서 볼 때 대중들도 경험적으로 다른 신체기관에 비해 눈의 기능과 역할이 중요하다는 인식을 가지고 있었음을 추측해 볼 수 있다. 물론 현대의 심리학에서도 눈의 기능과 심리적 역할은 여전히 중요하게 다루어진다.

흔히 오감이라 불리는 감각이 있다. 시각, 청각, 후각, 촉각, 미각이 그것인데, 이러한 감각은 각각 눈, 귀, 코, 피부, 혀(입)가 담당하며, 신체 외부의 환경 정보를 받아들이는 기능을 하는 신체의 입력 장치라 할 수 있다. '몸이 천

냥이면 눈이 구백 냥이다.'라는 속담에서 볼 수 있듯, 눈은 실제로 다른 감각 기관에 비해 더 큰 역할을 한다. 실제로는 시각이 오감 중 60~70%를 담당한 다고 하므로 속담처럼 90%까지는 안 되지만 상당히 많은 역할을 하는 것은 확실하다. 그래서 시각이 사람들의 심리적인 과정에 미치는 영향에 대한 연 구는 일찍이 초기 심리학에서부터 활발하게 이루어져 왔으며, 관련 심리학 분야에서 많은 발전을 이루어 왔다.

우리의 눈은 때로는 너무 예민하고 때로는 너무 무신경하다는 인상을 받는 다. 예컨대, 먼발치 많은 사람 틈에 있는 이성 친구의 얼굴만 갑자기 눈에 확 들어온다거나, 은행에서 순번을 기다리며 잡지를 휙휙 넘기고 있을 때 순간 좋아하는 가수의 멋진 사진이 시선이 머무르거나 하는 경험을 하게 되면 눈 이 참 예민하다는 느낌을 받는다. 반면, 최고로 집중하는 시험 시간에 '옳은 설명이 아닌 것은?'이라는 문제에서 '아닌 것을' 못 읽어서 틀리기도 하고, 번 화가에 설치되어 있는 많은 간판 중에서 내가 원하는 상호를 찾는 것이 힘들 때는 눈이 영 둔하다는 기분이 든다.

우리는 누구나 항상 뭔가를 보며 산다. 그래서 본다는 것이 어떠한 심리 적 과정을 거치는지 또 어떠한 과학적 법칙이 개입되는지 별로 의문을 가지 고 살지는 않는다. 게다가 시선이라는 것이 내 의지가 개입하지 않아도 워낙 순식간에 변화하기 때문에 자신의 상태를 의식하지도 못한다. 그렇지만 보 는 과정을 설명하기 위해서 정밀한 심리학적 이론이 존재한다. 이에 대한 체 계적이고 깊이 있는 설명은 '지각심리학'이나 '감각과 지각' '시각심리학' 등의 심리학과 전공 과목에서 들을 수 있겠지만, 이 장에서도 간략하게나마 보는 것과 관련된 다양한 심리학적 설명과 일상생활 속의 예들에 대해 살펴볼 것 이다. 이러한 설명이 잘 전달될 수 있다면, 여러분은 TV 홈쇼핑 화면에서 사 람들이 모델을 보는지, 제품을 보는지, 아니면 가격을 보는지를 예측할 수 있 을 것이고, 제대로 본 적도 없는 것 같은 포털 사이트 상단의 광고의 가격이 어떻게 결정되는지도 알게 될 것이다.

본다는 것은 무엇인가

보는 것은 무엇인가. 우리는 눈을 뜨고 있을 때 눈앞에 있는 것은 다 보고 있다고 생각한다. 너무나 당연하게도, 전방을 보고 있으니 신호와 보행자, 앞 차를 보며 무리 없이 운전을 할 수 있고, 영화의 장면 장면을 보면서도 동시에 자막을 읽어서 전체 내용을 잘 이해할 수 있다고 생각한다. 그런데 눈앞에 있는 것이 보는 것이라면, '다음 중 옳은 설명이 아닌 것은 무엇인가?'라는 시험 문제에서 '아닌 것'이라는 부분을 깜빡 놓쳐서 문제를 틀리게 되는 상황은 어떻게 이해해야 할까?

본다는 것의 심리학적 의미를 이해하기 위해서는 우리 눈의 구조를 이해해야 한다. 간단히 말하자면, 우리 눈에서 정말로 제대로 보는 부분은 눈동자 중심 1~2mm 정도의 아주 작은 부분이며, 이 부분을 '중심와(fovea)'라고 하는데 뇌로 전달되는 정보의 50% 이상이 중심와를 통해 입력된다(김지호, 송미란, 김재휘, 2008). 중심와가 보는 역할을 하게 되는 이유는 그 부분에 시각 세포가 가장 밀집해 있기 때문이다.

따라서 제대로 본다는 것의 의미는 중심와를 통해 시각적 정보를 수용하고, 이 정보가 뇌로 전달되어 정확한 의미를 파악하는 것을 말한다. 이런 관점에서 보면 시험 문제에서 '아닌 것'을 제대로 파악하지 못하였다면 그것은 제대로 본 것이 아니다. 이 문장을 제대로 파악하지 못한 이유 중의 하나는 그 문장이 중심와에서 처리되지 못했기 때문이다.

'아닌 것'을 파악하지 못하는 또 다른 이유는 이 문장이 중심와를 지나쳐 가기는 했으나, 너무 짧은 시간만 머물러 있었기 때문이다. 예컨대, 눈이 '아닌 것'에 0.03초 정도 머물렀다면, 그 정보가 뇌까지 전달되어 해석이 될 만큼의 입력 강도를 충족하지 못한 것이다. 이처럼 '본다'를 정의하는 데 필요한 또 다른 조건은 시간이다. 사실 이 시간이라는 것은 매우 미묘한 문제이다. 보는 데 필요한 시간은 문장을 구성하는 단어의 수에 영향을 받고, 단어의 익숙성에도 영향을 받는다. 글인지 그림인지에 따라서도 대상을 파악하는 데 소요되는 시간은 다르고, 각각의 사람들이 가지고 있는 관심사에 의해서도 영향을 받기도 한다.

심리학자들은 보는 데 걸리는 최소 시간을 상황에 따라 다양하게 정의한다. 단어 이해에 필요한 시간은 평균 0.06초(Just & Carpenter, 1984) 정도이며, 글이 아닌 그림(scene) 이해에는 0.3초(Castelhano & Henderson, 2007) 정도의 시간이 걸린다. 눈앞에서 뭔가를 찾아야 하는 데에는 0.24초(Rayner, 1998) 정도의 시간이 소요된다. 이와 관련하여 TED의 '어떻게 컴퓨터가 사진을 이해하게 되었는가'라는 제목의 강연에서 현재 구글의 AI 책임자로 있는 페이페이 리(Fei-Fei Li)는 흥미로운 이야기를 하고 있다. 그녀는 3세 이전의 아이들도 시각 인식을 무리 없이 할 수 있는데, 이것이 가능한 이유는 3세까지 사는 동안 양 눈으로 0.2초씩 사물을 보아서 따져 보면 수억 번의 사진 인식 훈련을 한 셈이므로 적절한 영상 인식 능력을 갖추게 되었다는 것이다. 따라서 영상 인식 인공지능의 기능을 향상시키기 위해서는 더 많은 영상에 대한 머신 러닝을 시켜야 하며, 실제로 1,500만 장의 영상을 학습시키고 나니 성능이 좋아졌다고 결론을 내리고 있다. 여기서 왜 하필 0.2초인지에 대해서 강연에서는 눈 움직임이 이루어지는 시간(the average time an eye movement is made)이라고 간략하게 언급할 뿐이지만, 한쪽 눈에 0.1초씩을 의미 있는 보는 시간으로 간주한 것으로 보인다.

보았다고 판단할 수 있는 시간을 한마디로 딱 정의하기는 힘들지만, 대체로 많은 심리학자는 관련 연구에서 0.1초 기준을 채택한다(Rayner, 1998). 즉, 어떤 대상에 최소 0.1초 이상 눈이 머물러 있었으면 본 것으로 간주하며, 이를 응시(fixation)라는 용어로 정의한다. 지금까지 글을 제대로 '본' 독자라면 이제 본 것을 정의할 수 있을 것이다. 즉, 특정 대상이 중심와에 0.1초 이상 머물러 있었으면 그 대상은 보았다고 할 수 있다. '아닌 것'이라는 어휘가 들어간 문제를 부주의로 틀린 사람은 이 문장에 대해 중심와에서 보지 않았거나, 보았다 하더라도 너무 짧은 시간 머물렀기 때문에 제대로 보지 못한 것이다.

일상생활 속에서 보자면, 사람들은 눈앞의 복잡한 환경 속에서 눈을 옮겨가며 0.1초 이상의 응시를 한다. 그리고 이를 해석하고 필요한 반응을 한 후, 또 다른 중요한 대상으로 시선을 옮기는 과정을 끊임없이 반복한다. 이때 눈 움직임은 나에게 더 중요하거나, 익숙하거나, 특이한 것들에 대해 자동적 혹은 의도적으로 옮겨간다. 운전을 하면서 앞차와의 간격, 보행자, 신호, 표지판 등에 대해서도 이러한 눈 움직임은 지속되며, 이 중 중요한 정보에 대해 정확한 처리가 이루어지지 않으면 부주의에 의한 사고가 발생하는 것이다.

●

눈의 진화

많은 동물은 환경에 적응하기 위해 진화 과정을 거친다. 외부 자극 처리의 가장 큰 비중을 담당하고 있는 눈 역시도 오랜 진화 과정을 거쳐 현재와 같은 형태를 지니고 있을 것이다. 그래서 인간의 눈에도 여러 가지 진화의 흔적이 남아 있다. 사람들의 눈에 중심와가 있다는 것은 앞서 설명하였다. 따라서 인간에게는 한쪽 눈에 하나씩 2개의 중심와가 있지만, 중심와의 형태나 개수도 진화와 관련이 있다. 예컨대, 하늘을 높이 날면서 멀리 있는 작은 먹이를 찾아야 하는 새들은 시력이 좋아야 생존에 유리한데, 그 결과 중심와가 한쪽 눈에 두 개 혹은 세 개가 있으며 그 크기도 커서 정면과 측면을 동시에 그리고 더욱 선명하게 볼 수 있다. 일부 파충류의 경우 중심와가 눈동자에 띠 형태로 분포되어 있다고 한다.

진화 과정과 관련지어 생각해 보면, 인간의 눈은 진화가 덜 된 기관이라는 이야기를 듣는데, 그 이유는 맹점이라는 부분 때문이다. 맹점은 망막의 위에 시신경 다발이 위치하여 있어서 상이 맺히는 것을 가리는 부분이다. 비유하자면 디지털 카메라의 촬상 소자(CCD, CMOS) 혹은 필름 위로 전선이 지나가도록 설계되어 전선다발에 가린 일부 위치가 늘 시커멓게 찍히는 카메라를 상상하면 된다. 물론 우리가 보는 세상 속에 시커먼 반점 따위는 보이지 않는데, 그건 뇌가 신속하고 정확하게 그 검은 점을 삭제·편집하기 때문이다. 반면, 오징어, 문어, 꼴뚜기 등은 시신경이 망막 뒤에 위치하여 있어서 구조적으로 볼 때 인간보다 훨씬 진화한 형태이며, 적어도 눈에 있어서는 꼴뚜기가 인간보다 설계가 더 잘된 것이라고 볼 수 있다.

색깔 인식도 진화의 결과이다. 우리는 컬러로 세상을 본다. 반면, 대부분의 포유류를 포함하여 주로 야행성 동물은 색 변별 능력이 거의 없어서 흑백 비슷하게 세상을 보는 대신, 어두움 속에서는 인간보다 물체를 인식하는 능력이 높다. 동굴 속의 완벽한 어둠 속에서 사는 박쥐는 색깔 인식을 포기하는 대신, 가시광선 바깥의 적외선, 자외선 영역까지 보는 능력을 갖춤으로써 생존 능력을 높이는 전략을 택하였다. 흥미로운 것은 깊은 바다에 사는 심해어의 경우인데, 아마도 여러분은 매체를 통해 빛을 내는 발광 기관이 있어서 이를 통해 먹이를 유인하거나 짝짓기에 쓰는 심해어를 본 기억이 있을 것이다. 이런 심해어는 칠흑같이 어두운 바닷속에서 흐릿한 빛을 보고 이성을 찾아야 하므로 시각의 기능을 극대화시키는 방향으로 진화를 선택한 것이라고 할 수 있다. 반면, 눈이 거의 퇴화되어 시각이 없는 심해어도 존재하는데, 심해에서는 아직도 시각적 진화에 대한 실험이 진행 중이라고 할 수 있다.

일반적으로 색채 인식과 명암 인식은 상호 배타적이라고 볼 수 있다. 색채를 인식하기 위해서는 색을 변별할 수 있는 추상체 세포가 많아야 하고, 명암을 인식하기 위해서는 그 기능을 담당하는 간상체 세포가 많아야 하는데, 한정된 눈 공간에 간상체와 추상체가 동시에 많이 분포하기는 물리적으로 어렵다. 결국 진화의 과정에서 각 생물의 환경에 적합한 적절한 기능이 선택된다. 현재 우리가 가지고 있는 눈의 기능으로 추론해 보자면, 세상을 컬러풀하고 생생하게 볼 수 있다는 것이 인간 종의 생존에 도움이 되었다는 의미이다. 이런 기능적 특징은 자연의 다양성을 인식하고 이를 표현하려는 욕구의 한 원인이 되었을 것으로 추론된다. 다양한 색채의 세상 속에 살며, 이를 탐색하고 다른 개체에게 언어적으로 전달하고 상징, 기호, 예술적으로 재현하려는 욕구가 인간의 인지적 기능의 발달에 영향을 미쳤을 것이다.

보는 것을 확인하는 방법: 아이트래커

시각의 심리학적 연구를 위해서 눈이 움직이면서 무엇을 보고 무엇을 보지 않았는지를 알 수 있다면 좋을 텐데, 눈 움직임이 워낙 빠르고 수시로 발생하다 보니 이를 확인하는 과정이 수월하지 않다. 그래서 무엇을 보는지 말하면서 조사를 진행하는 발화 분석이라는 방법을 사용하기도 하는데, 이는 자연스러운 눈의 흐름을 방해하므로 연구의 결과를 일반화하기는 어렵다. 그 대안으로 보고 난 후에 무엇을 보았는지 사후에 기억을 측정하는 방식의 연구를 하기도 하는데, 이는 본 것 중 강력한 인상을 형성하여 기억이 된 것만 측정하게 되므로 이 또한 일반적인 상황과는 다른 결과를 얻게 된다.

이에 눈동자의 움직임을 측정하여 무엇을 보았는지를 확인하는 기계적 장비에 대한 고안을 시도하게 되었고 이러한 장비를 아이트래커(Eye-tracker)라고 부른다. 아이트래커의 측정 원리는 단순하다. 본다는 것이 중심와가 특정 대상에 0.1초 이상 머무르는 것이라는 정의에 따라, 특정 자극을 눈앞에 제시하고 그 자극을 보라고 요청하면 중심와가 그것을 향하고 있는 상태가 된다. 중심와는 눈동자의 중앙에 있으므로 눈동자 중앙과 자극의 위치를 동기화시킴으로써 기준점을 잡을 수 있다. 그러면 눈동자가 움직일 때 중심와가 향하는 방향이 보는 지점이 되고, 그 지점에 눈동자 중심이 0.1초 이상 머물러 있을 때 응시가 발생했다고 해석하는 것이다. 물론 실제 측정과 해석이 그렇게 간단한 일은 아니다.

1900년대 초반부터 아이트래커 개발에 대한 시도가 있어 왔다. 초기에는 눈 주변의 근육 움직임을 측정하여서 안구의 움직임을 간접적으로 측정한다거나 일종의 콘텍트 렌즈를 착용시켜서 눈 움직임을 알아보는 방식을 택하였다(Huey, 1908). 이후 1950년대 야브스(Yarbus)가 카메라로 눈의 위치를 측정하는 방식의 아이트래커를 개발하였다. 초기형 아이트래커는 피험자를 고정하여야 해서 편의성이 떨어지고, 측정과 분석에 오랜 시간이 걸리는 등 사용이 용이하지는 않았다. 그러나 IT 기술의 발전에 힘입어 아이트래커는 하드웨어의 측정 정확도와 소프트웨어의 운용 및 분석 편의성에서 괄목할 만한 발전을 하였으며 그 쓰임새도 증가하였다.

야브스가 개발한 아이트래커
(Yarbus, 1967)

아이트래커 실험 장면. 피험자가 착용한 고글 위의 소형 카메라가 눈의 위치를 측정하는 방식이며 측정 정확도를 확보하기 위해 몸을 고정해야 한다

최근의 아이트래커 실험 장면. 장비가 거의 드러나지 않으며, 피험자 몸 움직임에 제약이 없어서 실험이 간편하게 이루어진다

[그림 5-1] **아이트래커**

우리는 하루에도 몇 번씩 포털 사이트에 접속한다. 이때 상단에 위치한 배너 광고를 의식적으로 보는 사람은 거의 없을 것이다. 그러나 광고는 항상 그 위치에 존재하며, 그 광고비도 꽤나 비싼 것을 보면 효과가 있는 것 같기는 하다. 그렇다면 얼마나 많은 사람들이 배너 광고를 볼까? 혹시 나도 늘 보는데 기억하지 못하고 있는 것은 아닐까? 이런 시각 탐색과 관련된 의문점에 대해 아이트래커 연구는 바로 확인할 수 있는 매우 직관적인 결과를 제공한다. [그림 5-2]는 포털 사이트의 초기 화면이다. 그림의 점은 응시 지점이며, 선은 시선의 움직임을 의미한다. 피험자는 두 포털 모두에서 배너 광고를 보지 않고 있다. 그러나 많은 사람을 대상으로 배너 광고의 특성에 따른 사람들의 응시 패턴을 실험해 보면, 눈길을 끄는 배너 광고가 어떤 것인지 또 그 광고에 대한 응시자의 비율이나 응시시간과 같은 정보를 손쉽게 알 수 있다. 관련 실험 결과에 따르면 사실 배너 광고를 보는 사람은 그리 많지는 않은 것으로 알려져 있으나, 하루 수백, 수천만 명이 포털에 접속한다는 것을 감안한다면 1% 미만이 광고를 보았다고 가정하더라도 결론적으로 수십 만 명 이상에게 전달될 수 있는 수단이 된다. 그래서 가격이 비싸다.

이처럼 장비 사용의 편의성과 결과의 직관성 등의 장점 덕에 최근 심리학, UX, 디자인, 광고 분야 등에서 아이트래커의 쓰임새는 점점 증가하고 있는 추세이며, 이 장에서 소개하고 있는 많은 결과도 아이트래커를 활용한 실험

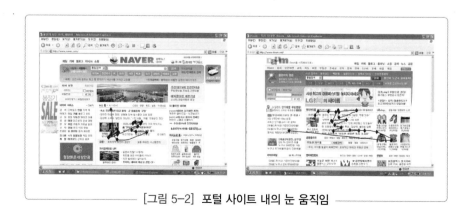

[그림 5-2] 포털 사이트 내의 눈 움직임

에서 밝혀진 것들이다.

●

무엇을 볼까

사람들은 어떤 것을 볼까? 너무 광범위한 질문이므로, 조금 범위를 좁혀서 생각해 보자. 사람들이 무엇을 보는지는 크게 두 가지의 심리적 과정에 영향을 받는다. 자극의 크기, 위치, 색깔 등도 이 과정에 영향을 미치고, 그림인지 글인지도 영향을 미친다. 이는 자극에 의해 눈길이 끌려가는 과정이라고 볼 수 있으며, 이를 상향식(bottom-up) 처리 과정이라고 한다. 길에 서 있는 강렬한 빨간색 차나 번화가의 거대한 옥외광고판이 문득 눈에 띄게 되는 것이 이에 해당하는 경우이다.

반면, 내가 보고 싶은 것을 보게 되는 경우도 있다. 군중 속에서 익숙한 친구의 얼굴이 눈에 띈다거나 많은 포털 기사 가운데 내가 좋아하는 연예인들의 온라인 기사가 눈길을 끈다든가 하는 것이 이런 경우이다. 이처럼 사람들의 생각, 기대나 동기, 태도 등에 의해 보는 것이 결정되는 과정을 하향식(top-down) 처리 과정이라고 하며, 내가 보고 싶은 것을 보는 것이라고 비유할 수 있다.

사람들은 일반적으로는 이 두 가지 처리 방식을 동시에 사용하며 효과적으로 주변의 시각적 대상에 눈길을 할당한다. 예를 들어, 당신이 TV 홈쇼핑을 본다고 치자. 살림 관련 제품에 대한 선택과 구매는 어머니가 맡아서 하므로, 당신은 주방 용품에 관심이 없다. 그러나 음식을 구우며 맛있게 먹는 홈쇼핑 화면이 흥미로워서 보여서 열심히 보고 있을 수 있다. 반면, 가격이 저렴하고 품질도 좋아 보이는 바지의 홈쇼핑을 본다면, 이때는 제품의 옷매무새나 재질도 열심히 살펴보겠지만 동시에 화면의 하단 L자형 부분에 나오는 제품이나 가격 조건 등도 유심히 보게 될 것이다.

[그림 5-3] 홈쇼핑의 아이트래킹 사진

여기서 음식 화면을 보게 되는 것은 음식 영상에 의해 눈길을 빼앗긴 것이며, 자극이 눈길을 주도하는 상향식 처리 과정을 반영하는 것이다. 반면, 구매를 고려하는 바지를 보며 가격과 구매 조건을 보는 것은 제품 구매를 고려하는 당신의 동기나 지식에 의해 유발된 하향식 처리를 반영하는 것이다(김지호, 김금희, 2012).

왼편의 큰 점은 사람들이 보고 있는 점을 집단적으로 표시하며, 모든 사람이 예외 없이 집게와 음식을 보고 있다. 반면, 오른쪽 그림의 원은 각각 개별적인 시선을 표시하는데, 7명은 제품을, 4명은 가격 조건이나 제품 특성 등의 정보를 보고 있다.

크기의 영향

자극의 속성 중 눈길을 끄는 가장 강력한 요인은 무엇일까? 답은 크기이다. 다소 심심한 답처럼 보이기는 하지만, 크기는 눈길을 끄는 데 가장 중요하다. 큰 것은 나에게 더 가까이 있는 것으로 인식되며 가까이 있는 것을 우선적으로 파악하여 그에 대처하는 것이 생존과 적응을 위한 진화적 가치를 가지게 된다(Drèze & Hussherr, 2003). 사람들의 시선을 끄는 것이 중요한 목표인 광고

심리학 분야의 연구에서는 특히 크기가 사람들의 눈길에 미치는 영향에 대한 연구가 활발히 이루어져 왔다. 한 연구(Pieters, Wedel, & Zhang, 2007)에 따르면, 광고 크기가 1% 증가할 때 광고를 보는 사람들은 약 0.6%가 증가하며 보는 시간은 0.2%가 증가한다. 또한 광고 내의 메시지의 크기가 1% 증가하면 광고를 보는 시간은 0.16% 증가한다고 하니(Pieters & Wedel, 2004), 크면 더 중요하다고 믿는 사람들의 인식 체계가 함께 작동하게 되면, 볼거리를 크게 만들 경우 더 눈에 잘 띄고 중요하다고 생각하게 된다는 것을 추론할 수 있다.

이제 클수록 눈길을 끈다는 것에서 생각의 방향을 바꾸어 보자. 같은 것을 다른 크기로 볼 때는 어떠한 현상이 발생할까? 오늘날의 매체 환경에서 같은 영화나 스포츠 게임을 스마트폰, 태블릿, 컴퓨터, TV, 극장과 같은 다양한 크기의 디스플레이를 통해 보는 것이 드문 일은 아니다. 현재의 이러한 매체 환경 때문에 같은 콘텐츠를 다양한 크기로 보는 경우가 흔해졌다.

스마트폰과 같이 한눈에 쏙 들어오는 디스플레이는 눈을 많이 움직이지 않아도 되므로 정보 탐색에 효율적일 수 있다. 그러나 개별 자극의 크기가 작아서 정보를 탐색하거나 내용을 이해하여 감정적 반응을 유발하는 데에는 효과가 떨어진다(김지호, 손민교, 2014). 반면, 아이맥스와 같이 큰 디스플레이에서는 영화가 더 재미있고 감동적으로 느껴지기도 하지만, 눈동자의 움직임이 더 커져서 화면을 쫓아가는 게 쉽지는 않다. 특히 눈이 오가면서 자막과 영상을 동시에 처리하는 것이 수월하지 않으며, 아마도 아이맥스 극장에서 보면 영화 내용에 대한 이해도가 좀 떨어질 가능성이 있다.

같은 내용이라도 큰 디스플레이를 통해 볼 때 정보 처리가 더 용이하게 되어, 기억, 학습과 같은 수행에 긍정적인 영향을 준다고 한다(Kim & Kim, 2012). 또한 디스플레이의 크기가 클수록 공간 과제의 수행이 좋아진다고 하는데(Tan, Czerwinski, & Robertson, 2006), 이 말이 옳다면 공간적 정보인 미니맵이 제시되는 유형의 게임을 할 때는 큰 모니터에서 하는 것이 유리하다는 의미가 된다.

오늘날의 작업 환경에서 모니터는 반드시 필요한 도구이다. 관련된 디스플레이 사이즈 연구를 볼 때 대체로 큰 모니터를 통한 활동이 더 좋은 수행을 보여 준다. 요즘은 외국어 학습도, 인터넷 강의도, 심지어 시험도 컴퓨터로 이루어진다. 이때 모니터는 가상적 작업용 책상이며 연습장이고 스케치북의 역할을 한다고 생각된다. 개인적으로는 큰 모니터를 사용하는 것이 정신적·인지적 작업에는 더 유리하지 않을까 추측한다.

디스플레이 사이즈의 효과가 터치형 디스플레이에서도 유사하게 나타날까? 이와 관련한 김지호와 손민교(2014)의 연구에서는 아이패드, 아이패드 미니, 아이폰의 세 가지 사이즈로 게임을 하며, 사람들의 땀 분비량이나 심장 박동 속도 등의 신체 반응을 측정하여 사람들의 반응을 살펴보았다. 재미가 있으면 땀도 많이 나고 심장도 빨리 뛰므로, 이러한 신체 반응으로 사람들의 심리 상태를 알 수 있어서 심리학에서 종종 사용하는 측정 방법이다.

게임은 과일이 떨어질 때 손으로 터치 모니터를 만져서 과일을 자르는 것이었다. 결과를 보면, 큰 모니터에서 재미를 더 느낀다는 앞선 연구 결과와는 달리, 중간 사이즈 모니터에서 게임을 한 사람들이 가장 재미있게 느꼈으며 게임 점수도 높았다. 이러한 차이는 손가락을 움직여야 하는 게임의 특성상 모니터가 커지게 되면 움직임이 커지고 이것이 게임의 효율성과 재미를 방해하였기 때문인 것으로 추측된다. 터치 모니터의 특성과 일반 모니터의 특성이 달라서 나타나는 결과이다.

조금 주제에서 벗어나는 이야기지만, 영화 〈마이너리티 리포트〉에는 매우 인상적인 터치 디스플레이가 등장한다. 지금은 많은 영화에서 사용되어 그런 형태가 특별할 것이 없지만, 그 당시에는 감탄을 하며 나도 언젠가는 저런 모니터를 사용할 날이 올 것이라는 기대를 가지기도 하였다. 영화를 못 본 독자를 위해 설명하자면 주인공이 한 벽을 가득 채우는 반투명한 모니터인지 홀로그램인지 앞에 서서 눈에 보이는 각종 정보들을 터치하며 컴퓨터를 조작하는 방식이었다. 〈아이언맨〉에서도 이와 유사한 터치 입력 방식의 가상 모니터가 등장한다.

　앞서 살펴봤던 연구 결과들을 볼 때, 〈마이너리티 리포트〉에 등장하였던 거대한 터치 모니터가 효율적일지에 대해서는 개인적으로 회의적 의견을 가지고 있다. 일단 터치 입력을 위해 손가락을 대야 하므로 모니터와의 거리가 제한되며, 이렇게 되면 아무리 큰 모니터 앞에 있더라도 눈에 보이는 범위는 제한적일 수밖에 없어서 큰 사이즈의 장점을 상쇄시켜 버린다. 또한 눈으로 본 정보에 대해 손으로 반응을 하는 눈-손 협응(coordination)이 필수적인데, 눈의 속도에 비해 손의 속도는 너무 느리다. 컴퓨터 마우스의 경우 마우스의 움직임에 대해 커서 움직임의 감도 조정으로 눈과 손이 비슷한 속도로 움직일 수 있으나, 터치 모니터는 손움직임에 의해 효율성이 떨어질 수밖에 없다. 게다가 운동역학적으로 볼 때 큰 터치 모니터를 조작하는 것은 맨손 체조와 크게 다르지 않을 것 같다. 하루 종일 근무하고 나면, 온몸이 쑤실 듯하다. 건강에는 좋을까?

[그림 5-4] 〈마이너리티 리포트〉(좌), 〈아이언맨〉(우)의 터치형 디바이스

이성을 볼 때 가장 먼저 보는 곳은

　'이성을 볼 때 가장 먼저 보는 곳은 어디인가요?'라는 질문을 받아 보았는가? 당신은 어디를 보는가? 흔히들 주고받는 가벼운 질문이다. 찾아보니 이

런 질문에 대한 조사 결과가 있었다. 대체로 남녀 관계와 관련된 이런 조사는 결혼정보 회사 등에서 자주 하는 것 같다. A사의 조사 결과에 따르면 남성은 각선미(30.8%), 여성은 키(35.5%)라는 응답이 가장 많았다. 다음으로 남성은 이목구비, 가슴, 피부 순, 여성은 스타일, 이목구비, 목소리 순으로 응답하였다고 한다. B사에서 실시한 조사 결과는 조금 다른데, 일단 몸과 얼굴 중 어디를 중시하는지를 물어보았는데, 여성은 남성의 얼굴을 더 중시하며, 얼굴에서는 얼굴형을, 몸에서는 어깨를 가장 먼저 본다고 응답하였다. 반면, 남성은 여성의 몸을 더 중시하며, 몸에서는 가슴을, 얼굴에서는 눈을 가장 많이 본다고 응답하였다고 한다.

그렇다면 결혼정보 회사보다는 훨씬 과학적인 심리학자들은 사람들이 이성을 볼 때 어디를 가장 먼저 본다고 할까? 일단은 얼굴을 본다. 그중 눈을 가장 많이 본다. 사실 눈을 보는 것은 이성이든 동성이든, 아는 사람이든 모르는 사람이든 상관없이 나타나는 현상이다. 한 연구(Janik, Wellens, Goldberg, & Dell'Osso, 1978)에서는 얼굴을 보여 주었을 때 얼굴 중 어디를 가장 많이 보는지를 확인하였는데 이때 43.4%가 눈을 보는 것을 확인하였다. 이와 유사하게, 얼굴을 볼 때 어떻게 보는지를 살펴본 다른 연구(Henderson, Williams, & Falk, 2005)에서는 눈, 코, 입, 귀, 턱, 볼, 이마의 일곱 가지 영역을 모두 바라보지만 특히 눈과 코를 다른 부분에 비해 4배 이상 많이 보며, 일곱 가지 부분 중 통틀어서 눈을 가장 많이 그리고 오래 보고 있다는 것을 알 수 있었다.

그렇다면 사람들은 왜 이렇게 눈 맞춤을 하는 것일까? 시선의 맞춤은 커뮤니케이션의 시작이나 발전을 암시하는 대표적 행동이기 때문에 우리는 시선의 교환을 통해 상대방과 정서적 교감을 시작한다(Beebe, 1977). 특히 우리는 흔히 상대방의 눈을 통하여 그 사람의 내적 상태를 추측하며 시선을 마주치는 것은 상대방에게 호감을 갖고 다가가려는 표시로 사용된다. 즉, 눈 맞춤은 사람들의 습관적 행동이고 다양한 정보를 탐색하고자 하는 것임을 알 수 있으며, 이는 사진에서도 마찬가지로 나타난다.

그런데 광고에서는 이처럼 눈을 쳐다보며 눈 맞춤을 하는 인간의 습성이 때때로 효과를 만들어 내는 것을 방해하기도 한다. 광고는 모델로 눈길을 끌어서 함께 제시되는 브랜드를 살펴보게 만들고, 결과적으로 브랜드를 알리는 것을 목적으로 한다. 그런데 눈빛이 강렬한 광고 모델은 보는 이의 눈길을 지나치게 끌어서 모델만을 보고 브랜드를 보지 못하게 한다. 다음 그림에서는 점과 줄이 의미 있게 살펴본 것을 나타내는 지점과 경로이다. [그림 5-5]의 왼쪽 그림을 살펴보면 눈을 의미 있게 살펴보고, 손의 제품을 살펴보기는 했으나, 오른쪽 상단의 브랜드는 살펴보지 않음을 알 수 있다. 이렇게 되면 소비자는 광고를 보았으나, 어디의 제품인지는 인식하지 못하게 된다. 반면, 오른쪽 광고는 우선적으로 눈길을 끄는 눈을 선글라스로 가려 두었는데, 이때 눈에 대한 응시는 감소하며 좌상단의 브랜드까지 골고루 살펴보는 시선의 움직임을 볼 수 있다.

사람들의 눈길이 광고 모델에 집중되어 브랜드에 대한 효과가 떨어지는 것을 '뱀파이어 효과'라고 하는데, 이를 심리학적으로 해석하자면 브랜드가 광고 모델과의 시각 경쟁에서 져서 모델만 보느라 정작 브랜드를 보지 못하게

[그림 5-5] 광고 모델에 대한 눈맞춤

된 것이라고 설명할 수 있겠다. 실제로 김지호, 김희진, 김대상(2009)의 연구에서 모델의 눈을 가릴 때 더 좋은 광고 효과가 나타났으며, 이 결과는 모델의 눈이 없으니 그 시간만큼 광고의 다른 요소, 즉 브랜드나 메시지를 더 본 것으로 이해할 수 있다.

●

안 본 것은 어디로 가는가

지금까지 본다는 것의 의미와 영향에 대해 이야기해 왔다. 그렇다면 0.1초 이상 보지 않았으나 분명히 눈앞에 있었던 것들은 어떻게 되는 것일까? 이런 정보들은 사람들에게 아무런 영향을 미치지 않을까? 심리학자들도 예전부터 눈앞에 있었으나 인식하지 못하고 지나간 것들의 영향에 대해 관심을 가지고 있었다. 특히 광고심리학 분야에서는 이 부분이 상당히 중요한 주제가 되는데, 그럴 수밖에 없는 것이 하루에도 수없이 맞부딪히는 광고들 중 본 것만 효과가 있다면, 광고비로 쏟아붓는 그 많은 돈이 무의미해지기 때문이다. 사실 우리는 아침에 학교에 가면서부터 밤에 집에 돌아올 때까지 거리에서, 지하철에서, 편의점에서, TV에서, 포털에서, 유튜브에서, 심지어 게임 속에서까지 수없이 많은 광고에 노출된다. 그러나 소비자들의 하루를 추적해 보면 그중 본 것은 일부이며, 기억하는 광고는 그중에서도 극히 일부라는 점에서 보지 않은 광고의 효과가 궁금할 수밖에 없다.

광고제작자의 입장에서는 아쉽지만 보지 않은 광고의 효과는 본 광고의 효과에 비해 매우 낮을 수밖에 없다. 보지 않은 것을 기억할 수는 없는 법이며 일단 광고에 대한 기억이 남지 않는다는 점에서 소비자들의 선택에 직접적인 영향을 미치지는 못하는 것으로 보인다. 그러나 심리학자들의 지속적인 연구 결과, 비의식적 광고도 효과가 있다는 것이 밝혀졌는데(Shapiro, MacInnis & Heckler, 1997), 이를 광고의 비의식적 광고 효과라고 한다.

비의식적 광고 효과를 이해하기 위해서는 기억의 종류에 대한 설명이 필요하다. 기억에는 명시적 기억과 암묵적 기억이 있다.

우리가 보통 알고 있는 기억을 명시적 기억이라고 한다. 명시적 기억은 내가 정보를 기억하고 있음을 알고 있으며, 보통은 어떻게 그 정보를 기억하게 되었는지도 알고 있다. 여러분은 구구단을 기억하는가? 당연히 기억하고 있을 것이다. 초등학교 혹은 그 이전에 운율에 맞춰 질리도록 반복하였으며, 틀리면 손바닥 맞아 가며 외웠다. 그리고 구구단을 기억한다는 것을 인식하고 있다. 이것이 바로 명시적 기억의 일반적 특성이다. 반면, 암묵적 기억은 내가 무엇인가를 기억하고 있다는 것 자체를 인식하지 못하는 것이다. 따라서 당연히 언제 어떻게 기억하게 되었는지도 알 수 없다. 그래서 암묵기억을 측정할 때는 조금 특별한 절차를 거쳐야 한다.

당신이 '순수'라는 생수 제품 옥외광고를 지나쳐 왔다고 치자. 제대로 보지는 않았으나 분명히 당신의 눈앞을 지나쳐 가기는 하였다. 그렇다면 '순수'는 암묵적인 기억으로 형성되었을 수 있다. 물론 자신은 의식하지 못한다. 이러한 암묵적 기억은 선택의 순간에 영향을 발휘할 수 있다. 목이 말라 생수를 사러 간 사람들 중, '순수'에 대한 암묵적 기억을 형성한 사람들이 다양한 경쟁 제품 가운데 순수를 선택할 가능성이 더 높다. 또는 '순○'이라는 빈말 채워넣기를 할 때, 순정, 순진, 순경 같은 다양한 대안 중 암묵기억을 가지고 있

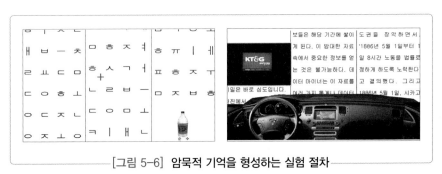

[그림 5-6] 암묵적 기억을 형성하는 실험 절차

출처: 김지호, 송미란, 김재휘(2007).

는 사람들이 '순수'라는 응답을 할 가능성이 높아지는 것이다. 결론적으로 말하자면, 보지 않은 것은 암묵기억을 형성할 수 있으며, 암묵기억은 약간의 힌트가 주어지는 상황에서 영향을 발휘한다.

　보지 않은 것의 효과에 대한 연구를 하기 위해서는 눈앞에는 있으나 보지 못하게 하는 실험 조건을 충족시켜야 하며, 이러한 실험을 위해 [그림 5-6]과 같은 절차가 고안되었다. 실험에서는 피험자들에게 왼쪽 그림과 같은 화면을 보여주는데, 실제 화면에서는 글자가 흘러내린다. 이때 피험자들에게 가운데 칸의 자음이 몇 개나 나오는지를 세도록 요청하고 과업을 하느라 시선이 계속 가운데 칸에 머무르면 주의가 집중되어 오른쪽 칸의 '순수' 생수 광고를 보지 못하고 지나치게 된다. 왼쪽 그림 가운데 칸의 십자 표시는 피험자의 응시점을 의미한다. 따라서 과업에 충실한 피험자들은 광고가 눈앞에는 지나갔으나 보지는 못하게 된다. 이러한 실험 상황은 실제 상황과는 다소 다르다. 그러나 이 실험은 오른쪽 그림과 같이 운전을 하느라 눈앞에 있는 옥외광고를 보지 못하고 지나치는 상황을 모사하고자 하는 것이다.

　심리학에 '눈-마음 가설'이라는 개념이 있다. '보는 것이 곧 지금의 인지적 처리를 반영한다.'는 뜻이다(Just & Carpenter, 1976). 쉽게 말하자면, 눈을 잘 관찰하면 사람들의 생각과 사고, 감정적 반응을 추론해 낼 수 있다는 것이다. '눈은 마음의 창'이라는 속담과도 맥이 통한다. 그러나 사람의 눈을 지속적으로 관찰한다는 것이 생각처럼 쉬운 일이 아니어서, 상당히 오래전에 등장한 가설이었으나 다양하게 적용되지는 못한 채로 있었다. 그러나 최근의 IT 기술의 발달에 힘입어 눈-마음 가설 개념이 곳곳에서 현실화되고 있다.

　어느 1인칭 슈팅 게임 개발사에서는 눈으로 조준을 하는 게임을 개발하였다고 한다. 물론 컴퓨터 외에도 눈을 측정할 수 있는 모듈형의 추가 장치가 필요하기는 하지만, 지금처럼 마우스로 조준 대상을 지정하는 대신, 눈으로 타깃을 찾고 마우스로 클릭을 하면 총이 나가는 방식으로 게임이 진행된다.

이런 방식이라면 훨씬 스피디하고 실감나는 게임을 할 수 있을 것 같다.

몸이 마비된 사람이라든가 어떤 이유에서든 필요한 사람을 위해 눈이 마우스의 역할을 대신하는 컴퓨터 입력 방식은 이미 오래전에 개발되었으나, 일반적으로는 잘 경험할 일이 없었다. 2017년 애플사에서 세계적인 규모의 아이트래킹 제조회사를 인수하였는데, 애플이 스마트폰용 눈 입력 시스템을 개발하려는 것이 아닌가 하는 관련 업계의 추측이 무성하다고 한다. 손끝으로 문자를 입력하려고 해도, 언제나 그 직전에는 그 키패드를 보아야 한다는 점에서 눈 입력 방식은 시간적으로는 터치보다 효율적인 부분이 있을 것 같다. 이처럼 눈 입력 장치는 보는 것이 곧 생각하고 있는 것이라는 점에서 눈-마음 가설을 잘 반영하는 시스템이다.

눈은 내적 감정을 잘 드러내는 기관이기도 하다. 동공 지진이나 동공 확장이라는 말이 많이 쓰인다. 보통은 유머러스한 맥락에서 쓰이며 대체로 거짓말을 들었다든지 하는 민망한 상황이나 매우 놀랄 때 많이 사용되는 듯하다. 동공은 조리개 역할을 하는 홍채 외의 검은 부분, 보통은 눈동자라고 부르는 부분을 말한다. 동공은 마음을 잘 반영한다. 좋아하는 대상을 볼 때는 동공이 커지기도 한다. 또 놀라거나 아주 재미있을 때도 동공이 확장된다. 실제로도 동공이 확장되거나 빠르게 움직일 때는 심리적으로 어떤 변화를 경험하고 있음을 반영한다(김지호, 이영아, 이희성, 김재휘, 2008). 그래서 거짓말 탐지기에서도 안구의 움직임이나 눈깜빡임 등을 측정하여 거짓 여부를 판별하는 데 사용한다.

잘 때는 눈을 감는다. 졸 때도 눈을 감는다. 따라서 차 안에 눈 측정 카메라를 설치하여 운전자가 일정 시간 이상 눈을 감으면 경보를 울리도록 하는 졸음 방지 시스템도 활용되고 있다. 사실 현재 IT 기술에서 얼굴 내의 눈을 인식하거나 눈동자 움직임을 측정하는 것은 그리 어려운 일은 아니다. 단지 정밀도와 정확도 차원에서 측정 방식에 따라 그 편차가 크기는 하지만, 눈은 앞으로도 다양한 전자 기기와 연동하여 활용될 가능성이 높다.

우리는 이 장에서 눈의 기능과 진화 과정, 본다는 것의 의미와 무엇을 보는지, 나아가 보지 않은 것은 어떠한 영향을 미치는지에 대해 간략히 살펴보았다. 감각의 많은 부분을 차지하며, 그만큼 많은 정보를 받아들이는 눈에 대한 다양한 심리학 분야의 연구와 지식은 이제 IT 기술과 융합하여 새로운 가능성을 모색하고 있다. 결국 인간에 대한 정확한 이해를 기반으로 기술도 발전하는 것이다. 심리학은 그 자체로도 흥미로운 지식 체계이지만, 앞으로도 인간을 대상으로 하는 융합 기술의 기반으로서도 제 몫을 할 수 있을 것이다.

참고 문헌

김지호, 김금희(2012). 홈쇼핑 화면구성에 대한 소비자의 시각적 주의 및 태도 연구: 제품관여도, 성별 및 화면내용을 중심으로. 광고학연구, 23(8), 129-162.

김지호, 김희진, 김대상(2009). 광고모델의 성적소구 강도와 눈 맞춤이 광고효과에 미치는 영향. 광고학연구, 20(1), 145-159.

김지호, 손민교(2014). 휴대용 기기의 터치 디스플레이 크기가정서적 반응과 수행에 미치는 영향시거리와 시야각을 중심으로. 한국심리학회지: 소비자·광고, 15(3), 501-522.

김지호, 송미란, 김재휘(2007). 비의식적 광고 처리에서 나타나는 암묵적 기억의 광고효과—시각적 주의를 중심으로. 한국심리학회지: 소비자·광고, 8(1), 81-102.

김지호, 송미란, 김재휘(2008). 복잡한 시각환경 속에서 소비자는 무엇을 보는가. 한국광고홍보학보, 10(2), 66-97.

김지호, 이영아, 이희성, 김재휘(2008). 동공지표를 이용한 유머 광고의 효과 연구. 한국심리학회지: 소비자·광고, 9(1), 1-24.

Beebe, J. H. (1977). Institutional structure and program choices in television markets. *The Quarterly Journal of Economics, 91*(1), 15-37.

Castelhano, M. S., & Henderson, J. M. (2007). Initial scene representations facilitate eye movement guidance in visual search. *Journal of Experimental Psychology: Human Perception and Performance, 33*(4), 753.

Drèze, X., & Hussherr, F. X. (2003). Internet advertising: Is anybody watching?. *Journal of interactive marketing, 17*(4), 8–23.

Henderson, J. M., Williams, C. C., & Falk, R. J. (2005). Eye movements are functional during face learning. *Memory & cognition, 33*(1), 98–106.

Huey, E. B. (1908). *The psychology and pedagogy of reading.* The Macmillan Company.

Janik, S. W., Wellens, A. R., Goldberg, M. L., & Dell'Osso, L. F. (1978). Eyes as the center of focus in the visual examination of human faces. *Perceptual and Motor Skills, 47*(3), 857–858.

Just, M. A., & Carpenter, P. A. (1976). Eye fixations and cognitive processes. *Cognitive psychology, 8,* 441–480.

Just, M. A., & Carpenter, P. A. (1984). Using eye fixations to study reading comprehension. *New methods in reading comprehension research,* 151–182.

Kim, D., & Kim, D. J. (2012). Effect of screen size on multimedia vocabulary learning. *British Journal of Educational Technology, 43*(1), 62–70.

Pieters, R., & Wedel, M. (2004). Attention capture and transfer in advertising: Brand, pictorial, and text-size effects. *Journal of Marketing, 68*(2), 36–50.

Pieters, R., Wedel, M., & Zhang, J. (2007). Optimal feature advertising design under competitive clutter. *Management Science, 53*(11), 1815–1828.

Rayner, K. (1998). Eye movements in reading and information processing: 20 years of research. *Psychological bulletin, 124*(3), 372.

Shapiro, S., Macinnis, D. J., & S. E. Heckler. (1997). The effects of incidental ad exposure on the formation of consideration sets. *Journal of Consumer Research, 24*(1), 94–104.

Tan, D. S., Czerwinski, M. P., & Robertson, G. G. (2006). Large displays enhance optical flow cues and narrow the gender gap in 3-D virtual navigation. *Human Factors, 48*(2), 318–333.

Yarbus, A. L. (1967). *Eye movements and vision.* New York: Plenum Press.

6장

성장의 기술, 선택적 신뢰의 발달:
누구를 믿고 따를 것인가

⋮

최영은 (중앙대학교 심리학과 교수)

인간의 사고 발달은 작은 씨앗에서 움튼 싹이 햇빛과 물을 흡수하여 만들어 낸 양분으로 성장하듯이 주변 세상에 대한 탐색과 경험을 통해 발견하고 축적된 다양한 지식을 토대로 이루어진다. 피아제는 주변의 다양한 물체를 만져보고, 관찰하는 것과 같이 직접적인 탐색 경험이 아동 사고의 기초가 된다고 하였다(Piaget & Inhelder, 2013). 하지만 현대 사회에서 성장하는 아동들에게는 이러한 직접 경험 외에 주변 사회구성원과의 상호작용을 통해 얻게 되는 간접적 경험과 지식이 사고 발달 근간의 상당 부분을 차지한다. 이는 비고츠키가 제안한 발달의 주요 동력인 사회적 상호작용과 연결되는 지점이기도 하다(Vygotsky, 2012).

타인을 통해 세상에 관한 정보와 지식을 습득하는 과정에서는 정보를 제공하는 타인의 속성을 판단하여 관련 정보를 비판적으로 취사선택할 수 있는 능력도 필수적이 된다. 이러한 능력은 쉽게 발달되는 것처럼 보이지는

[그림 6-1] **자연을 탐색하는 아동**

않는데, 실제로 성인기에도 정보의 진위를 가려내어 합리적인 선택을 해야 하는 상황에서 오류를 보이는 경우가 왕왕 존재하기 때문이다(Tversky & Kahneman, 1974). 예컨대, 자녀의 예방접종을 결정하는 문제에 있어 객관적인 연구 결과보다는 주변 지인의 경험적 정보나 특정 인터넷 커뮤니티의 여론에 의존해 자녀의 예방접종을 거부하는 부모들의 사례들을 볼 수 있다. 이러한 판단은 실제 홍역과 같은 질병이 완전히 퇴치된 것으로 보고되었던 지역(예: 미국 캘리포니아 지역 등)에서 다시 홍역의 발생률을 높이고 이로 인해 유아 사망률을 증가시키는 결과를 가져오기도 하였다(Omer, Salmon, Orenstein, Dehart, & Halsey, 2009). 언뜻 보면 정보의 진위는 쉽게 가려질 수 있을 것 같지만 출처의 정확도나 신뢰도를 잘 판단하여 참된 정보를 습득하기 위해서는 얻고자 하는 정보나 지식과 관련된 다양한 요인을 고려하여야 하고 비판적으로 수용할 수 있는 사고 능력이 요구된다. 필자의 경우에도 청소기 한 대를 구매하기 위해 인터넷 검색을 통해 조사하는 과정에서 어떤 내용이 과장된 것인지 혹은 진실한 것인지에 대한 것을 구분하려고 애쓰다가 광범위한 출처에서 제공하는 다양한 정보를 제대로 감별하기 어려워 청소기 구매 자체를 포기한 적이 있다.

그렇다면 이제 막 세상에 첫발을 내디딘 아이들은 어떠할까? 정보나 지식의 출처의 진위와 객관성을 비판적으로 판단할 수 있는 능력은 언제부터 발달하기 시작할까? 또 정보제공자와 관련된 여러 요인 중에서 어떠한 요인들이 아동기 초기에 보다 잘 활용되고, 어떠한 요인들이 성숙된 인지 능력과 경험을 기반으로 하여 이후에 활용되게 되는 것일까? 최근의 발달심리학자들은 이러한 능력을 넓게는 '비판적 사고 능력(critical thinking)'(Mills, 2013) 혹은 '선택적 사회 학습(selective social learning)'(Poulin-Dubois & Brosseau-Liard, 2016)이라고 보았고, 좁게는 '선택적 신뢰(selective trust)'(Koenig & Harris, 2005)로 개념화하여 이러한 능력의 발달 과정에 새롭게 주목하고 있다. 이 장에서는 발달심리학의 다양한 주제 중에서도 세상에 대한 지식을 습득하는 사고 발달 과정에서 중요한 근간이 되는 이러한 능력이 영아기와 아동기를 거쳐 어떠한 발달 양상을 보이는지, 각 발달 시기에서 영향을 끼치는 요인들은 어떤 것들인지를 국내외 연구 결과들을 중심으로 소개하고자 한다.

●

선택적으로 신뢰할 수 있는 능력은 언제부터 발달되기 시작하는가

놀랍게도, 정보 출처의 신뢰도에 대해 어느 정도 판단하는 능력은 생후 8~12개월 무렵부터 관찰되었다. 아직 말도 잘 못하고, 잘 걷지도 못하는 어린 영아에게서 선택적 신뢰의 양상은 어떻게 관찰된 것일까? 발달심리학자들은 영아들도 관심이 가거나 의미가 있는 것에 주의를 기울이는 행동을 길게 쳐다보는 것과 같은 응시 반응이나 긴 탐색 행동, 높은 빈도의 모방 행동 등에서 드러낼 수 있음에 착안하여 연구 방법을 개발하고, 영아기에도 선택적 신뢰 양상을 보일 수 있음을 발견하였다. 예컨대, 이제 막 첫 생일을 맞이한 12개월의 영아들에게 특정 장난감을 능숙히 다루는 성인과 그렇지 못한 성인을 보여 주면, 영아들은 능숙한 성인이 가지고 놀던 장난감을 더 많이 만지고 더 자주 가지고 노는 것으로 나타났다(Stenberg, 2013). 14개월에서 16개월 무렵의 영아들도 어떤 성인이 통을 들여다보면서 밝게 웃으며 말과 얼굴 표정으로 긍정적인 표현을(마치 통 안에 아주 좋은 것이 들어 있기라도 한 것 같은 표현) 하였는데 사실 그 통이 비어 있었다는 것을 알게 되면, 이후에 이 성인이 하는 행동을 덜 모방하고 이 성인의 시선도 잘 따라가지 않았다(Chow, Poulin-Dubois, & Lewis, 2008). 이러한 영아들의 행동은 마치 전문가의 조언을 비전문가의 조언보다 더 믿고 따르는 성인의 행동과 비슷한 것이었다.

보다 어린 8개월 영아들의 경우에도 성인이 쳐다본 위치에서 움직이는 동물이 나타날 확률이 100%였다면 이러한 확률이 25%로 낮은 경우보다 해당 성인이 응시하는 위치를 높은 비율로 응시하면서 탐색하는 반응을 보이기도 하였다(Tummeltshammer, Sobel, & Kirkham, 2014). [그림 6-2]는 영아들에게 제시한 상황을 보다 구체적으로 보여 주고 있다. 이 그림의 왼쪽에 있는 네 개의 화면은 화면에 등장한 머리가 조금 긴 여성이 화면의 네 개의 위치 중 한 곳을 바라보았을 때 항상 그 위치에서 움직이는 개구리나 강아지 같은 이미지가 나타났음(100% 확률)을 보여 주고, 오른쪽 네 개의 화면에서는 머리

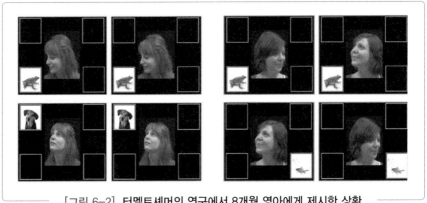

[그림 6-2] **터멜트셰머의 연구에서 8개월 영아에게 제시한 상황**

왼쪽의 4개의 이미지는 이 성인이 쳐다보는 곳에서 움직이는 동물이 항상(100%) 나타났음을, 오른쪽의 4개의 이미지는 네 번 중에 한 번(우측 하단)만 올바른 위치를 응시하였음을 보여 주고 있다.

가 조금 짧은 다른 여성이 네 위치 중 한 곳을 바라보았을 때 네 번 중의 한 번 (1/4=25%)만 움직이는 동물이 나타났음을 보여 준다. 8개월 영아들이 이러한 확률적 정보를 비교하여 판단할 수 있는 능력이 있다면 오른쪽보다는 왼쪽의 여성이 동물이 나타날 위치에 대한 정보를 높은 확률, 즉 높은 정확도를 가지고 제시한다는 것을 알 수 있다는 것이다. 그리고 이렇게 판단한 정보를 이후의 탐색 행동에 반영할 수 있다면 왼쪽 여성이 바라보는 위치를 오른쪽 여성이 응시하는 위치보다 더 높은 비율로 응시하게 될 것이다. 놀랍게도, 이 연구의 결과는 실제로 8개월밖에 안 된, 아직 기어다니면서 옹알이만 하는 영아들에게서 이러한 판단 능력, 활용 능력이 이미 발달되어 있음을 응시 비율의 차이로 보여 주었다.

두 돌이 될 무렵이 되면 이러한 판단 능력은 좀 더 확장되는 것으로 나타난다. 만 2세 아동은 두 명의 성인 중 친숙한 물체의 명칭을 정확하게 말한 성인 (예: 양말을 가리키며 "이건 양말이야."라고 함)을 부정확하게 말한 성인(예: 양말을 가리키며 "이건 숟가락이야."라고 함)보다 신뢰하는 양상을 보인다. 이 두 성인이 동일한 새로운 물체를 가리키면서 각기 다른 이름(예: "이건 '모디'야." vs. "이건 '보키'야.")을 제시하면, 아동에게 친숙했던 물체의 이름을 정확하게 말했던 성인이 제시하는 명칭을 새로운 물체의 이름으로 수용하는 비율이 높게 나타난다(Koenig & Woodward, 2010). 마치 '기존 물체의 이름도 잘 모르는 사람이 어떻게 새로운 물체의 이름을 알겠어?'라고 비판하는 것처럼 보이는 세련된 능력을 보이는 것이다. 이러한 능력은 만 3~4세 무렵이 되면 좀 더 발전하여 일주일 전에 만났던 정보제공자가 정확하였는지 아닌지도 기억하여 이 경험을 기반으로 선택적으로 신뢰하는 모습을 보이기도 한다(Corriveau & Harris, 2009).

이와 같이 선택적으로 신뢰하고 정보제공자의 정확도에 따라 정보를 취사선택하는 능력은 생후 1년이 될 무렵 출현하기 시작하여 만 2~3세에 이르면 꽤 정교하게 발달된 양상을 보인다. 특히 정보제공자가 친숙한 물체를 얼마나 바르게 명명했는지, 특정 물체의 위치를 높은 확률로 알아내었는지 또는 정보제공자의 정서적 표현과 실제 상황이 일치하였는지를 통해 정보제공자의 정확도를 간접적으로 제시하였을 때에도 이를 추적하고 판단하여 알아내는 능력이 발달 초기부터 나타남을 알 수 있었다. 그리고 정보제공자가 정확한 지식을 보유하였는지 아닌지와 같은 정보제공자의 정확도는 어린 연령에서부터 영아들의 선택적 신뢰에 활용될 수 있는 중요한 단서인 것도 볼 수 있었다. 어떤 정보제공자가 믿을 만한지 아닌지를 판단하는 데에는 정확도도 중요하지만 다른 요인들도 활용될 수 있다. 가령, 정보제공자가 연륜이 많은 성인인지 또는 경험이 상대적으로 적은 또래의 아이인지와 같은 정보제공자의 연령이나 성별, 지위 등과 같은 다른 요인도 선택적 신뢰에 영향을 끼칠 수 있다. 그리고 이러한 요인이 영향을 끼치는 정도는 발달 과정에서 변화할 가능성도 존재한다. 다음에서는 정보제공자의 신뢰와 관련된 여러 요인이 발달 과정에서 어떻게 다르게 영향을 끼치는지를 살펴보자.

선택적 신뢰에 영향을 끼치는 다른 요인

정보제공자가 정확한 지식을 보유하였는지를 알 수 있도록 해 주는 정확도는 앞에서 제시한 바와 같이 어린 영아들도 선택적 신뢰에 활용할 수 있는 단서이다. 그렇다면 정보제공자의 연령도 아동들이 선택적으로 정보를 취사선택하는 데 영향을 끼칠까? 우리는 흔히 오랜 연륜을 가진 성인이 짧은 삶을 산 젊은이에 비해 더 지혜롭고 세상에 대한 지식을 더 보유하고 있다고 믿는다. 아이들의 경우는 어떠할까? 만 3~4세의 미국에서 성장하는 아동을 살펴본 연구 결과를 보면, 다른 단서가 없이 상대방의 연령만 비교할 수 있는 상황에서는 아이들은 성인을 또래의 아동보다 더 신뢰하는 것으로 나타났다. 그러나 연령이 높더라도 성인이 물체의 명칭을 부정확하게 말하고, 어리지만 또래의 아동이 물체의 이름을 정확하게 말하는 것과 같이 연령과 정확도가 상충되는 상황을 제시하면, 만 3~4세의 아동들은 부정확한 성인보다는 정확한 또래 아동을 더 믿는 것으로 나타났다(Jaswal & Neely, 2006). 이러한 결과는 어찌 보면 모호한 연류이라는 요소보다는 구체적인 정확도라는 요소를 냉철하게 활용할 수 있는 능력이 어린 나이부터 발달되어 있는 것처럼 보여 준다.

그런데 미국과 달리 좀 더 타인과의 조화로운 관계를 중시하고, 연령이나 지위에 따른 권위가 강조되는 한국과 같은 문화에서 성장하는 아이들이라면 어떨까? 한국의 만 4~5세 아동들도 정확도와 관련한 단서가 제공되지 않는 상황에서는 나이가 많은 어른이 또래 아동보다 더 지식을 많이 보유하였다고 생각하는 것으로 나타났다(정소미, 최영은, 2018). 그러나 또래 아동이 성인에 비해 물체의 명칭을 더 정확하게 말할 수 있음을 보여 주면, 만 4~5세 아동들은 성인보다 또래 아동을 더 신뢰하여 미국 아동들과 동일한 반응 패턴을 보여 주었다. 특히 새로운 사물의 명칭을 알아내야 하는 상황에서는 연령이 높더라도 부정확한 성인보다는 어리더라도 정확한 또래를 더 신뢰하였다(정소미, 최영은, 2017). 이는 한국 문화에서 성장하는 아동의 경우에도 필요한 정보가 무엇이냐에 따라 해당 정보의 출처를 보다 객관적인 지표에 따라 선택하는 경향이 있음을 보여 주는 것이다. 새로운 장난감의 기능을 알아내야 하는 상황에서도 아동들은 성인보다는 또래를 더 신뢰하는 반응을 보였다(VanderBorght & Jaswal, 2009). 장난감의 전문가는 실제 아동들이다. 아동들은 장난감에 관한 새로운 정보를 알아내야 한다면 성인보다는 전문적인 또래 아동을 더 신뢰한다는 것이다. 두 문화권의 연구 결과를 종합하면, 이 무렵의 아이들은 생각보다 꽤 합리적으로 출처의 정확도와 연령이라는 요인들의 비중을 상황에 따라 다르게 활용하는 것으로 보인다.

정보제공자의 성별도 아동의 성별에 따라 선택적 신뢰에서 다르게 활용되는 요인 중 하나이다. 특히 만 4~7세 아동기 초기에는 자신과 동일한 성별의 정보제공자를 선호하고 신뢰하는 패턴을 보이는데, 남아는 남성을, 여아는 여성을 보다 믿고 따른다(Taylor, 2013). 성별은 동성 성인에 대한 선택적 신뢰 이외에도 성 고정관념과 연결된 영역에서도 아동들에게 영향을 끼치는 것으로 보인다. 예를 들어, 어떤 물체의 기능을 알아내어야 할 때, 물체가 분홍색이라면 아동들은 여성에게 기능을 물어봐야 한다고 하고, 물체가 남색이라면 남성에게 물어봐야 한다고 답을 한다(Ma & Woolley, 2013). 한국의 만 3~4세 대상의 연구에서도 만 4세의 여아들은 동성인 여성 성인에 대해 매우 높은 신뢰 반응을 보인 것으로 보고되었는데, 심지어 여성 성인이 반복적으로 거짓말을 하는 상황에서도 여성 성인을 믿는 경향이 높은 것으로 나타났다. 흥미롭게도, 만 3세 아동의 경우에는 만 4세 이후에 관찰된 동성 성인에 대한 선택적 신뢰가 관찰되지 않았고, 동성만이 아니라 이성 성인에 대해서도 대체로 신뢰가 높은 반응을 보이기도 하였다(정선아, 최영은, 2013).

연령 및 성별과 더불어 선택적 신뢰에 영향을 끼치는 또 다른 정보제공자 요인은 '특질'이다. 정보제공자가 친절하거나 똑똑하거나 정직한 것과 같은 긍정적인 특질을 가진 사람에 대한 만 5세 아동의 신뢰는, 전문성이 높더라도 심술궂거나 불친절하거나 착하지 않은 특질을 가졌다고 알려진 사람보다 훨씬 높다고 한다(Landrum, Mills, & Johnston, 2013). 만 4세가 지나면 자동차 정비사보다 의사가 생물학에 대해 더 잘 안다는 것과 같이 해당 분야에 따라 전문 지식의 보유 정도가 다를 수 있음을 이해하는 능력이 발달되는데(Lutz & Keil, 2002), 5세 무렵에는 이러한 전문성보다는 상대방의 특질이 긍정적이냐 부정적이냐의 영향을 더 받는다는 것이다. 이는 의사에게 진료를 받을 때 의사가 친절한지 불친절한지가 만 5세 아동에게는 매우 중요한 신뢰의 잣대가 될 수도 있다는 의미이겠다.

연령, 성별, 특질 외에도 정보제공자가 가진 사회적 지위도 아동기의 선택적 신뢰에서 활용될 수 있는 단서로 나타난다. 예를 들어, 티셔츠에 청바지 차림의 정보제공자와 격식 있는 정장을 입은 정보제공자 중에 누가 더 아는 게 많겠냐고 물어보면, 만 4~6세 아동은 정장을 입은 사람을 선택하고, 새로운 물체나 동물의 이름도 정장을 입은 사람에게 물어보겠다고 한다 (McDonald & Ma, 2015). 이와 유사하게, 한국 아동을 대상으로 부모님 같은 어른과 선생님 같은 어른 중에서 누가 아는 게 많겠냐고 물어본 연구의 결과에서도 만 5세 아동은 선생님 같은 어른이 부모님 같은 어른보다 지식을 더 보유하고 있다고 답하였다(정소미, 최영은, 2018). 그런데 흥미롭게도 사회적 지위에 따른 선택적 신뢰는 여아들에게서는 나타나지 않고 남아들에게서만 관찰되었다. 추가 검증을 통해 이러한 패턴이 어느 정도 보편적인 것인지를 확인하는 작업이 남아 있지만 이러한 결과는 정보제공자의 지위와 같은 상대적 위계와 관련된 요소는 여아들에 비해 남아들이 주의를 더 기울이고 활용하는 요소일 가능성을 제시하고 있다. 매우 어린 연령에서부터 상대적 위계나 또래 사이에서 우위를 점하는 것에 관심을 더 기울이는 행동 패턴은 남아들에게서 주로 관찰된다. 이는 진화적으로 생존 번식 과정에서 상대적 위계가 중시되었던 남성 집단의 속성이 남아들에게서 이른 시기에 나타날 가능성을 시사하기도 하는 흥미로운 지점이다.

아동기의 선택적 신뢰에는 위에서 제시한 정보제공자의 개별적 속성과 더불어 정보제공자와 아동 사이의 관계적 속성도 중요한 역할을 한다. 그중 하나는 정보제공자와의 친숙한 정도인데, 아동은 낯선 유치원 교사보다는 친숙한 유치원 교사를 더 신뢰하였다(Corriveau & Harris, 2009). 하지만 여전히 친숙도와 정확도가 대비되는 상황이 주어지면 아동들은 정확도에 따라 선택적 신뢰를 한다.

부모의 경우에는 아동이 어떠한 유형의 애착을 형성하였는지가 이후 선택적 신뢰 패턴에 영향을 주는 것으로 나타나기도 하였다(Corriveau et al., 2009). 주 양육자와 안정적 애착을 형성할 수 있었던 아동의 경우에는 만 4세가 되었을 때 주 양육자가 제공하는 정보를 믿고 따르는 모습을 보였는데, 회피형 애착을 형성한 아동은 주 양육자에 대한 신뢰의 수준이 낯선 타인에 대한 신뢰의 수준과 다르지 않은 것으로 나타났다. 안정적 애착은 아동이 필요로 할 때 양육자가 필요한 것을 충족시켜 주고 제때 잘 반응하여 주었기에 형성된 신뢰를 기반으로 하는 것임을 고려하여 보면, 애착의 유형에 따라 부모를 신뢰하는 정보제공자로 볼 수도 있고 그렇지 않을 수도 있다는 것은 어찌 보면 그다지 놀랍지 않은 결과이기도 하다.

친숙도나 애착 유형 외에도 정보를 제공하는 사람이 아동이 소속된 집단의 구성원이냐 아니냐의 여부도 선택적 신뢰에 영향을 끼친다. 심리학에서는 내가 소속된 집단을 내집단(ingroup)이라고 부르고, 내가 소속되지 않은 다른 집단은 외집단(outgroup)이라고 구분하여 부른다. 예컨대, 나와 같은 한국어를 쓰는 사람들은 나와 같은 내집단에 소속된 사람들이지만 외국어를 쓰는 사람들은 외집단에 포함된 사람들이다. 아동들의 경우에는 언어만이 아니라 억양에 따라서도 상대방을 내/외집단으로 판단하는 경향이 큰데, 억양에 따라서 아동과 같은 내집단에 소속된 것으로 보이는 정보제공자와 외집단에 소속된 정보제공자가 동시에 새로운 물체에 대해 다른 이름을 제공하면, 내집단 소속의 정보제공자의 명칭을 수용하는 비율이 높다(Kinzler, Corriveau, & Harris, 2011). 예컨대, 불어 억양이 있는 한국어 화자와 외국어 억양이 전혀 없는 한국어 화자가 어떤 새로운 사물을 각각 '파미'와 '페도'라고 부르면, 한국어가 모국어인 아동은 그 사물의 명칭을 '페도'로 생각하게 된다는 것이다. 뿐만 아니라 만 3∼7세 아동들에게 무작위로 두 종류 색깔의 앞치마를 입도록 하고 아동이 특정 색깔의 앞치마 집단에 소속되었다고 하면, 아동들은 자신과 동일한 색상의 앞치마를 두른 성인을 그렇지 않은 성인보다 더 신뢰하는 반응도 보인다(Elashi & Mills, 2014). 이 결과들은 한편으로는 다소 충격적일 수도 있겠다. 왜냐하면 자신과 동일한 집단에 소속되어 있다는 이유만으로 그 사람들을 더 신뢰하는 차별적인 반응을 보이는 것이기 때문이다.

다행인 것은 정보제공자의 정확도가 억양이나 집단 구분색 등의 요인과 상충될 때에는 어린 아동도 억양보다는 정확도를 기준으로 신뢰하는 모습을 보이고(Corriveau, Kinzler, & Harris, 2013), 만 6∼7세경이 되면 집단 구분 단서

보다는 개별 정보제공자의 정확도를 더 중요시하는 모습을 보인다는 것이다 (Elashi & Mills, 2014). 다소 발달하는 데 시간이 걸릴 수 있을지는 몰라도 결국 에는 관계적 요소보다 객관적으로 중요한 요인을 더 고려할 수 있는 능력이 나타나고 있음을 보여 주기 때문이다.

관계적 속성과 관련하여 마지막으로 소개할 요인은 집단 내 동조(consensus) 이다. 만 3~4세의 아동은, 네 명 중 세 명이 동일한 정보를 제공하고 나머지 한 명만 다른 정보를 제공하면, 대체로 집단 내에서 다수에 동조한 사람들을 동조하지 않은 구성원보다 지속적으로 신뢰하는 모습을 보인다(Corriveau, Fusaro, & Harris, 2009). 대다수의 구성원이 찬성하는 쪽이 옳다고 믿는다는 것이다. 이러한 경향성은 꽤 강력해서 동조하는 상황을 지켜보고 나서 나중 에 동조했던 사람 한 명과 동조하지 않았던 사람 한 명, 이렇게 두 명만 남겨 진 상황에서도 여전히 아동에게 영향력을 행사하는 것으로 나타났다. 집단 의 다수 의견에 동조하는 구성원에 대한 신뢰는 2세의 어린 아동에서도 관찰 되었다(Fusaro & Harris, 2013). 흥미로운 것은 다수에 동조하는 행동 패턴은 아동에게 질문하는 상황이 개인적으로 의견을 표현할 수 있는 사적인 환경이 냐 또는 다수 앞에서 의견을 제시해야 하는 공적인 환경이냐에 따라서도 달 라지는 것으로 나타났는데, 사적인 환경이면 옳지 않은 다수 의견을 따르는 구성원에 대해 신뢰하지 않음을 더 잘 드러내지만 공적인 상황에서는 아동들 도 그러지 못하는 것으로 나타났다(Corriveau, Kim, Song, & Harris, 2013). 그리 고 공적인 상황에서 다수에 동조하는 사람들에 대한 신뢰는 유럽계 미국인 아동보다는 아시아계 미국인 아동들 사이에서 더 높은 것으로 나타나, 집단 내 동조의 요인은 아동이 성장하고 있는 사회문화적 환경에서 관계의 조화로 움이나 개인적 의사 표현에 대한 중시 정도에 따라 영향을 받을 가능성도 제 기되었다(Corrveau et al., 2013).

합리적으로 보이나 맹목적인 부분도 있다

지금까지의 내용을 종합해 보면, 아이들은 생후 얼마 되지 않아 여러 단서를 활용하여 타인이 믿을 만한 정보제공자인지를 판단하는 능력을 보인다. 만 2세가 될 무렵에는 정확한 지식을 보유하였는지를 기반으로 특정인의 정보를 더 수용하는 반응 패턴을 보여 비판적으로 정보를 수용하는 능력, 선택적 신뢰의 기술이 매우 이른 시기부터 나타나고 빠르게 발달하고 있음을 보여 준다. 피아제가 아이들의 주도적 학습 능력을 신뢰하였던 것이 크게 틀리지 않았음을 뒷받침해 주기도 하는 연구 결과들이다. 하지만 이렇듯 합리적이고 객관적으로 출처의 정확도에 따라 정보를 취사선택할 수 있어 보이는 아이들도 믿기 힘들 만큼 맹목적으로 타인을 따르고 수용하는 반응을 보일 때가 있다. 선택적 신뢰와 관련된 요인을 다룰 때 잠시 언급되기도 하였는데, 예를 들면 모국어 억양을 구사하는 사람을 외국어 억양을 구사하는 사람보다 더 신뢰하는 모습을 보인다거나, 나와 같은 집단에 소속되어 있다는 이유만으로도 부정확한 지식을 가지고 있음을 보일 때도 상대방을 신뢰하는 모습을 보이는 것 등이 그 예이다.

그런데 이보다 더 놀라운 것은 만 3세 아동이 성인에게 반복적으로 속으면서도 그 성인을 계속 믿는 패턴을 보이는 모습이다. 과거에는 야바위꾼이 시장과 같은 사람들이 많이 모인 곳에서 컵을 두세 개 정도 엎어 놓고 숨겨진 물건의 위치를 맞히면 상대방에게 돈을 주고 못 맞히면 돈을 가져가는 풍경이 있었다. 물론 어떤 속임수가 있어 초반에는 손님이 이기는 것처럼 해 주다가 후반에는 손님의 돈을 다 가져가는 게 일반적인 모습이었다. 재미있게도, 미국의 심리학자 재즈월, 크로프트, 세티아와 콜(Jaswal, Croft, Setia, & Cole, 2010)은 만 3세 아동을 대상으로 유사한 맥락으로 실험을 해 보았다. 두 개의 색이 다른 상자를 뒤집어 놓고, 스티커 하나를 둘 중의 한 군데 몰래 숨긴 다음에 아이에게 스티커의 위치를 찾으라고 하면서 스티커의 위치를 알려 준다(예: "스티커는 파란 상자에 있어!"). 하지만 실험자의 스티커 위치에 대한 증언은 사실 거짓이다. 따라서 아동이 이 말에 따라 파란 상자를 열어 본다면 스티커는 들어 있지 않도록 하였다. 어른이라 할지라도 처음에는 당연히 속을 수 있다. 상대방을 의심할 만한 근거는 아직 없기 때문이다. 하지만 한 번 속고 나면 그다음부터는 실험자가 알려 준 위치가 거짓일 가능성을 염두에 두고 선택할 가능성이 커진다. 예컨대, 이제 실험자가 스티커가 빨간 상자에 있다고 하면, 빨간 상자가 아니라 다른 상자인 파란 상자를 열어 보게 될 확률이 높을 것이다. 하지만 놀랍게도 만 3세의 미국 아동은 한 번, 아니 여러 번을 속고 나서도 계속해서 실험자의 증언을 맹신하는 경향을 보였다. 심지어 일곱 번을 반복해서 속고 난 뒤에도 만 3세 아동의 16명 중 12명은 여덟 번째에도 여전히 실험자를 신뢰하는 편향성을 보였다. 재미있는 것은 동일한 상황에서 실험자의 스티커 위치에 대한 증언이 아니라 화살표와 같은 상징적 표식을 이용하면 만 3세 아이들도 한 두 번 정도 화살표 위치가 반대의 위치를 알려 주고 있음을 깨닫게 되어 더 이상 화살표를 따르지 않고 정확한 위치를 찾아내기 시작한다는 것이다. 즉, 사물과 같은 것에 의해서는 잘 속지 않지만 상대방이 실험자와 같은 성인인 상황에서는 지속적으로 속으면서 맹신하는 것과 같은 반응을 보였다는 것이다. 연구자들은 이를 증언신뢰 편향성(bias to trust testimony)이라고 지칭하였다. 동일한 실험을 한국에서 실시해 본 연구 결과를 보면 한국의 만 3세 아동도 미국의 만 3세 아동과 크게 다르지는 않은 것으로 나타났다(고연정, 최영은, 2013). 즉, 한국의 만 3세 아동도 반복해서 속더라도 성인의 증언을 지속적으로 따르는 경향성을 보인 것이다. 다만, 한국 아동의 경우에는 미국 아동과 달리 성인을 신뢰하지 않게 되기까지 속는 횟수가 상대적으로 적은 것으로 나타나, 여덟 번을 연속으로 속았던 미국 아동들에 비하여 다섯 번 정도 속고 나면 성인을 의심하기 시작하는 것으로 나타났다. 연구자들은 한국 아동들이 미국 아동들에 비해 좀 더 일찍 의심을 할 수 있게 된 것은 실행 기능과 같은 상위 인지 능력이 만 3~4세 한국 아동에게서 좀 더 발달된 것으로 관찰된 결과(Oh & Lewis, 2008)에 의해 설명될 수 있다고 제안하기도 하였다. 즉, 성인의 말은 아동이 따르게 만드는 부분이 있는데 이를 잘 억제하고 상황에 맞게 보다 적절한 반응을 할 수 있는 능력은 보다 발달된 실행 기능을 기반으로 하기 때문에 한국 아동이 미국 아동에 비해 좀 더 일찍 이러한 억제를 하고 상황에 적절한 반응을 하게 된 것일 거라는 추측이다. 실제로 실행 기능 중에서도 사고나 행동의 억제 능력이 좋을수록 비판적 판단 능력이 좋다는 다른 연구 결과를 참고해 보면 꽤 설득력이 있는 설명이라 하겠다(Joh, Jaswal, & Keen, 2011). 그리고 이러한 가능성은 아이들의 실행 기능을 향상시켜 줄수록 맹목적으로 누군가의 말을 믿고 따르는 맹신의 경향을 줄일 수도 있음을 시사하기도 한다. 만 3세 무렵의 아이가 맹목적으로 어른의 말을 따른다는 것은 부모 입장에서는 낯선 성인에게 유괴되거나 이용당할 가능성에 대한 우려를 가져오기 때문이다.

다행히, 만 4세가 되면 동일한 실험 상황에서도 한 번 정도만 속고 나면 바로 상대방을 신뢰하지 않고 의심하는 태도를 보이기 시작한다. 그리고 만 3세 아동들에게도 제3의 성인이 이 특정 성인에게 반복적으로 속는 것을 4회 정도 보여 주고 나면 3세 아동들이 이 성인과 직접 대면하였을 때에는 맹신하는 경향성이 훨씬 줄어든 것을 볼 수 있었다(Choi, Nam, Koh, & Nam, 출판 준비 중). 하지만 속임을 당하는 것을 3회만 보여 주었을 때에는 증언신뢰 편향성은 줄어들지 않아 이 시기 아동들의 반복 경험이 학습에 매우 중요한 요인인 것으로 나타나기도 하였다.

만 4~5세가 되면 이와 같이 한 번 속은 상대방에게 더 이상 속지 않을 수 있고, 분야에 따른 전문가를 선별적으로 신뢰하는 등 보다 성숙한 선택적 신뢰의 모습이 발달된다. 하지만 여전히 이 무렵의 아이들에게도 아직 발달되지 않은 능력이 있는데, 이는 타인의 정보가 직접 경험이나 관찰로 얻은 것인지, 추론하여 얻어 낸 것인지, 아니면 제3자로부터 간접적으로 전달받은 것인지에 따라 어떤 정보가 더 신뢰도가 높은지를 판단하는 증거성 추론 (evidential reasoning) 능력이다. 예를 들어, 사탕 가게에 도둑이 들었다고 하면서 도둑을 잡는 걸 도와 달라고 하고, 두 목격자의 증언을 듣고 도둑이 누구인지를 판단해 보라고 한다. 이때 한 목격자는 "도둑이 키가 컸어."라고 하고, 다른 목격자는 "도둑이 키가 작았대."라고 증언을 하면, 성인들은 도둑은 키가 컸을 것이라고 추론하는데, 이는 해당 목격자의 발언이 직접 목격한 것을 이야기하고 있음을 알려 주고('-어'라는 형태소의 의미 정보에 의해), 다른 목격자는 간접적으로 들은 것임을 제시하고('-대'라는 형태소의 의미 정보에 의해) 있기 때문이다. 하지만 만 5세가 된 아동들(한국 나이로는 6~7세)도 이러한 두 정보를 비교하여 판단하는 능력은 잘 발달되지 않은 것으로 나타났다 (최영은, 이화인, 장나영, 2010). 성인들도 소위 '카더라' 통신을 비중 있게 신뢰하는 모습을 보일 경우가 자주 있는 것을 보면 이러한 능력은 발달도 느리고 성인기에도 잘 활용되지 못하는 비판적 사고 능력의 일부일 가능성도 엿보인다. 가끔 미국 법정 드라마에서 "그건 간접 증언(hearsay)이므로 배제하여야 합니다!"라고 문제 제기되는 것을 보면 더욱 그런 것 같다.

선택적 신뢰의 발달 기제

비판적 사고 능력의 근간이 되는 인지사회적 발달 기제는 무엇일까? 앞에서 8개월 무렵에도 이미 상대방이 확률적으로 정확도가 높은 사람인지 아닌지를 판단하는 능력이 있음을 볼 수 있었다. 이는 잠재적인 정보제공자가 정확한지 아닌지, 표정과 행동이 실제 사건과 일치하는지 아닌지를 탐지하고 이를 확률적으로 계산하여 통계적 정보를 표상할 수 있음을 시사하는 놀라운 결과였다. 실제로 선택적 신뢰를 하려면 이와 같이 정보나 지식의 출처와 관련된 과거의 정확도에 대한 확률적 정보를 계산하고 활용하는 능력은 근본적으로 필수적인 능력인 것으로 보인다. 그런데 정말 8개월밖에 안된 아이들이 이러한 정보를 추출하고 표상할 수 있는 것일까? 영아를 대상으로 한 최근의 심리학 연구 결과들은 '그렇다'라고 답을 하고 있다. 의식적이지는 않더라도 암묵적인 수준에서는 말이다. 이 시기의 아동은 말소리에 존재하는 소리 간의 전환 확률을 계산하여 그 언어에서 사용되는 단어를 추출한다는 연구 결과도 있기 때문이다(Saffran, Aslin, & Newport, 1996) 심리학자들은 이를 '통계적 규칙성의 발견 능력'이라고 하는데, 이러한 능력은 다양한 정보를 대상으로 적용될 수 있어 보이고, 위의 연구 결과를 보면 사회적인 상황에서 잠재적인 정보 출처 대상의 신뢰도를 판단하는 데에도 적용되고 있을 가능성이 높아 보인다.

확률 정보의 추출 능력과 더불어 마음 이론(theory of mind)의 발달 정도도 선택적 사회 학습에서는 중요한 역할을 하는 기제일 것이라고 학자들은 제언한다(Poulin-Dubois & Brosseau-Liard, 2016). 마음 이론은 타자의 지각, 바람, 의도, 믿음과 같은 정신적 상태를 추론하고 이를 자신의 것과 변별하여 이해하고 활용할 수 있는 인지사회적 능력을 일컫는다(Wellman & Liu, 2004). 선택적 신뢰는 기본적으로 타인에 대한 이해를 기반으로 하고, 타인의 정신 상태 추론을 통해 지식의 보유 정도나 정확한 정도, 속이고자 하는 의도가 있는지 등을 이해할 수 있는 것과 연결될 수밖에 없기 때문이다. 마음 이론이 좀 더 발달된 아동에게서 보다 선택적 신뢰 능력이 발달되었음을 보고하는 최근의 연구 결과(Brosseau-Liard, Penney, & Poulin-Dubois, 2015)를 보면 이러한 가능성이 높음을 알 수 있는데 이와 관련해서는 아직 추후 연구를 통한 검증 작업이 많이 남아 있다.

확률적 정보 추출, 마음 인지 능력과 더불어 사고와 행동을 통제하고 조절할 수 있는 실행 기능의 발달도 선택적 신뢰, 비판적인 사고 능력을 발현시키는 데 중요한 근간이 되는 능력인 것으로 보인다. 앞서 제시한 바와 같이 이런 실행 기능이 상대적으로 미숙한 만 3세의 아동들은 무기력하게 성인에게 반복적으로 속는 모습을 보이기도 하였는데, 희망적인 것은 실행 기능이 상대적으로 더 발달된 것으로 관찰된 한국 아동은 그나마 속는 횟수가 더 적은 것으로 나타났다는 것이다. 또한 최근의 연구 결과들은 실행 기능의 촉진을 통해 사고와 행동의 조절력을 향상하는 것이 가능할 수 있음도 보여 주고 있어(Diamond & Lee , 2011) 실행 기능의 촉진에 따른 비판적 사고 능력의 촉진 여부도 새롭게 주목받을 것으로 보인다.

이 장에서는 영아기와 아동기를 거쳐 비판적 사고 능력의 근간이 되는 선택적 신뢰의 발달이 어떠한 양상을 거치며 발달하고, 이에 영향을 미치는 요인들은 무엇인지 그리고 이러한 발달에 근간이 되는 기제는 무엇일지에 대해 살펴보았다. 비판적 사고 능력은 마치 대학교 교육과정을 거치거나 심지어 대학원에서의 학업 경험이 있는 전문가에게서만 나타나는 능력으로 오인되는 경우도 종종 있는데, 실제로 인간의 발달 과정을 보면 매우 이른 발달 초기부터도 이러한 능력이 존재하고 있음을 볼 수 있었고, 관련한 요인들의 발달 여부에 따라 보다 이른 시기에 완성되거나 더 성숙되어도 잘 발달되지 않을 가능성도 엿볼 수 있었다. 21세기를 살고 있는 현대의 사회문화적 맥락에서의 인간 발달과 기능을 살펴볼 때, 다양한 정보와 지식의 홍수 속에서 이제는 지식을 많이 보유하는 것이 중요하기보다는 객관적으로, 합리적으로 또 비판적으로 보다 정확한 정보를 취사선택하여 의사결정을 할 수 있는 능력이 보다 중요해졌음은 아마 많은 사람이 공감하는 부분이 아닐까 생각된다. 이러한 시점에서 선택적 신뢰의 발달 연구가 가진 중요성은 그 함의 또한 매우 크다고 하겠다. 넓게 보면 인류 문명의 번영과 멸망도 인간의 지혜와 합리성에 달려 있지 않은가.

고연정, 최영은(2013). 만 3세 아동의 타인 증언 신뢰 편향성 검증. 한국심리학회지: 발달, 26(1), 197-214.

정선아, 최영은(2013). 동성 및 이성 성인의 진술에 대한 만 3-4세 아동의 신뢰성 판단. 한국심리학회지: 발달, 26(4), 93-105.

정소미, 최영은(2017). 한국 아동의 신뢰성 판단에 정보제공자의 연령이 미치는 영향. 한국심리학회지: 발달, 30(3), 67-82.

정소미, 최영은(2018). 한국 아동의 신뢰성 판단에 영향을 미치는 정보제공자의 특성. 한국심리학회지: 발달, 31(2), 1-18.

최영은, 이화인, 장나영(2010). 정보 원천 표현에 따른 정보 확실성 이해의 발달. 한국심리학회지: 발달, 23(2), 109-124.

Brosseau-Liard, P., Penney, D., & Poulin-Dubois, D. (2015). Theory of mind selectively predicts preschoolers' knowledge-based selective word learning. *British Journal of Developmental Psychology*, *33*(4), 464-475.

Choi, Y., Nam, M., Koh, Y., & Nam, M. *Tipping the scale of trust: effect of observation frequency on 3-year-olds' learning to distrust other's testimony*. in preparation.

Chow, V., Poulin-Dubois, D., & Lewis, J. (2008). To see or not to see: Infants prefer to follow the gaze of a reliable looker. *Developmental Science*, *11*(5), 761-770.

Corriveau, K. H., Fusaro, M., & Harris, P. L. (2009). Going with the flow: Preschoolers prefer nondissenters as informants. *Psychological science*, *20*(3), 372-377.

Corriveau, K. H., Harris, P. L., Meins, E., Fernyhough, C., Arnott, B., Elliott, L., & De Rosnay, M. (2009). Young children's trust in their mother's claims: Longitudinal links with attachment security in infancy. *Child development*, *80*(3), 750-761.

Corriveau, K. H., Kim, E., Song, G., & Harris, P. L. (2013). Young children's deference to a consensus varies by culture and judgment setting. *Journal of cognition and culture*, *13*(3-4), 367-381.

Corriveau, K. H., Kinzler, K. D., & Harris, P. L. (2013). Accuracy trumps accent in children's endorsement of object labels. *Developmental psychology*, *49*(3), 470.

Corriveau, K., & Harris, P. L. (2009). Choosing your informant: Weighing familiarity and recent accuracy. *Developmental science*, *12*(3), 426-437.

Diamond, A., & Lee, K. (2011). Interventions shown to aid executive function development in children 4 to 12 years old. *Science*, *333*(6045), 959-964.

Elashi, F. B., & Mills, C. M. (2014). Do children trust based on group membership or prior accuracy? The role of novel group membership in children's trust decisions. *Journal of Experimental Child Psychology*, *128*, 88-104.

Elashi, F. B., & Mills, C. M. (2014). Do children trust based on group membership or prior accuracy? The role of novel group membership in children's trust decisions. *Journal of Experimental Child Psychology*, *128*, 88-104.

Fusaro, M., & Harris, P. L. (2013). Dax gets the nod: Toddlers detect and use social cues to evaluate testimony. *Developmental psychology*, *49*(3), 514.

Jaswal, V. K., & Neely, L. A. (2006). Adults don't always know best: Preschoolers use past reliability over age when learning new words. *Psychological Science* (9), 757-758.

Jaswal, V. K., Croft, A. C., Setia, A. R., & Cole, C. A. (2010). Young children have a specific, highly robust bias to trust testimony. *Psychological Science*, *21*(10), 1541-1547.

Joh, A. S., Jaswal, V. K., & Keen, R. (2011). Imagining a way out of the gravity bias: Preschoolers can visualize the solution to a spatial problem. *Child Development*, *82*(3), 744-750.

Kinzler, K. D., Corriveau, K. H., & Harris, P. L. (2011). Children's selective trust in native-accented speakers. *Developmental science*, *14*(1), 106-111.

Koenig, M. A., & Harris, P. L. (2005). The role of social cognition in early trust. *Trends in Cognitive Sciences*, *9*(10), 457-459.

Koenig, M. A., & Woodward, A. L. (2010). Sensitivity of 24-month-olds to the prior inaccuracy of the source: possible mechanisms. *Developmental psychology*, *46*(4), 815.

Landrum, A. R., Mills, C. M., & Johnston, A. M. (2013). When do children trust the expert? Benevolence information influences children's trust more than expertise. *Developmental Science*, *16*(4), 622-638.

Lutz, D. J., & Keil, F. C. (2002). Early understanding of the division of cognitive labor. *Child development*, *73*(4), 1073-1084.

Ma, L., & Woolley, J. D. (2013). Young children's sensitivity to speaker gender when learning from others. *Journal of Cognition and Development*, *14*(1), 100-119.

McDonald, K. P., & Ma, L. (2015). Dress Nicer=Know More? Young Children's Knowledge Attribution and Selective Learning Based on How Others Dress. *PloS one*, *10*(12), e0144424.

Mills, C. M. (2013). Knowing when to doubt: developing a critical stance when learning from others. *Developmental psychology*, *49*(3), 404.

Oh, S., & Lewis, C. (2008). Korean preschoolers' advanced inhibitory control and its relation to other executive skills and mental state understanding. *Child Development*, *79*(1), 80-99.

Omer, S. B., Salmon, D. A., Orenstein, W. A., Dehart, M. P., & Halsey, N. (2009). Vaccine refusal, mandatory immunization, and the risks of vaccine-preventable diseases. *New England Journal of Medicine*, *360*(19), 1981-1988.

Piaget, J. & Inhelder, B. (2013). *The growth of logical thinking from childhood to adolescence: An essay on the construction of formal operational structures* (Vol. 84). Abingdon, Oxon, UK, Routledge.

Poulin-Dubois, D., & Brosseau-Liard, P. (2016). The developmental origins of selective social learning. *Current directions in psychological science*, *25*(1), 60-64.

Poulin-Dubois, D., & Brosseau-Liard, P. (2016). The developmental origins of selective social learning. *Current directions in psychological science*, *25*(1),

60-64.

Saffran, J. R., Aslin, R. N., & Newport, E. L. (1996). Statistical learning by 8-month-old infants. *Science*, *274*(5294), 1926−1928.

Stenberg, G. (2013). Do 12-Month-Old Infants Trust a Competent Adult?. *Infancy*, *18*(5), 873-904.

Taylor, M. G. (2013). Gender influences on children's selective trust of adult testimony. *Journal of experimental child psychology*, *115*(4), 672-690.

Tummeltshammer, K. S., Wu, R., Sobel, D. M., & Kirkham, N. Z. (2014). Infants track the reliability of potential informants. *Psychological Science*, *25*(9), 1730-1738.

Tversky, A., & Kahneman, D. (1974). Judgment under uncertainty: Heuristics and biases. *Science*, *185*(4157), 1124-1131.

VanderBorght, M., & Jaswal, V. K. (2009). Who knows best? Preschoolers sometimes prefer child informants over adult informants. *Infant and child development*, *18*(1), 61-71.

Vygotskiĭ, L. S. (2012). *Thought and language*. MIT press.

Wellman, H. M., & Liu, D. (2004). Scaling of theory-of-mind tasks. *Child development*, *75*(2), 523-541.

7장

생각하는 대로 행동할 것인가,
행동하는 대로 생각할 것인가

⋮

나진경 (서강대학교 심리학과 교수)

당신은 생각하는 대로 행동하고 싶은가 아니면 행동하는 대로 생각하고 싶은가? 아마도 당신은 생각하는 대로 행동하고 싶지만 행동하는 대로 생각하고 싶지는 않다고 말할 것이다. 실제로 많은 사람이 자신의 신념과 태도에 기반을 두어 의사결정을 하고 그에 따라 움직이기를 원한다. 예를 들어, 당신이 아이폰과 안드로이드폰 사이에서 어떤 휴대전화를 구매할 것인지 고민하고 있다고 하자. 당신의 태도, 생각이 확실하다면 이는 매우 쉬운 결정인 것처럼 보인다. 당신이 아이폰을 좋아한다면 아이폰을 구매하면 그만이다. 물론 당신의 태도나 생각은 행동에 영향을 미칠 수 있는 중요한 요인이기는 하지만 당신의 행동에 영향을 줄 수 있는 다른 요인들도 존재한다. 당신이 아무리 아이폰을 좋아한다고 해도 경제적인 이유로 상대적으로 저렴한 옵션이 많은 안드로이드폰을 선택할 수도 있다. 마찬가지로 안드로이드폰 제조회사에 다니는 친한 친구의 권유로 안드로이드폰을 선택할 수도 있다. 이처럼 사람들은 자신의 선호 및 태도에 어긋나는 행동을 하기도 한다. 더욱이 최초에 마음에 들지 않았던 안드로이드폰을 구매하여 사용하면서 당신은 '막상 써 보니 안드로이드폰도 그렇게 나쁘지는 않다.'고 위안을 삼게 될 수도 있다. 즉, 안드로이드폰을 구매한 당신의 행동이 안드로이드폰에 대한 당신의 생각을 변화시키기도 한다. 이상에서 볼 수 있듯이 생각하는 대로 행동하는 것은 '생각만큼' 쉽지 않으며 오히려 행동하는 대로 생각하게 되는 일은 '생각보다' 자주 일어난다. 이 장에서는 이처럼 간단하지만은 않은 생각과 행동의 관계에 대한 심리학 연구들을 소개하려고 한다.

◉

생각하는 대로 행동하기

사람들이 생각하는 대로 행동하는가에 대한 답을 찾기 위해서 심리학에서는 태도, 신념 및 성격 특질과 같은 개인의 내재적 속성이 그 사람의 행동을 잘 예측할 수 있는지를 검증한다. 이때 개인의 내재적 속성이 그 사람의 행동을 잘 예측할 수 있다면 사람들이 생각하는 대로 행동한다고 볼 수 있지만, 행동과 태도, 신념 및 성격 특질 사이에 아무런 관계도 발견되지 않는다면 사람들이 생각하는 대로 행동한다고 보기는 어렵다. 예를 들어, 장사를 하는 김장사 씨가 미세먼지가 심해지면서 중국인들에 대해 좋지 않은 생각을 갖게 되었다고 하자. 이런 생각은 중국인에 대한 부정적인 태도로 이어져 김 씨는 중국인에게는 물건을 팔지 않겠다고 다짐하게 되었다. 만약 가게에 중국 관광객이 들어와서 물건을 사려고 할 때, 실제로 물건을 팔지 않는다면 김 씨의 태도는 행동을 잘 예측한 것이고 그는 생각하는 대로 행동했다고 말할 수 있다.

그런데 정말 김 씨는 중국인에게는 물건을 팔지 않을까? 김 씨의 가게를 방문한 중국인이 생각보다 훨씬 괜찮을 뿐 아니라 고가의 제품을 구매하려고 한다면 김 씨가 과연 '나는 당신에게는 팔지 않겠소.'라고 말할 수 있을까? 실제로 1930년대에 사회심리학자인 리처드 라피에르(Richard LaPiere, 1934)가 비슷한 연구를 진행하였다. 그 당시 미국에는 중국인에 대한 부정적인 고정관념과 편견이 만연해 있었다고 한다. 이런 상황에서 라피에르는 중국인 커플과 2년에 걸쳐 250곳의 호텔, 레스토랑, 카페 등을 방문했다. 250곳의 가게 중에서 중국인 커플의 출입을 막은 곳은 단 한 곳에 지나지 않았다. 여행을 끝마치고 라피에르는 그가 중국인 커플과 방문했던 250곳에 편지를 보내 자신이 중국인과 가게를 방문해서 서비스를 받을 수 있는지 문의하였다. 이번에는 약 90%의 가게들이 자신들은 중국인에게는 서비스를 제공할 수 없다고 회신하였다. 즉, 90%의 가게 주인들은 김 씨처럼 중국인에게는 장사를 하지 않겠다는 부정적인 생각과 태도를 갖고 있었지만 그들 중 오직 한 곳만이 자신의 생각과 태도에 맞게 행동했을 뿐이다.

다시 말해서, 대다수의 가게 주인은 자신의 생각과 다른, 아니 생각과 정반대되는 행동을 한 것이다. 과연 이처럼 생각과 다르게 행동하는 경향은 장사를 하는 사람들에게만 나타나는 독특한 현상일까? 심리학의 연구들에 따르면 그렇지 않다. 많은 경우 사람들의 태도, 신념 및 성격 특질은 그 사람의 행동을 잘 예측하지 못한다. 그렇다면 왜 그럴까?

생각하는 대로 행동하기가 어려운 이유

중국인에 대한 김장사 씨의 부정적인 생각은 왜 행동으로 이어지지 않았을까? 가장 간단한 이유는 이 장의 서두에서 말한 것처럼 생각 외에도 행동에 영향을 줄 수 있는 다른 요인이 존재하기 때문이다. 김 씨를 비롯한 라피에르의 연구에 참여한 가게 주인들의 경우 돈이 중요한 요인으로 작용했을 가능성이 있다. 돈을 벌 수 있는 기회가 눈앞에 있는데 이를 거절하기는 쉽지 않을 것이다. 물론 다른 조건이 동일하다면 김 씨는 부정적인 생각을 갖고 있는 중국인보다는 한국인에게 물건을 팔고 싶을 것이다. 그러나 만약 그날 하루 종일 장사를 공쳤다면 혹은 해외여행 중인 탓에 중국 손님들은 고가의 제품을 구매하려는 경향이 강하다면 이야기는 달라진다. 행동에 영향을 주는 모든 조건이 맞아떨어진다면 생각하는 대로 행동하겠지만, 당신은 이미 그것이 얼마나 어려운 일인가를 예상했을 것이다.

　김 씨가 자신의 다짐과는 달리 중국인에게 물건을 팔게 되는 또 다른 이유를 생각해 볼 수 있다. 아마도 당신은 자신에 대해 때로는 혼자 있고 싶어 하지만 동시에 친구들과의 모임에서는 또 제법 활발하게 말을 섞을 줄 알고, 어떤 때는 소심하지만 또 한번 움직이기로 마음을 먹으면 대범하게 행동하는 경향이 있다고 생각할 것이다. 즉, 당신은 자신을 한마디로 규정될 수 없는 복잡한 사람이라고 생각할 것이다. 이것은 틀린 말이 아니다. 하지만 당신이 간과하기 쉬운 점은 당신뿐만 아니라 당신 생각의 대상이 되는 다른 사람들도 그렇다는 것이다. 집단의 경우도 마찬가지이다. 어떤 한국인은 내성적이지만 어떤 한국인은 외향적이고, 어떤 한국인은 소심하지만 어떤 한국인은 대범하다. 즉, 태도와 생각의 대상은 누구나 어느 정도 복잡하다. 따라서 김 씨는 특정 부류의 중국인들을 떠올리며 부정적인 생각과 태도를 키워 왔겠지만 정작 김 씨의 가게를 방문하여 물건을 구매하려고 했던 중국인은 전혀 다른 부류로 매우 친절하고 품위 있는 사람이었을 수 있다. 친절하고 품위 있는 고객마저 거부하면서 장사를 할 사람이 몇이나 되겠는가? 즉, 사람들이 갖고 있는 생각과 태도는 대상의 특정 측면에 근거해서 형성되었을 수 있는데 실제 행동이 일어나는 장면에서 그 대상의 다른 측면이 부각된다면 생각과 행동 사이의 관계는 약하게 나타날 수 있다는 것이다.

　다음으로, 사람들이 갖고 있는 생각은 자신의 경험이 아닌 다른 사람들의 경험에 기반을 두어 생성된 경우도 있다. 예를 들어, 당신은 특정 연예인을 만나 본 적도 없을뿐더러 그 사람에 대해 잘 모르는 경우에도 다른 사람들이 하는 말을 듣고 그 연예인을 좋아하거나 싫어할 수도 있다. 사실 우리가 갖고 있는 생각의 많은 부분이 직접 경험이 아닌 간접 경험을 통해 형성된 것이다. 김 씨가 미세먼지 때문에 중국인에 대한 부정적인 생각을 갖게 된 후 장사를 하는 다른 지인들로부터 중국인 관광객들에 대한 안 좋은 이야기를 여러 차례 듣게 되었고, 이 때문에 중국인에게는 물건을 팔지 않겠다고 다짐했다고 하자. 그런데 막상 중국인 손님을 직접 상대해 보니 이야기로 들었던 것과는 달리 전혀 이상하지 않게 느껴졌다면, 김 씨가 물건을 팔지 않을 이유가 없다. 즉, 우리가 갖고 있는 어떤 생각은 사실은 나의 생각이 아닌 다른 사람의 생각이라고 할 수 있다. 이렇게 보면 우리가 생각하는 대로 행동하기 어려운 이유는 사실, 그 생각 자체가 나의 생각이 아닌 다른 사람의 생각이기 때문일 수도 있다. 그리고 다른 사람의 생각이 내 행동을 예측하지 못했다는 것은 그리 놀라운 일도 아니다.

마지막으로, 생각과 행동의 수준이 다르기 때문에 생각은 행동을 예측하지 못할 수도 있다. 신념, 태도 및 성격 특질과 같은 내재적 속성으로 대표되는 그 사람의 생각은 대부분 일반적이고 추상적이다. 예를 들어, 당신이 사람들이 야구에 대해 가지는 태도에 대해 조사한다고 하자. 아마도 당신은 "야구를 어떻게 생각하십니까?" 혹은 "야구를 좋아하십니까?"와 같은 일반적이고 추상적인 질문을 할 것이다. 만약 당신이 야구에 대한 태도를 조사한다고 하고 "당신은 월요일 밤 경기로 진행되는 NC 다이노스와 두산 베어스의 경기를 얼마나 좋아하십니까?" 혹은 "당신은 비가 오는 주말에 진행되고 팀의 인기 스타가 부상으로 제외된 야구 경기를 얼마나 좋아하십니까?"처럼 구체적이고 세부적인 질문을 한다면 사람들은 당신을 이상하게 생각할 것이다. 이처럼 사람들은 일반적이고 추상적인 수준에서 태도와 생각을 이야기하지만, 이와 달리 실제 행동은 매우 세부적이고 구체적인 수준에서 일어난다. 당신은 월요일 야간 경기로 진행되는 NC 다이노스와 두산 베어스의 경기를 가거나 가지 않을 것이고, 팀의 주축 선수가 빠진 경기를 비까지 맞아 가며 보기 위해 당신의 주말을 허비할 것인지를 결정해야 한다. 제 아무리 야구를 사랑하는 사람이라도 월요일 야간 경기를 본 후 한 주를 피곤하게 보내고 싶지는 않을 수 있으며, 비를 맞으며 재미없는 경기를 보며 주말을 보내고 싶지는 않을 수 있다. 김 씨의 경우도 마찬가지이다. 김 씨가 중국인에 대해 가지는 생각은 중국인이라는 매우 일반적이고 추상적인 대상에 관한 것이지, 오늘 가게를 방문한 바로 그 중국인에 대한 것은 아니다. 따라서 김 씨가 갖고 있는 추상적이고 일반적인 범주인 중국인에 대한 태도가 특정 중국인을 향한 구체적이고 세부적인 행동을 예측하지 못할 수 있다.

일반적으로 생각하는 대로 행동하는 것은 너무나 자연스러운 일인 것처럼 보인다. 그렇지만 앞서 정리한 것처럼 다양한 이유 때문에 생각은 행동으로 이어지지 않을 수 있다. 그렇다고 어떤 사람의 생각이 그 사람의 행동을 전혀 예측하지 못한다는 이야기는 아니다. 사이다를 콜라보다 좋아하는 사람은 분명 콜라보다는 사이다를 많이 사먹을 것이다. 마찬가지로 김 씨가 중국인에게는 물건을 팔지 않겠다고 정말로 다짐했다면 그가 중국인에게 물건을 팔지 않는 경우가 분명 있을 것이다. 다만, 사이다를 좋아하는 사람이라고 늘 콜라보다 사이다를 고르지는 않을 것이며, 김 씨가 가게에 오는 모든 중국인을 거부하지는 않을 것이라는 이야기이다. 그리고 콜라를 고르는 횟수와 김 씨의 가게에서 물건을 사서 나오는 중국인 고객은 당신이 생각하는 것보다 많을 것이다. 다시 말해서, 생각하는 대로 행동할 것이라는 사람들의 믿음은 다소 과장되어 있다.

생각하는 대로 행동할 것이라는 사람들의 믿음이 다소 과장되어 있다면, 다음 절부터 다루게 될 행동하는 대로 생각하게 될 수 있다는 믿음은 상당히 과소평가되고 있다.

행동하는 대로 생각하기

사람들은 자신의 행동에 맞추어 생각하는가? 이 질문에 답하기 위하여 심리학자들은 사람들이 자신의 행동을 합리화하고 정당화하기 위하여 자신의 신념, 태도 및 생각을 수정하는지에 대해 연구해 왔다. 이 문제에 관련하여 심리학에서 가장 영향력 있는 이론이 바로 그 유명한 레온 페스팅거(Leon Festinger, 1957)의 인지부조화 이론(Cogntive Dissonance Theory)이다. 인지부조화 이론에 따르면 사람들에게는 일관성을 추구하고자 하는 동기가 있다. 그러니까 한 입으로 두말하고 싶은 사람이나 말과 행동이 다른 위선자가 되려는 사람은 드물다는 이야기이다. 여기까지는 특별한 것이 없다. 문제는 위에서 살펴보았듯이 사람들이 종종 생각과는 다른 행동을 하게 된다는 것에 있다.

생각과 다른 행동을 하게 되면 생각과 행동 사이의 일관성이 깨지게 되는데 이런 상태를 페스팅거의 이론에서는 인지부조화라고 한다. 또한 인지부조화를 경험하게 되면 사람들은 심리적으로 불편한 상태에 이르게 된다. 이런 상황에서 사람들은 당연히 불편한 상태에서 벗어나고 싶어지게 되고, 그러기 위해서는 이러한 인지부조화를 해결해야만 한다. 즉, 깨어진 일관성을 복원해야 한다는 것이다. 그런데 생각과 행동 사이의 일관성을 어떻게 다시 회복할 수 있을까? 우선, 행동은 이미 엎질러진 물이다. 이미 저질러 버린 행동을 없는 것으로 할 수는 없다. 다시 말해서, 과거의 행동은 바꿀 수가 없다. 행동에 관해서는 아무것도 할 수 없다면 일관성을 회복할 수 있는 유일한 방법은 생각을 바꾸는 것뿐이다. 따라서 인지부조화 이론에서는 생각과 다른 행동을 하게 되면 사람들은 자신의 행동을 정당화하고 합리화하는 방향으로 생각을 바꾸게 된다고 주장한다. 생각과 다른 행동을 하게 되면 인지부조화 이론이 예측하는 것처럼 사람들의 생각은 바뀔까? 즉, 사람들은 행동하는 대로 생각하게 될까? 사회심리학의 많은 연구에 따르면 그렇다.

　　인지부조화 이론의 타당성을 보여 주는 가장 대표적인 연구가 페스팅거와 칼스미스(Carlsmith)가 1959년에 수행한 실험이다. 이 실험의 참여자들은 먼저 나무판에 꽂혀 있는 나사를 한 방향으로 돌렸다가 반대 방향으로 돌리는 등의 매우 지루한 과제를 한 시간 동안 수행하였다. 참여자 중의 일부는 지루하다고밖에 할 수 없는 이런 과제를 수행한 직후, 실험에서 수행한 과제가 얼마나 재미있었는지를 보고했다. 하지만 같은 실험에 참여한 다른 사람들은 연구자들로부터 뜻밖의 이야기를 듣게 된다. 연구자들은 이 사람들에게 사실 연구의 본래 목적은 기대가 수행에 미치는 영향을 알아보는 것이라고 하며, 당신들은 기대가 없는 조건에 할당되었기 때문에 아무런 말을 듣지 못하고 바로 과제를 수행하게 되었다고 했다. 그런데 다음 순서로 실험에 참여하기 위해 기다리고 있는 사람들은 재미있다는 기대를 갖고 과제를 수행하는 조건에 할당되어, 실험 과제가 매우 재미있다는 말을 듣고 연구에 참여해야 한다고 덧붙였다. 그러고는 실험을 위해서 밖에서 기다리고 있는 사람들에게 과제가 정말 재미있었다고 말해 주기를 부탁하며, 그 사례로 1달러를 주겠다고 했다. 즉, 연구자들은 엄청나게 지루한 과제를 수행한 참여자들 중 일부에게 1달러를 줄 테니 과제가 재미있었다고 거짓말을 해 달라고 한 것이다. 이런 요구를 받은 사람들은 대부분(아마도 연구자를 도와주려는 선의로) 그렇게 하겠다고 했다. 그렇게 거짓말을 한 후, 이들도 과제가 얼마나 재미있었는지를 보고했다.

　　정리하면, 어떤 참여자들은 지루한 과제를 수행한 후 곧바로 과제가 얼마나 재미있는지를 평정했고, 다른 참여자들은 다른 사람에게 과제가 재미있었다는 거짓말을 하고 과제가 얼마나 재미있는지를 평정했다. 먼저, 곧바로 과제를 평정한 사람들은 과제가 지루했다고 보고했다. 마찬가지로 과제가 재미있었다고 말했던 사람들도 처음에는 과제가 지루했다고 생각했을 것이다. 그런데 이들은 그런 생각과는 달리 다음 참여자들에게 과제가 재미있다고 말해야 했다. 즉, 생각과는 다른 행동을 한 것이다. 인지부조화 이론에 따르면 이런 경우 행동을 합리화하기 위해 태도를 수정해야 한다. 실제로도 그랬을까? 연구 결과에 따르면 그렇다. 거짓말을 한 참여자들은 그렇지 않은 참여자들에 비해 과제를 실제로 훨씬 더 긍정적으로 평가했다.

이상에서 언급한 실험에서 나타났듯이 사람들은 생각과 다른 행동을 하게 되면 그 행동을 합리화하기 위해서 생각을 바꾸게 된다. 그런데 언제나 그럴까? 만약 당신이 누군가의 강압으로 하기 싫은 행동을 억지로 했다고 가정해보자. 이런 경우에도 행동을 합리화하고 싶은 사람은 많지 않을 것이다. 페스팅거와 칼스미스의 연구에서 거짓말을 한 참여자들은 연구자들의 부탁이 있었지만 결국에는 자신들이 '선택'해서 거짓말을 한 것이었다. 이처럼 사람들은 자신이 스스로 선택했다고 믿어야 그 행동을 합리화하고 정당화하려고 한다. 또한 인지부조화에서 기인한 불편감을 해소할 다른 방법이 존재할 경우에도 행동의 합리화는 잘 일어나지 않는다. 즉, 불편한 상태에서 벗어날 다른 수단이 있다면 굳이 행동을 합리화하기 위해서 생각을 바꾸지는 않는다는 뜻이다. 실제로 페스팅거와 칼스미스의 연구에는 또 다른 조건의 참여자들이 있었다. 이들도 역시 과제가 재미있었다고 거짓말을 했다. 하지만 이들은 1달러가 아닌 10달러를 대가로 받았다. 물론 이들도 생각과는 달리 거짓말을 했으니 인지부조화를 경험하며 불편감을 느꼈을 것이다. 그럼에도 불구하고 이들은 1달러를 받은 사람들과는 달리 과제에 대한 자신들의 생각을 바꾸지 않았다. 사실, 과제에 대한 이들의 평가는 거짓말을 하지 않은 참여자들과 크게 다르지 않았다. 왜 그랬을까? 이들은 자신들의 불편감을 다른 방식으로 정당화하고 합리화할 수 있었기 때문이다. 1959년에 진행된 연구라는 점을 감안하면 10달러는 상당히 큰 액수이다. 이들은 아마도 다른 사람들도 이렇게 큰 액수의 돈을 받으면 그 정도 거짓말은 할 것이라고 스스로를 합리화할 수 있었을 것이다. 정리하면 사람들은 자신이 선택해서 한 일은 다른 합리화 수단이 없다면 설사 그것이 자신의 원래 생각과는 다른 행동이라도 그 행동을 합리화하고 정당화하기 위해 자신의 신념, 태도 및 생각을 수정하게 된다.

인지부조화의 핵심은 어떤 행동을 하고 난 뒤에 따라오는 불편감이다. '나는 위선자인가?' 혹은 '내가 바보 같은 행동을 한 것은 아닐까?'와 같은 불안감을 느끼게 되면 그런 불편한 상황에서 벗어나기 위해 자신의 생각 및 태도를 바꾼다는 것이 바로 인지부조화 이론이다. 그런데 이런 불안감/불편감은 꼭 생각과는 다른 행동을 했을 때에만 나타날까? 반드시 그렇지만은 않다. 사실 당신은 선택을 할 때마다 비슷한 느낌을 받을 것이다. '어떤 휴대전화를 살까?' '어떤 옷을 살까?' '어떤 대학 어느 학과를 갈까?' 등 그것이 무슨 선택이든 선택을 내린 후 당신은 다른 것을 샀어야 하는 것은 아닌지, 다른 전공을 선택했어야 하는 것은 아닌지 하는 고민을 하게 될 것이다. 즉, 모든 선택에는 '그 선택이 바보 같은 것은 아닐까?' 하는 불안감이 뒤따른다. 물론 이런 불안감은 쉽지 않은 결정을 했을 때 더욱 클 것이다.

그리고 선택에 따르는 불편감도 인지부조화에서 기인한 것이다. 선택하지 않은 옵션이 더 좋은 선택일 수 있었다는 당신의 '생각'은 당신의 '행동', 즉 당신의 선택과 일치하지 않는다. 이처럼 선택, 특히 쉽지 않은 선택이 생각과 행동 사이의 갈등을 일으킨다면 인지부조화 이론에 따라 사람들은 자신의 선택을 합리화하고 정당화하는 경향을 보일 것이다. 실제로 심리학의 많은 연구가 그런 경향을 확인하여 주었다. 가장 대표적인 연구는 사회심리학자인 제이크 브렘(Jake Brehm)이 1956년 미네소타 대학교에서 진행한 실험이다. 브렘은 미네소타 대학교 여대생들로 하여금 토스터, 라디오, 헤어드라이어와 같은 8개의 물품에 대한 선호도를 평정하게 하였다. 그런 후에 선호도가 비슷한 물품 두 개를 제시하고 두 개 중에서 하나를 선택하도록 하였다. 선택을 하고 시간이 좀 흐른 후, 선택한 물품과 선택하지 않은 물품을 포함한 8개의 물품에 대한 선호도를 다시 평정하게 했다. 이때 참여자들이 선택한 물품의 선호도는 증가한 반면, 선택받지 못한 물품의 선호도는 감소하였다. 이와 같은 결과가 나온 이유는 선호도가 비슷했던 두 물품 사이에서 하나를 선택하게 되면 선택하지 않은 물품이 좋아 보이는 '생각'과 다른 물품을 선택한

'행동' 사이에서 인지부조화가 나타나고 그 결과 '멍청한 선택을 한 것은 아닐까?' 하는 걱정이 생기며, 이를 해결하기 위해 자신이 선택한 물품은 진짜 좋은 것이었다고 자신의 행동을 합리화하기 때문이다.

지금까지 사람들이 어떻게 행동하는 대로 생각하게 되는지를 인지부조화 이론에 근거한 심리학의 연구들을 통해 살펴보았다. 하지만 조금만 관심을 가지고 주위를 관찰하면 굳이 심리학의 연구들을 참고하지 않더라도 일상생활에서 이와 같은 일들이 비일비재하다는 것을 알게 될 것이다. 예를 들어, 선후배 사이가 끈끈하고 응집력이 좋은 집단일수록 신입들은 보통 혹독한 신고식을 거쳐야 한다. 신입들이 혹독한 신고식을 치르고 나면 '내가 이 고생을 하고 합류한 이곳이 형편없는 집단일 리 없다.'고 신고식을 합리화하게 되고, 그 합리화의 결과로 집단의 응집력과 충성도가 높아질 것이다. 이제 당신은 응집력과 집단에 대한 충성심이 필수적인 군대에서 왜 신병들을 혹독하게 훈련시키는지 짐작할 수 있을 것이며, 군대 같은 분위기의 회사와 학과에서 왜 살벌한 신입사원 교육이나 소위 사발식을 고집하는지 알 수 있을 것이다. 또한 당신은 이 물건을 안 샀으면 혹은 여기 안 왔으면 어쩔 뻔했냐고 감탄하는 사람들을 주변에서 흔히 볼 수 있을 것이다. 이들 모두는 어쩌면 위에서 살펴본 것처럼 선택으로 인한 인지부조화를 해결하기 위해 자신의 선택을 합리화한 것인지도 모른다. 이처럼 사람들은, 아니 우리는 스스로의 행동을 늘 합리화하고 정당화하며 살아간다. 그러니까 행동하는 대로 생각하며 살아간다.

●

행동하는 대로 생각하는 것의 위험성

이 장에서 살펴본 내용은 요약하면 생각하는 대로 행동하기는 쉽지 않지만 행동하는 대로 생각하기는 의외로 쉽다는 것이다. 그런데 행동하는 대로 생각하면 어떤가? 아니, 오히려 정신 건강에 좋은 것이 아닌가? 어쩌다 생각과는 다른 행동을 한 후 계속 죄책감에 시달린다거나 쉽지 않은 선택의 연속인 인생을 살면서 매번 후회로 잠을 못 이룬다면 어떻게 행복한 삶을 살 수 있겠는가? 아마도 이런 이유로 사람들은 스스로의 행동을 합리화하고 정당화하는 경향을 갖게 되었는지 모른다. 행동하는 대로 생각하는 것은 사람들을 더 행복하게 살 수 있게 해 준다는 장점이 있음에도 불구하고 간과할 수 없는 위험성이 있다. 그 위험성이 무엇인지 이해하기 위해서 사회심리학의 대표적인 고전 연구 중에 하나인 스탠퍼드 감옥 실험을 살펴보자(Haney, Banks, & Zimbardo, 1973). 이 연구에서 짐바르도(Zimbardo)와 동료들은 성격이 좋고 정신 건강에 문제가 없는 24명의 스탠퍼드 대학교 남학생을 선발하였다. 이들은 동전을 던져 결과에 따라 교도관 혹은 죄수의 역할을 부여받았다. 그런 후에 이들은 심리학과 건물 지하에 마련된 가상 감옥에서 실제로 2주 동안 교도관으로, 또 죄수로 지낼 계획이었다. 그런데 실험이 시작되자 놀라운 일들이 일어나기 시작했다. 교도관 역할을 부여받은 학생들은 실험 시작 직후부터 죄수들을 혹독하게 다루며 괴롭혔고 죄수 역할을 부여받은 학생들은 대부분 소극적이고 수동적으로 행동했다. 결국 사태가 더욱 심각해지자 12일로 예정되어 있던 연구는 6일 만에 끝나게 되었다. 연구에 참여했던 24명의 남학생들은 동전 던지기의 결과로 우연히 교도관 혹은 죄수의 역할을 부여받았다. 따라서 교도관 역할의 학생들이 특별히 공격적이라고 믿을 이유도 없고 죄수 역할의 학생들 또한 특별히 소극적이고 수동적이라고 할 수도 없다. 그럼에도 불구하고 교도관의 역할이 부여되자 학생들은 자신들의 원래 신념, 태도 및 생각과는 관계없이 죄수들을 괴롭히게 되었다. 어떻게 이렇게 되었을까? 혹시 교도관으로 행동하면서 그 행동이 인지부조화를 통해 죄수들에 대한 그들의 생각을 차츰 바꾸고 결국은 실험을 예정보다 일찍 끝내야 할 정도로 상황을 악화시킨 것은 아닐까? 이와 같은 질문에 대한 답은 사회심리학의 또 다른 고전 연구에서 찾을 수 있다.

　1960년대에 예일 대학교의 사회심리학자 스탠리 밀그램(Stanley Milgram,

1963, 1965)은 심리학에서 가장 유명한 실험 중의 하나인 복종 실험을 발표하였다. 밀그램은 지역 신문에 학습과 기억에 관한 연구를 진행한다며 20대에서 50대까지의 다양한 남성 참여자를 모집하였다. 이들은 연구실에 도착해서 이 연구가 처벌이 학습에 미치는 영향에 관한 것이라고 안내를 받았다. 또한 실험에는 학생의 역할을 하는 참여자와 선생의 역할을 하는 참여자가 필요하다고 들었다. 학생은 단어쌍을 기억해야 하는 과제를 수행하고 선생은 학습이 끝난 후 문제를 내고 오답에 대해서는 처벌을 해야 했다. 참여자들은 제비뽑기를 통해 학생 혹은 선생의 역할이 정해지는 것으로 믿고 있었지만 참여자들은 제비뽑기 결과 언제나 선생의 역할을 부여받았다. 학생의 역할을 하는 또 다른 참여자는 사실 실험 동조자인 40대 후반의 남성이었다. 실험에 대한 안내를 듣고 학생 역할의 실험 동조자와 선생 역할의 참여자는 서로 다른 방에서 연구를 진행하였다. 서로 마이크로폰을 이용해 의사소통하였는데 선생이 문제를 말하면 학생이 답을 말하는 식이었다. 학생이 오답을 말하는 경우 참여자들은 처벌로 전기 충격을 보내야 했다. 이를 위해 학생 역할의 실험 동조자는 몸에 전극을 부착하였으며 참여자들의 방에는 전기 충격을 보내는 장치가 놓여 있었다. 전기 충격은 15볼트에서 시작해서 오답 시마다 15볼트씩 증가하여 450볼트에 이르도록 되어 있었다. 전기 충격을 보내는 장치에는 각 볼트에 해당하는 스위치가 있었는데 각 스위치마다 '약한 전기 충격' '위험' '매우 위험' 'XXX' 등의 안내문이 부착되어 있었다. 실험이 시작되면 실험 동조자는 정해진 각본에 따라 오답을 말했으며(학생 역할을 수행한 실험 동조자의 대답과 반응은 미리 녹음하여 테이프 레코더를 통해 재생되었다), 그때마다 참여자들은 전기 충격으로 처벌해야 했다. 오답이 계속될수록 전기 충격 정도는 증가했고 그럴수록 학생 역할의 실험 동조자는 고통을 호소했다. 소리를 지르기도 했고 어떤 때는 벽을 두드리며 실험을 그만하고 싶다고 외치기도 했다. 그러다가 어느 순간부터는 마치 기절했다는 것을 암시하듯 아무 소리도 들리지 않게 되었다. 연구자들은 아무 대답도 하지 않

는 것은 오답과 같다며 계속 전기 충격을 가하도록 하였다. 과연 이런 상황에서 몇 퍼센트의 사람들이 XXX 등급인 450볼트의 전기 충격을 가했을까? 무려 60%의 이상의 참여자가 오답을 말했다는 이유로 기절한 것처럼 보이는 다른 참여자에게 매우 위험한 수준의 전기 충격을 가했다. 물론 실험 참여자들이 즐거운 마음으로 기꺼이 계속 전기 충격을 가한 것은 아니다. 참여자들은 망설였고 연구자들에게 괜찮은 것인지를 초조하게 확인하곤 했다. 그럴 때마다 연구자들은 "계속하십시오." "실험 절차상 당신은 계속해야 합니다." 혹은 "계속하는 것 이외에 다른 방법은 없습니다." 등의 말로 참여자들을 독려하였다. 이 정도의 독려가 신문에 난 광고를 보고 연구에 참여한 보통 사람들로 하여금 매우 위험한 수준의 전기 충격을 다른 사람에게 가하게 할 수 있었던 이유는 무엇일까? 물론 다양한 이유가 있을 것이다. 예일 대학교와 같은 명문대학교에서 실험이 이뤄졌다는 점, 권위 있는 실험자의 명령이 있다는 점 등이 모두 영향을 미쳤을 것이다. 그러나 여기에서는 사람들이 자신의 행동을 합리화하고 정당화하려는 경향에 집중해 보려고 한다.

이 장에서 사람들은 행동하는 대로 생각하는 것, 즉 스스로의 행동을 정당화하고 합리화한다는 것을 확인하였다. 이와 같은 경향은 밀그램 실험에 참여한 사람들에게도 관찰되었다. 실험의 참여자들은 자신과 비슷한 처지의 다른 참여자를 전기 충격으로 괴롭히고 싶지는 않았을 것이다. 그럼에도 불구하고 그들은 오답에 대한 처벌로 전기 충격을 가하도록 요구받았고 또 그렇게 했다. 그리고 그런 행동을 합리화하려고 학생 역할의 참여자를 비난하거나("주어진 시간에 공부를 열심히 했어야지.") 행동의 책임을 실험자에게 돌렸다("난 그냥 시키는 대로 했을 뿐이다."). 더욱이 밀그램의 실험은 참여자들이 스스로의 행동을 정당화하고 합리화하기 쉬운 구조로 되어 있었다. 구체적으로 참여자들이 처벌로 전달해야 하는 최초의 전기 충격은 단지 15볼트였다. 만약 처음부터 XXX 등급의 450볼트로 처벌하라고 했으면 참여자들은 많이 망설였을 것이다. 그런데 그저 따끔한 정도인 15볼트라면 이야기는 달라진다. 누구나 그 정도는 할 수 있을 것이다. 하지만 일단 그렇게 행동하고 나면, 그렇게 행동했기 때문에 그 행동은 합리화되고 그 과정에서 참여자들의 생각은 조금씩 변하기 시작할 것이다. 그다음 단계에서는 처벌로 30볼트의 전기 충격을 전달하는데 이것은 이전 단계에서 자신이 전달했던 15볼트에 비해 단지 15볼트만이 증가했을 뿐이다. 따라서 큰 심리적 저항 없이 30볼트의 전기 충격으로 처벌할 수 있을 것이다. 다시 합리화 과정을 거쳐 생각은 또 변했을 것이다. 결국, 참여자들이 매우 위험한 수준인 XXX 등급의 450볼트의 전기 충격을 또 다른 참여자에게 가할 수 있었던 것은 그 이전에 이미 435볼트의 전기 충격을 가했기 때문이며, 435볼트의 전기 충격을 가할 수 있었던 것은 이미 420볼트의 전기 충격을 가했기 때문이다. 매 단계의 행동이 합리화되고 정당화되었다면 고작 15볼트 증가한 다음 단계의 처벌은 아마 크게 보이지 않았을 것이다. 이처럼 단계적으로 행동이 조성되고 그에 따라 생각이 차츰 변하게 되면 사람들은 XXX 등급인 450볼트의 전기 충격으로 다른 사람을 처벌하게 될 수도 있다. 앞서 언급한 짐바르도의 감옥 실험도 같은 맥락으로 이해할 수 있다. 당신은 실험을 읽으며 어떻게 교도관의 역할을 부여받았다고 해서 죄수 역할의 학생들을 그토록 잔인하게 통제했는지 의아했을 수도 있다. 아마도 교도관 역할의 학생들도 최초에는 가벼운 장난과 처벌로 시작했을 것이다. 일단 그런 행동이 정당화되고 나면 다음 단계로 넘어가게 되고, 이런 과정이 반복되면서 2주 예정의 실험을 6일 만에 중지해야 될 지경이 되었을 것이다. 그리고 여기에 바로 '행동하는 대로 생각하는 것'의 무서움이 있다.

사람들은 누구나 자신만의 도덕적 기준을 가지고 살아간다. 즉, 스스로 생각하는 '해서는 안 될 일'과 '해도 되는 일'의 기준이 있을 것이다. 누구는 무단횡단은 해서는 안 되는 위험한 일이라고 생각할 수 있고, 또 다른 누구는 시험에서 커닝은 용납할 수 없는 부정행위라고 생각할 수 있다. 그런데 그런 사람들도 차가 많지 않은 시간에 혹은 친구와 이야기를 하다가 무심결에 무단

횡단을 할 수 있으며, 중요하지 않은 시험에서 친구들과 장난으로 또는 사정이 딱한 친구를 돕기 위해 커닝을 하는 경우가 생길 수 있다. 다시 말해, 누구나 살아가면서 자신만의 도덕적 기준에 어긋나는 행동을 하게 되는 상황을 맞닥뜨리게 된다. 만약 그것이 자신만의 기준에서 단지 반발치 정도 벗어난 것이라면 '에이, 뭐 이 정도는' 하며 대수롭지 않게 여길 수 있을 것이다. 그런데 사람들은 행동하는 대로 생각하게 되기 때문에 그런 행동이 한 번, 두 번 쌓이게 되면 스스로의 기준선이 변하게 될 것이다. 그렇게 된 후, 사람들은 또 거기서 반발치 벗어나는 일을 대수롭지 않게 하게 되고, 기준선은 변하고, 그런 과정을 거쳐 사람들은 최초의 기준에서는 상상할 수 없었던 일을 하게 될 수도 있다. 마치 15볼트씩 처벌이 증가하였기 때문에 60%가 넘는 밀그램 실험의 참여자가 XXX 등급의 450볼트로 처벌할 수 있었던 것처럼 말이다.

 이 장에서는 생각하는 대로 행동하는 것은 쉽지 않으며, 오히려 행동하는 대로 생각하게 될 수도 있다는 것을 심리학의 연구 결과들을 토대로 살펴보았다. 이와 같은 심리학적 사실은 우리가 세상을 이해하는 데 큰 도움을 줄 수 있다. 우리 사회에는 가끔 우리가 이해할 수 없는 일들이 일어난다. 사람의 탈을 쓰고 어떻게 그럴 수가 있을까? 괜찮은 사람인 줄 알았는데 왜 그런 일을 저질렀을까? 물론 그런 일의 배후에는 정말 나쁜 사람들이 있을 수 있다. 하지만 또 다른 한편으로는 이해할 수 없는 그 일이 벌어지기까지 이해할 수 있는 정도의 중간 단계가 있었으며, 그저 행동하는 대로 생각한 보통 사람이 있었을 가능성도 배제할 수는 없다. 그렇다고 흉악 범죄를 저지르거나 다른 사람들에게 정신적 고통을 준 사람들의 행동을 이해하고 면죄부를 주자는 이야기는 아니다. 단지 보통의 사람들도 그런 일을 저지를 수 있는 위험성을 갖고 있다는 점을 말하고자 하는 것이다. 또한 이는 우리 스스로도 그렇게 될 수 있다는 것을 경고하기 위함이기도 하다.
 그렇다면 우리는 어떻게 그런 일을 피할 수 있을까? 우리가 행동하는 대로 생각하게 되는 이유는 생각과 일치하지 않는 행동을 한 후 느끼는 불편감 때문이다. 불편한 상태에서 벗어나기 위하여 스스로의 행동을 정당화하고 합리화하고자 생각을 바꾼다는 것이 이 장에서 살펴본 인지부조화 이론의 핵심이다. 만약 우리가 불편한 상태를 그대로 받아들인다면 어떨까? 자신의 과거 행동을 합리화하는 대신 후회를 한다면 어떨까? 사람들은 누구나 후회할 만한 행동을 하며 산다. 지난밤에 마신 술 때문에 혹은 감정이 격해져서 심한 말을 하거나 논란이 될 수 있는 트윗을 보내기도 한다. 아침에 일어나서 지난밤에 한 바보 같은 행동을 후회하고 반성한다면 마음은 불편할 것이다. 그러나 편하게 살자고 바보 같은 행동을 합리화하고 정당화한다면 마음은 편하지만 바보 같은 생각으로 평생을 살아가게 될지도 모를 일이다.

참고문헌

Brehm, J. W. (1956). Postdecision changes in the desirability of alternatives. *The Journal of Abnormal and Social Psychology, 52*(3), 384-389.

Festinger, L. (1957). *A theory of cognitive dissonance*. Stanford: Stanford University Press.

Festinger, L., & Carlsmith, J. M. (1959). Cognitive consequences of forced compliance. *Journal of Abnormal and Social Psychology, 47*, 382-389.

Haney, C., Banks, C., & Zimbardo, P. G. (1973). Interpersonal dynamics in a simulated prison. *International Journal of Criminology and Penology, 1*, 69-97.

LaPiere, R. T. (1934). Attitudes versus actions. *Social Forces, 13*, 230-237.

Milgram, S. (1963). Behavioral study of obedience. *Journal of Abnormal and Social Psychology, 67*, 371-378.

Milgram, S. (1965). Some conditions of obedience and disobedience to authority. *Human Relations, 18*, 57-75.

8장

인간에게 자유의지는 있는가

⋮

김영훈 (연세대학교 심리학과 교수)

'책임 있는 행동을 하라.' '너는 너의 행동과 인생에 대해서 책임을 져야 한다.' '책임 있는 행동은 문명화된 시민이 가져야 할 가장 기본적인 자세이며 더 좋은 사회와 공동체 생활을 위한 초석이다.' 우리는 어렸을 때부터 이런 멋진 말들을 많이 들어 왔고 그것을 바람직한 가치로 여겨 왔다. 동서양을 막론하고 많은 사회의 제도와 운영은 책임을 강조하는 철학에 기초를 둔다. 성공과 실패에 따르는 보상과 처벌도 책임을 강조하는 사회 운영 체계의 한 종류이다. 한 예로, 열심히 공부하면 좋은 직장을 얻어 경제적으로 윤택한 생활을 할 확률이 높아질 수 있고, 열심히 공부를 하지 않으면 좋은 직장을 얻지 못하여 경제적으로도 윤택하지 못한 생활을 할 확률이 높아질 수 있다. 뿐만 아니라 사법 체계 역시 이러한 책임 윤리의식에 근거하여 운영된다. 범죄를 저지르면 그에 합당한 처벌을 받아 감옥에 가기도 하고 벌금을 내기도 한다. 반대로, 특출한 공을 세우거나 모범이 되는 행동을 하게 되면 표창이나 보상을 받기도 한다.

　대부분의 문화와 사회에 만연해 있는 운영 체계로서의 이 책임윤리는 한 가지 중요한 가정을 기초로 한다. 그것은 인간에게는 자유의지가 있다는 것이다. 만약 이 가정이 무너지면 이 장을 처음 시작하면서 예로 들었던 멋진 말들은 정당성을 잃게 되고 쓸데없는 말들로 전락해 버릴지 모른다. 자유의지(free will)라는 것은 무엇인가? 미국 문화권에서(물론 대부분의 다른 문화권에서도 마찬가지이겠지만) 가장 중요하게 생각하는 가치 중 하나는 개인 자율성(personal autonomy) 혹은 소극적 자유(negative liberty)이다. 스티븐 핑커(Steven Pinker, 2008)는 개인 자율성에 관한 루스 맥클린(Ruth Macklin, 2003)의 주장을 인용하며 개인의 자율성을 "모든 인간은 고통받고, 성장하며, 선택할 수 있는 최소한의 능력을 똑같이 소유하고 있기 때문에 어떤 인간도 다른 사람의 인생, 몸 그리고 자유를 침해할 수 있는 자유가 없다는 것"으로 정의했다. 즉, 인간에게 있어서 가장 중요한 자산이며 중요한 가치 중에 하나는 다른 사람 혹은 다른 어떤 것에 의해서 침해받거나 영향받지 않고 자신이 느끼고 싶은 대로 느끼고(정서), 생각하고 싶은 대로 생각하고(인지), 행동하고 싶은 대로 행동할 수 있는 자유의지를 가지고 있는 것과 이 자유의지를 충분히 실행하는 데 있는 것이다.

　이 맥락과 일치하는 것 중에 '사람들은 남의 말을 잘 안 듣는다.'는 말이 있다. 이는 사람의 특성을 가장 잘 나타내는 말 중 하나이다. 비슷한 맥락에서 사람들은 자기가 하고 싶은 일이라 할지라도 누군가가 꼭 해야 한다고 하면 갑자기 하고 싶지 않게 되고, 평상시에 하고 싶지 않았던 일이라 할지라도 누군가에게 그 일을 하면 안 된다는 지시를 받으면 그 일이 갑자기 하고 싶어지는 특성을 가지고 있다(Brehm, 1966). 왜냐하면 이는 인간에게 가장 중요한 가치로 받아들여지는 자유의지를 침해받은 것이며, 침해받은 자유의지를 되찾고 싶어 하는 동기로 인해 그러한 반발적인 행동을 보이기 때문이다. 한 학생이 공부를 하려고 마음을 먹고 공부를 하려는 순간에, 부모님이 공부를 하라고 하면 공부가 하기 싫어지는 이치와 같다. 부모님의 지시를 따라 공부를 하게 되면 그 학생은 스스로 공부한 것이 아닌 것처럼 느껴지게 되고 부모님이 시켜서 하게 된 꼴이 되기 때문이다.

그런데 신기하게도 심리학자들은 아주 오랫동안 인간에게 자유의지가 있는지 없는지에 대해서 연구해 왔고, 이 연구 과제는 심리학 역사에서 가장 뜨거운 논쟁거리 중의 하나로 아직도 진행 중이다. 이 글을 읽기 전에 대부분의 독자는 (특별한 상황을 제외하고는) 자신이 하고 싶은 대로 생각하고, 느끼고, 행동하고 있다고 믿을 것이다. 한 예로, 오늘 당신이 점심으로 중식당에서 짜장면을 먹었다면 당신은 당신의 의지로 짜장면을 점심 메뉴로 선택했고, 더욱더 구체적으로는 특정한 중식당을 선택했으며 그 결정을 행동에 옮겼다고 생각할 것이다. 하지만 많은 연구자와 연구 결과는 당신의 그 자유의지에 대한 믿음이 환상에 지나지 않을 수 있으며 착각일 수 있다고 말한다. 믿기 어렵겠지만 인간에게 자유의지라는 것은 아예 처음부터 존재하지 않았다고 말하는 연구자도 많이 있다. 그들은 당신이 아마도 점심 메뉴에 대한 어떠한 선택적 결정도 의지적으로 하지 않았고(사실 할 수도 없었다는 표현이 더 정확할지도 모른다), 당신도 모르는 무엇인가에 의해서 그 선택을 할 수밖에 없었으며, 당신이 자유의지를 가지고 선택했다고 믿는 이유는 이미 일어난 당신의 선택적 행동을 관찰한 후에 당신이 가지게 되는 인지적 착각이라고 이야기할 것이다. 이 장에서는 인간에게 자유의지가 있다는 믿음에 대해 심각한 도전을 던지는 몇 가지 심리학적 실험 결과를 소개하며, ① 인간의 인지, 정서, 행동은 어떻게 결정되며, ② 자유의지의 유무에 대한 믿음이 인간의 생활에 어떠한 영향을 미치게 되는지 그리고 ③ 자유의지의 유무에 대한 사회적 및 개인적 책임은 무엇인지에 대해서 논의해 보고자 한다.

이혼은 내가 스스로 결정한 것인가

　　우리나라의 이혼율이 높은 것은 어제오늘의 일이 아니다. 아시아 국가 중에서는 1위라는 통계치도 있으며, 경제협력개발기구(OCED) 34개국 중에서도 항상 상위권에 속해 왔다. 2002년에는 30만 6,600쌍이 결혼했고, 14만 5,300쌍이 이혼하여, 결혼한 쌍 대비 이혼한 쌍이 50%에 다다르기도 해 사회적 이슈가 되기도 했었다. 이혼율을 계산하는 방식이 다양해서 오해를 일으키는 경우도 있지만, 우리나라뿐만 아니라 전 세계적으로 이혼율은 가파르게 증가하고 있으며, 이혼에 대한 생각과 태도도 과거에 비해 사회적으로 좀 더 용인되고 있는 상황이다. 그럼에도 불구하고 여전히 많은 사람이 이혼한 사람들에 대해서 좋지 않은 시선을 가지고 있으며 이혼한 당사자들조차도 이혼한 것을 인생의 치명적인 오점으로 생각하기도 한다. 또 어떤 사람들은 따가운 사회적 시선과 잃어버릴지 모르는 사회적 평판에 대한 두려움으로 불행한 결혼 생활을 유지하기도 한다. 이혼에 대한 부정적인 사회적 시선은 결혼 파탄의 책임이 전적으로 개인에게 있음을 전제로 한다. 그리하여 우리는 암묵적으로 이혼한 사람들에 대해서 좋지 않은 평가를 하기도 한다. 개인의 잘못이기 때문에 그러한 평가가 개인이 감당해야 할 그리고 이겨 내야 할 사회적 압박이며 당연한 것이라고 여길 수도 있을 것이다.

　　그런데 이혼율과 관련하여 18개국에서 4만 3,071명의 결혼한 여성을 대상으로 진행한 한 흥미로운 연구 결과에 따르면, 이혼한 가정에서 자란 아이들은 그렇지 않은 가정에서 자란 아이들과 비교해서 이혼할 확률이 (나라마다 약간 차이가 있기는 하지만) 3.62배까지 높다고 한다(Dronkers & Harkonen, 2008). 18개국 중 폴란드를 제외한 모든 17개 국가에서는 이혼한 가정에서 자란 여성들은 그렇지 않은 가정의 여성들과 비교해서 이혼율이 높았다. 기존의 많은 연구자는 이혼한 가정에서 자란 아이들이 이혼할 확률이 높은 이유는 아이들이 부모의 갈등과 이혼 속에서 경험하고 학습한 부부 관계적 행동과 태도 그리고 그로 인해 자신이 결혼했을 때 결혼에 헌신하지 못하게 되는 태도 때문이라고 주장했다(Amato, 1993; Amato & DeBoer, 2001; Dronkers & Harkonen, 2008). 즉, 가정적 환경을 원인으로 설명한 것이다. 하지만 2018년에 살바토르(Salvatore)와 동료들은 그들의 연구 결과를 통해 이혼의 책임이 이혼한 부부가 만든 불행한 가정환경 속에서 학습한 부부 관계적 행동 및 태도가 아니고, 이혼한 개인의 부모일 수 있다고 주장한다. 더 정확하게 이야기하면, 이혼의 결정적 사유 중 하나가 유전적 영향이라는 것이다. 살바토르와 동료들은 그들의 연구에서 입양된 아이가 이혼할 확률은 입양한 부모의 이혼경력과는 상관관계가 없고, 같이 살지는 않지만 자신을 낳아 준 생물학적 부모의 이혼 경력과 정적인 상관관계가 있다는 것을 밝혀냈다.

또한 같은 연구에서 입양한 아이가 이혼할 확률은 생물학적 형제자매의 이혼 확률과 높은 정적인 상관관계가 있지만 입양된 집에서 같이 살고 있는 입양한 부모의 형제자매의 이혼 확률과는 아무런 상관관계가 없다는 것을 밝혀냈다. 이 연구의 가장 큰 의미는 한 개인의 이혼 확률은 환경적 영향보다 유전적인 영향이 더 클 수 있다는 것에 있다. 살바토르와 동료들은 위 연구 결과를 토대로, ① 부정적인 정서를 많이 경험하는 성격적 특성과 ② 부모로부터 선천적으로 물려받은 낮은 자기절제력과 참을성이 부부 관계에서 발생하는 갈등 상황을 잘 대처할 수 없게 만들기 때문이라고 주장한다. 즉, 이혼은 세대 간에 대물림될 수 있다는 것이고 이 대물림은 환경적 영향이기보다는 유전적 영향이라고 주장하는 것이다. 그렇다면 이혼은 이혼한 당사자들의 책임이라고 말할 수 있는가? 어떤 수준에서 이 질문에 대한 답을 찾느냐에 따라 답이 달라질 수 있겠지만, 유전학적 그리고 성격 특질적인 측면에서 접근한다면 이혼 당사자들의 전적인 책임이라고는 말할 수 없을 것이다. 부정적인 정서를 선천적으로 더 많이 경험하고 선천적으로 유전받은 낮은 자기조절능력이 이혼의 한 가지 중요한 원인이라면, 우리는 이혼 결정에 관련해서 인간에게 자유의지가 있다고 말할 수 있을까? 우리는 어느 누구도 부모를 선택하지 않았고 우리의 유전자도 선택하지 않았다.

우리의 행동은 우리가 결정하는가

이혼이라는 인생의 중요한 사건을 예로 들지 않더라고 인간에게 자유의지가 없을 수 있다는 과학적 증거는 일상생활에서도 쉽게 찾을 수 있다. 1996년에 존 바그(John Bargh)와 동료들은 흥미로운 실험을 진행했다. 피험자들을 모은 후 '문장 완성 과제(scrambled-sentence task)'를 하게 했다. 이 과제는 아주 쉽게 할 수 있는 것으로, 5개의 단어가 주어지고 피험자들은 그중 4개의 단어를 이용하여 문법적으로 올바른 문장을 만드는 것이었다. 예를 들어, 주어진 5개의 단어가 blue, the, from, is, sky라고 하자. 이 5개의 단어 중 4개를 이용하여 만들 수 있는 문장은 The sky is blue가 될 수 있을 것이다. 피험자들은 5개 단어가 있는 세트를 30개 제공받고 문장을 완성하도록 지시를 받았다. 피험자들을 두 개의 실험 조건에 무작위로 배정되었는데, 첫째 조건에서는 주로 노인과 관련된 단어들이 제시되었다('노인 조건'). 예로는, 플로리다(Florida), 나이 많은(old), 외로운(lonely), 고집이 센(stubborn), 주의 깊은(careful), 회색의(grey) 등이었다. 둘째 조건에서는 노인과 관련 없는 단어들이 제시되었다('비노인 조건'). 예로는, 목마른(thirsty), 깨끗한(clean), 사적인(private)이었다. 이 간단한 과제가 끝난 후에 실험자는 피험자들에게 실험에 참여해 줘서 고맙다는 인사를 하고 실험실 앞에 있는 복도 끝 엘리베이터를 통해서 귀가하라는 지시를 했다. 실험실부터 엘리베이터까지의 복도 거리는 9.75m였다. 각 피험자가 실험실에서 엘리베이터까지 걸어가는 동안 또 다른 한 명의 실험자는 학생인 것처럼 가장한 후에 복도에 마련된 의자에 앉아 교수님과의 미팅을 기다리는 척하며 각 피험자가 이 9.75m를 걷는 데 걸리는 시간을 초시계로 몰래 측정했다. 흥미롭게도 두 실험 조건 간에 피험자들이 복도의 9.75m를 걸어가는 데 걸린 시간에는 차이가 있었다. 노인과 관련되지 않은 단어들을 이용해서 문장 완성 과제를 한 피험자들은 평균 7.30초의 시간이 걸렸지만 노인과 관련된 단어들을 이용해서 문장 완성 과제를 한 피험자들은 평균 8.28초의 시간이 걸린 것이었다.

더 흥미로운 연구 결과는 '노인 조건'에 있던 피험자들 중에서 참여했던 실험 과제가 노인 혹은 노인에 대한 고정관념을 점화(priming)하는 과제라는 것을 알아차린 피험자는 5%밖에 되지 않았다는 것이다. 즉, 95%의 피험자들은 주어진 과제를 하며 노인과 관련된 과제를 하고 있다는 것을 알지 못했다는 것이다. 이 통계치를 통해 추론해 볼 수 있는 중요한 사실은 '노인 조건'에 있던 피험자들은 자신들이 천천히 걷고 있다는 사실을 인지하지 못했고, 혹 알았다 할지라도 왜 천천히 걷고 있는지에 대해서는 전혀 알 수 없었다는 것이다. 그럼 왜 '노인 조건'에 있었던 피험자들은 '비노인 조건'에 있었던 피험자들에 비해서 실험이 끝나고 귀가할 때 더 천천히 걸었던 것일까? 무의식적으로 점화된 노인에 대한 고정관념이 행동에까지 영향을 준 것이다. 즉, 우리는 의식조차 하지 못하는 정보들로 인해 특정한 방식으로 행동을 하게 되고 그러한 행동을 했다는 것조차 모를 수 있다는 것이다. 내가 생각하고 결정해서 행동을 했다고 많은 사람들이 믿고 있다면 이 실험이 주는 함의는 상당히 크다고 할 수 있다. 우리가 생각하고 결정해서 행동했다고 생각하는 것은 아마도 환상일 수 있다.

오늘도 우리는 아침부터 수많은 행동을 했고 그 행동들은 우리의 자유의지에 기초한 의사결정 과정을 거친 산물이라고 생각할 수 있지만, 이러한 우리의 믿음은 행동이 이루어지고 난 후에 사후적으로 추론한 인지적 환상일지 모른다. 물론 이 경우는 내가 행동을 어떠한 방향으로 했다는 것을 알고 있을 경우로 제한된다. 우리는 우리가 어떤 영향(예: 유전적·성격적·환경적 영향)을 받아 특정한 방식으로 행동했다는 것조차 모르는 경우가 훨씬 더 많을 것이다. 그러면 우리는 자유의지가 있는가에 대해서 더 궁금해하지 않을 수 없다. 점심에 먹은 짜장면 이야기로 다시 돌아가면 이 사실은 더 분명해진다. 다른 사람들이 짬뽕을 선택했을 때 나는 왜 짜장면을 골랐을까? 나는 왜 그런 결정을 했을까? 내가 자유의지를 행사하여 결정한 것일까, 아니면 나의 유전적 혹은 생물학적 특성들 때문에 나도 모르게 그런 결정을 한 것일까? 과거 식습관의 영향으로 나도 모르게 짜장면을 좋아하고 그런 나의 입맛이 짜장면을 선택하게 한 것일까? 오전에 누군가가 한 짜장면 이야기 때문에 나는 짜장면을 선택했던 것일까? 쿠폰을 한 장만 더 모으면 공짜로 짜장면을 먹을 수 있었기 때문에 나는 짜장면을 선택했던 것일까? 경제 사정으로 가장 경제적으로 먹을 수 있는 것이 짜장면이었기 때문에 나는 짜장면을 선택했던 것일까? 그렇다면 경제적인 음식이 많이 있는데 나는 왜 그중에 짜장면을 선택했을까? 나의 생물학적 유전적 특성과 성격적 특질, 환경적·경제적 상황들이 나로 하여금 짜장면을 선택하게 한 것은 아닐까? 만약 이런 부분이 나의 점심 메뉴 선택에 큰 영향을 미쳤다면 나는 자유의지가 있는 것일까?

●

우리가 경험하는 정서는 우리가 결정하는가

우리는 다양한 정서를 어떻게 경험할까? 슬픈 영화를 보면 눈물이 나기도 하고 아주 좋은 일이 있으면 행복해지는 감정을 느끼기도 한다. 즉, 여러 가지 환경적인 요인들이 우리가 어떤 정서를 경험할 것인가에 영향을 준다는 것에 대해서는 많은 사람이 인정할 것이다. 환경적인 요인이 우리 감정에 영향을 준다는 것만으로도 우리는 우리의 정서를 완전히 통제하지는 못한다는 것을 쉽게 알 수 있다. 우리의 자유의지에 의해서 특정한 정서를 경험하기는 쉽지 않다. 더 재미있는 것은 우리는 많은 경우에 특정한 환경이나 유전적 특성이 우리의 정서를 결정할 수 있다는 것을 인식하지 못하며, 또한 이 경험된 정서가 특정한 행동을 하게끔 영향을 준다는 사실을 인지하기는 더욱 어렵다.

종(Zhong)과 동료들은 2006년에 실행한 실험을 통해 인간이 정서와 관련하여 자유의지를 실행할 수 있는지에 대한 의문을 제기한다. 피험자들은 두 개의 실험 조건에 무작위로 배정되어 간단한 에세이 작성 과제를 시행하게 되었다. 첫 번째 실험 조건에 배정된 피험자들은 과거에 했던 비윤리적인 행동들을 상기한 후에 그 행위와 관련된 정서와 감정들을 써 보라는 지시를 받았다('비윤리적 에세이 조건'). 두 번째 실험 조건에 배정된 피험자들은 과거에 했던 윤리적인 행동들을 상기한 후에 그 행위와 관련된 정서와 감정들을 써 보라고 지시를 받았다('윤리적 에세이 조건'). 과제가 끝난 후에 실험자는 피험자들에게 실험에 참여해 줘서 고맙다는 말과 함께 감사의 표시로 조그마한 선물을 준비했는데 준비된 선물로는 손 세정제와 연필이 있다고 알려 주었다. 그리고 피험자들은 자신들의 선호에 따라 두 개의 선물 중 하나를 고른 후 귀가하게 됐다. 연구자들은 이 실험을 하기 전에 일반적인 상황에서는 손 세정제와 연필에 대한 선호도는 차이가 없다는 것을 먼저 밝혔다. 그럼 이 실험에서 두 조건 간에 피험자들이 연필 대비 손 세정제를 선택하는 비율은 달랐을까? 예상했겠지만 '비윤리적 에세이 조건'에 배정되었던 피험자들은 '윤리적 에세이 조건'에 배정되었던 피험자들에 비해서 손 세정제를 더 많이 선택했다. 구체적으로 '비윤리적 에세이 조건'에 배정되었던 피험자는 67%가 손 세정제를 선택한 반면 '윤리적 에세이 조건'에 배정되었던 피험자는 33%만이 손 세정제를 선택했다. 연구자들에 의하면 '비윤리적 에세이 조건'에 배정되었던 피험자들은 과거의 비윤리적인 행위들에 대해서 생각해 본 후에 죄책감을 느꼈을 것이고 그들은 느껴진 죄책감을 줄이기 위해서 손 세정제를 골랐다는 것이다. 즉, 마음의 죄책감을 씻기 위해서 물리적 도구인 손 세정제를 골랐다는 것이다. 재미있는 부분은 내가 손을 깨끗이 씻는 행위와 죄책감이라는 인지는 물리적인 측면에서 아무런 관계가 없다는 것이다. 하지만 연구자들은 심리적인 측면에서는 관계가 있을 수 있다는 것을 이 실험을 통해서 보여 주었다. 범죄를 저지른 후에 손과 몸을 씻는 범인들의 행동 혹은 중요한 종교적인 행위(예: 세례)를 하기 전에 지도자들이 손을 씻는 것과 같은 이치이다. 목욕을 하면 마음이 깨끗해지는 느낌을 받는 것도 같은 이치이다. 그렇지만 목욕을 한다고 내 마음이 깨끗해지는 것은 아니다.

여기서 더 궁금한 점은 '비윤리적 에세이 조건'에 배정되었던 피험자들이 손 세정제를 선택했을 때 그들 자신이 왜 손 세정제를 선택하게 됐는지 알았을까 하는 것이다. 즉, '비윤리적인 에세이 조건'에 배정되었던 피험자들은 본인의 과거 비윤리적인 행동을 상기하면서 '나는 비윤리적인 사람이구나. 마음이 너무 더럽네. 어떡하지? 실험자가 연필과 손 세정제 중 하나를 선물로 준다는데 저 손 세정제를 가지고 내 손을 닦아서 내 죄를 좀 가볍게 해 볼까?'라고 생각하며 행동했을까?

이 부분을 밝히기 위해서 김(Kim)과 동료들은 2010년에 대학생들을 대상으로 비슷한 실험을 진행했다. 한 실험 조건에서는 피험자들이 본인이 비윤리적이라고 생각되도록 조작했고('비윤리적 생각 조건') 다른 조건에서는 윤리적이라고 생각되도록 조작했다('윤리적 생각 조건'). 그다음 선물로 손 세정제와 연필을 제공하고 하나를 고를 수 있도록 했다. 예상했던 것처럼 '비윤리적 생각 조건'에 배정되었던 피험자들은 '윤리적 생각 조건'의 피험자들에 비해서 더 많은 손 세정제를 선택했다. 선택이 끝난 후에 김과 동료들은 '비윤리적 생각 조건'에 배정되었던 피험자들에게 왜 손 세정제를 선택했냐고 물어보았다. 재미있는 답변이 많이 나왔는데, "내 친구가 감기에 걸려서 선택했어요." "나중에 손 세정제가 필요할 것 같아서요." "손 세정제가 좋은 것 같아서요." "손을 닦고 싶어서요." 등이었다. 흥미로운 것은 어느 한 명의 피험자도 죄책감을 운운하거나 비윤리적인 과거 행동과 관련된 표현을 하지 않았다는 것이다. 즉, 아무도 비윤리적인 과거를 회상했던 일이 자기의 행동에 영향을 끼쳤음을 인지하지 못했다는 것이다. 충분히 추측 가능하겠지만 거의 모든 피험자는 나름대로 두 선물의 가치와 효용성을 충분히 고심하고 자신의 의지에 따라서 최적의 선택을 했을 것이라고 믿었을 것이다. 어느 다른 사람이나 환경이 자기 결정에 영향을 줬을 것이라고는 생각하지 못했을 것이다. 왜 손 세정제를 선택했냐고 물었을 때 피험자들은 진짜 이유는 상상도 할 수 없었고, 알 수 없었지만 자기의 선택적 행동을 보고 그 행동을 유추해서 자신과 실험자에게 설득력 있는 나름의 이유를 찾고 만들었을 수 있는 것이다.

범죄자들은 왜 범죄를 저지르는가

범죄자들이 왜 범죄를 저지르는가에 대한 질문에 가장 일반적이고 보편적인 답은 '나쁜 사람이니까'일 것이다. 분명 나쁜 사람일 수 있다. 그런데 신기하게도 인간에게 가장 중요한 동기 중에 하나는 좋은 사람이 되고 싶어 하는 것이고, 보통 사람들은 좋은 사람이 되고 싶어 한다. 그런데 왜 범죄자들은 나쁜 사람이 되었을까? 나쁜 사람이 되고 싶어서 된 사람이 얼마나 될까? 그리고 나쁜 사람이 되고 싶어서 된 사람은 왜 또 나쁜 사람이 되고 싶었을까?

이 질문과 관련하여 하나 생각해 볼 수 있는 예시는 재범률이다. 2014년에 미 연방 법무부에서는 2005년에 30개 주에서 출소한 40만 4,638명의 재소자들을 대상으로 재범률 통계를 발표했다. 통계 자료에 의하면 67.8%는 3년 이내에 다시 범법 행위로 체포되었으며, 76.6%는 5년 이내에 다시 범법 행위로 체포되었다. 더욱 놀라운 일은 다시 체포된 사람의 56.7%가 일 년 이내에 체포되었다는 것이다. 미국뿐만 아니라 우리나라 역시 재범률이 상당히 높은 편이며 특별히 성범죄 관련 재범률은 더욱더 높다고 한다. 이는 사람이 바뀌는 것이 생각보다 훨씬 어렵다는 것을 말해 준다. 내가 개인적으로 어렸을 때부터 들었던 속담 중에 싫어했던 것이 있다면 '될성부른 나무는 떡잎부터 다르다.'라는 것이었다. 이 속담은 자라서 크게 될 사람은 어릴 때부터 남달리 장래성이 엿보인다는 의미를 가지고 있지만 실제 상황에서는 잘못한 일이 반복적으로 일어났을 때 사람의 근본은 처음부터 어느 정도 정해져 있다는 비난조로도 간혹 사용되었던 속담인 것 같다. 마음에 들지 않는 속담이었고 설득력이 떨어지는 속담이라고 생각하여 이를 반박할 수 있는 이유를 찾아 헤맸던 기억이 있지만, 요즘에 주위 사람들을 면밀히 관찰해 보면 어렵지 않게 그 속담에 딱 맞는 사람들을 쉽게 볼 수 있다. 집안 식구들만 보아도 금방 알 수 있을지도 모르겠다. 그 이유는 무엇일까?

이러한 높은 재범률은 연구자들로 하여금 인간의 자유의지와 교도소의 의미에 대해서 고민하게끔 한다. 보통 교도소의 목적은 세 가지라고 한다. 첫째는 처벌, 둘째는 교화, 셋째는 격리이다. 하지만 이렇게 높은 재범률을 생각해 보면 적어도 교화의 목적은 쉽게 달성될 것처럼 보이지 않는다. 재범률이 높은 이유를 설명하는 사회적 · 환경적 요인이 많이 있다. 재취업의 어려움, 사회와 이웃으로부터 오는 부정적인 시선, 불우한 가정 형편, 낮은 경제적 조건, 낮은 사회적 지지 등이 있을 것이다. 하지만 오랫동안 축적된 연구를 종합해 보면 유전적 영향 역시 지대함을 쉽게 알 수 있다. 사이코패스와 같은 극단적인 경우의 예를 들지 않고 폭행 관련 범죄만 봐도 쉽게 설명이 된다.

폭력 범죄 역시 유전적인 성격적 특성에 의해서 쉽게 설명될 수 있다. 이는 두 가지 측면에서 살펴볼 수 있다. 첫 번째 측면은 화가 나는 상황이 닥쳤을 때 각 개인마다 인식되고 느껴지는 화의 양(화가 얼마나 많이 나는 상황인지에 대한 인식의 차이)과 질(어떤 종류의 화인지에 관한 것으로 모멸, 무시, 억울, 부당, 불공정 등이 될 수 있다)이 크게 다를 수 있다는 것이다. 두 번째 측면은 같은 화의 양과 질이라 할지라도 그 상황에서 얼마나 평정심을 가지고 자기조절을 할 수 있는지에 대한 개인 차이가 확연히 있을 수 있다는 것이다. 더 쉽게 종합하면, 유전적으로 가지고 태어난 공격적 특질과 자기조절 능력이 화를 불러일으키는 특정한 상황과의 상호작용 속에서 발현된다고 할 수 있다. 얼핏 보면 폭력을 행한 사람을 나쁜 사람이라고 쉽게 매도하거나 처벌할 수도 있지만 당사자 입장에서는 (유전적 관점에서 살펴보면) 조금 억울한 측면이 있을 수 있는 것이다. 연인 관계나 부부 관계 그리고 친구 관계에서도 갈등이 심해졌을 때 어떤 사람은 특정한 방식으로든 갈등을 바로 풀어야 마음이 편하고, 또 어떤 사람은 그 상황을 피하고 대면조차 하고 싶어 하지 않기도 한다. 성격적 차이인데 이런 차이가 갈등 상황을 더 어렵게 만들고 때로는 의도치 않은 나쁜 상황으로 돌변하게 만들기도 한다. 이런 관점에서 보면, 범죄자 혹은 폭력 행사자에게 전적인 책임을 묻는 것은 생각해 볼 필요가 있다. 유전적인 요인뿐만 아니라 환경적인 요인도 폭력 사건에 큰 영향을 미친다. 지난 2012년 4월에 대한민국 국민을 경악케 했던 오원춘 사건을 보자. 오원춘은 지나가던 여자를 강제로 집으로 끌고 가서 성폭행을 하려고 했으나 실패하자 여자를 무참히 살해한 후 시신을 훼손했다. 1심에서 사형이 내려졌지만 2심에서는 오원춘의 불우한 사회적 상황과 다른 요인들을 고려하여 무기징역으로 감형됐다. 오원춘의 행동을 보면 정말 이해하기 어려운 감형이었지만 (학계뿐만 아니라) 법원에서도 환경적인 요인을 고려한 것이다.

●

자유의지에 대한 개인과 사회의 책임 소재와 의무

'죄는 미워해도 사람은 미워하지 말라.'는 말이 의미하는 바는 무엇일까? 우리는 이 시점에서 자유의지의 유무에 대한 관점에서 인간의 행동에 대한 개인과 사회의 책임 및 의무에 대해서 논의해 볼 필요가 있다. 주위를 보면 다혈질인 사람, 참을성이 없는 사람, 공격적인 사람을 쉽게 볼 수 있고, 온화한 사람, 참을성이 많은 사람, 자기절제력이 높은 사람도 쉽게 볼 수 있다. 한 개인의 인지, 감정, 행동이 이러한 성격적 그리고 유전적 변인들과 아주 큰 관계가 있다는 것은 심리학 연구를 인용하지 않아도 인생을 조금 살아 본 사람이라면 누구나 쉽게 알 수 있다. 그렇다면 이런 측면에서 인간에게는 자유의지가 있는가에 대해서 질문을 다시 해 볼 필요가 있다. 누군가에게는 그리 어렵지 않게 참아지는 상황이 그 어떤 누군가에게는 수감이나 자기희생을 각오하고서라도 분노를 일으킨 사람에게 화를 풀어야 하는 상황으로 다가온다면 우리는 인간에게 자유의지가 있다고 말할 수 있을까? 내가 의지적으로 결정할 수 있는 부분은 얼마나 될까? 사실 이러한 관점은 긍정적인 일에도 동일하게 적용될 수 있다. 위험한 상황에 있는 사람을 구하기 위해서 충분히 예상되는 자기희생을 감수하고 위험한 상황에 자기 몸을 던지는 사람을 칭찬하고 포상한다면 이 칭찬과 포상의 근거는 어디에 있는가? 이러한 상황에서 왜 어떤 사람들은 위험을 감수하고 도움 행동을 취하고 또 어떤 사람들은 위험을 감수하지 못하고 구경할 수밖에 없는가? 여러 변인이 이러한 차이를 설명해 주겠지만, 많은 변인 중 절대 무시할 수 없는 변인 중에 하나는 역시 성격 특성을 설명하는 유전적 변인일 것이다. 이 입장에 의하면 도움 행동을 한 사람을 칭찬하고 포상하는 것 역시 어떤 측면에서는 논리적 근거가 부족할 수 있다. 어찌 보면 우리는 타고난 유전적 특성을 칭찬하거나 처벌하고 있는 것인지 모른다. 내 자유의지가 아닌 이미 유전적으로 어느 정도 결정된 특성, 품성 그리고 능력을 포상하고 처벌하는 것일 수도 있는 것이다.

공부를 잘하는 이유에 대해서 생각해 본 사람이 많이 있을 것이다. 또한 많은 학생이 공부 잘하기를 무엇보다 바랄 것이다. 공부를 잘하는 이유는 사실 그렇게 많지 않다. 어떤 사람이 무슨 이유로 공부를 잘할까? 생각할 수 있는 이유는 딱 세 가지인 것 같다. 첫째, 똑똑함이다. 둘째, 부유하고 학력 수준이 높은 집안이다. 셋째, 높은 성실성과 노력이다. 사실 첫째와 셋째가 공부 잘하는 두 가지 요인이었는데 요즘에는 한 가지 더 늘어서 집안의 교육적·경제적 수준이 중요한 원인으로 작용하는 듯하다. 그럼 자유의지와 관련해서 이 세 가지 요인이 어디서부터 왔는지 고민해 보자. 똑똑함은 유전적으로 갖고 태어나는 것이라는 견해에 문제가 없다고 생각하기 때문에 한 개인의 자유의지와는 거리가 멀다고 이야기할 수 있을 것이다. 부유하고 학력 수준이 높은 집안에 태어나는 것 역시 한 개인의 자유의지에 의해서 결정된 것이 아니라 태어날 때 이미 정해져 있는 것이다. 마지막으로, 남아 있는 노력이 자유의지와 관련이 있을 것처럼 느껴질 수 있지만 사실 조금만 더 깊이 생각해보면 노력은 자유의지와 그리 큰 관련이 없다는 것을 알 수 있다. 노력은 심리학적 입장에서 보면 더 큰 상위 개념인 자기조절의 한 측면이자 산물이기도 하다. 자기조절 능력을 후천적으로 그렇게 쉽게 개발할 수 있는 것이 아니고 선천적으로 주어지는 특성 중의 하나라면 노력이 자유의지와 높은 관련이 있다고 이야기하기는 어렵다.

　자식을 키우다 보면 재미있는 현상 하나를 발견하게 된다. 한 아이는 책상에 앉으면 집중해서 몇 시간을 꿈쩍도 하지 않고 공부를 하는데, 다른 아이는 책상에 진득하게 앉아 공부를 하지 못하며 10분마다 일어서야 하고 앉아 있어도 공부에 집중하지 않고 딴 일에 몸과 마음이 분주하다. 자기조절 능력의 선천적인 유전적 영향에 대한 생각 없이 그냥 이 두 아이를 표면적으로 드러나는 행동만으로 평가한다면 한 아이는 정말 열심히 노력하는 아이이고 다른 한 아이는 게을러서 열심히 노력하지 않는 아이인 것이다. 공부를 잘해서 성공하고 경제적으로 윤택하게 되면 이 공은 누구에게 돌아가야 할까. 성공한 개인에게 돌아가야 하는가? 앞서 공부 잘하는 이유 세 가지를 살펴보았는데, 많은 부분이 유전적 영향으로 선천적으로 주어졌거나 아니면 태어날 때부터 어느 정도 결정된 것들이었다. 사실이 이러하다면 성공의 대가로 받은 모든 혜택을 성공한 당사자가 자신을 위해서 마음껏 써도 될까? 내가 열심히 해서 얻은 대가이기 때문에 남들에게 피해를 주지 않는 선에서 마음껏 쓰면 아무 문제가 없는 것일까? 거꾸로 공부를 잘하지 못해서 성공하지 못하고 경제적으로 어렵게 사는 사람들에게 열심히 노력하지 않는 것에 대한 책임을 묻는 것을 당연시하고, 의식적이든 무의식적이든 편견을 가지고 차별하는 것이 정당한 것인가? 돈을 많이 버는 고소득자가 많은 세금을 내는 것은 불공평한 것인가? 우리나라는 기부 문화가 상대적으로 덜 발달했다고 이야기한다. 많은 이유가 있겠지만 그중에 하나는 내가 이룬 모든 업적과 재산은 오직 나로 인해 이뤄진 것이라는 생각이 너무 강해서 그런 것이 아닐까 하는 생각이 든다. 이 모든 부와 재산이 온전히 나의 공으로만 돌릴 수 없는 것이고 다른 사람들과 환경 그리고 유전적 영향에 의해서 이뤄진 부분이 큰 것이라는 생각이 있다면 부의 분배와 정의에 대해서 다시 한 번 생각해 볼 수 있을 것이다.

몸매 관리도 같은 맥락이다. 살이 많이 찐 사람과 아주 날씬한 사람을 비교하면서, 살이 많이 찐 사람은 게으르고 자기관리를 소홀이 하는 사람이고 날씬한 사람은 성실하고 자기관리에 충실한 사람이라고 평가하고 그것에 대한 책임을 노력이라는 개인의 자유의지로 설명하고 평가하기 쉽다. 하지만 이 부분 역시 개인의 책임으로만 떠넘기기에는 억울한 측면이 있다. 생물학적으로 음식을 너무 좋아하고 많이 먹고 싶은 충동을 참기 힘들어하는 사람도 있고, 음식에 대해서 크게 욕심이 없는 사람도 있다. 또한 음식을 많이 먹고 싶은 욕구를 평생 참으면서 살아야 하는 사람도 있고, 그다지 음식 욕심이 없기 때문에 음식이 참아야 할 대상 자체가 아닌 사람도 있다. 또 하나의 중요한 유전적 특성은 많은 사람이 아는 것처럼 신진대사(metabolism)와 관련한 것인데, 어떤 사람들은 신진대사가 빠르고 좋아 대체적으로 살이 쉽게 찌지 않지만 그렇지 않은 사람들은 상대적으로 같은 양의 음식을 먹어도 살이 쉽게 찐다. 음식에 대한 동기도 다르고 같은 양의 음식을 먹어도 살이 찌는 양이 다르다면 우리가 어찌 자유의지에 기초한 개인적인 책임으로 이 모든 것을 설명할 수 있겠는가.

지금까지 인간의 자유의지 유무에 대해서 심리학의 몇몇 연구 결과를 중심으로 논의했다. 하지만 많은 사람은 이렇게 생각할 수도 있을 것이다. 이런 주제에 대해서 크게 생각해 보지도 않았고 이 질문에 대한 답은 나의 삶에 현실적으로 그리 중요하지 않으며, 그냥 별 실용적 의미가 없는 연구자들의 논쟁거리라고 말이다. 그럼 자유의지가 있다고 생각하는 사람과 자유의지가 없다고 생각하는 사람의 행동은 다를까? 한 가지 예측 가능하고 걱정스러울 수 있는 상황은, 만약 인간에게 자유의지가 없다는 것을 사람들이 인식하고

동의하게 된다면 이 세상은 더 무질서하고 무책임한 일들로 가득 차서 더 살기 어려운 세상이 되지 않을까에 관한 것이다. 아무리 나쁜 행위라도 내 책임이 아니라고 한다면 그냥 막 살아도 되는 것이 아닌가라는 생각이 유행할 것이고 이러한 문화는 우리 공동체의 질서와 윤리를 무너트리지 않을까 하는 걱정을 하지 않을 수 없다.

보아스와 스쿨러(Vohs & Schooler, 2008)의 연구에 의하면 자유의지에 대한 믿음의 유무에 따라 사람들의 행동, 특별히 도덕적 행동이 달라진다. 보아스와 스쿨러는 피험자들을 두 개의 실험 조건에 무작위로 배정한 후에 한 조건에서는 '인간에게 자유의지가 있다는 것은 환상이다.'라는 것을 주장하는 과학자들의 주장을 짧은 글로 읽게 했고, 다른 한 조건에서는 자유의지와 상관없는 '의식'에 관한 글을 읽게 했다. 글을 읽은 후에 20개 문항으로 이루어진 수학 문제를 컴퓨터에서 풀게 하는데 실험자는 컴퓨터 프로그램의 작은 문제로 답이 컴퓨터 화면에 뜰 수 있으니 문제를 풀 때마다 키보드의 스페이스 바를 눌러 달라고 부탁하고(누르면 답이 뜨지 않는다) 정직하게 문제를 풀어 달라고 지시했다. 예상했겠지만, '인간에게는 자유의지가 없고 자유의지가 있다고 믿는 것은 환상이다.'라는 문단을 읽은 피험자들은 다른 조건의 피험자들보다 스페이스 바를 더 적게 눌렀다. 즉, 정직하지 않게 수학 문제를 푼 것이다. 보아스와 스쿨러는 이 실험을 기초로 자유의지가 없다고 믿는 사람들은 그렇지 않은 사람들에 비해서 더 비도덕적인 행동을 할 수 있다고 주장했다. 바우마이스터, 메시캄포와 드월(Baumeister, Masicampo, & Dewall, 2009) 역시 비슷한 종류의 실험을 통해 자유의지에 대한 믿음 유무가 도덕성에 영향을 끼친다는 것을 밝혀냈다. 바우마이스터와 동료들은 피험자들을 세 개의 실험 조건에 무작위로 배정했다. 보아스와 스쿨러(2008)가 한 방식을 따라서 첫 번째 조건에 배정된 피험자들은 '사람들에게 자유의지가 있다고 믿는 것은 환상이고 인간에게는 자유의지는 없다.'는 과학자들의 주장을 문장으로 읽게 했다. 두 번째 조건에 배정된 피험자들은 '인간에게는 자유의지가 있고 인간은 행동을 결정할 수 있기 때문에 책임을 져야 한다.'는 문장들을 읽게 했다. 세 번째 조건에 배정된 피험자들은 자유의지와 관계없는 문장들을 읽게 했다. 그 후 피험자들은 시나리오에 적혀 있는 도움 행동 상황을 생각한 후에 각 상황에서 얼마나 도움 행동을 할지를 표시하게 했다. 예시로는, 거주할 집이 없는 거지에게 돈을 주는 도움 행동, 학우에게 휴대폰을 빌려 주는 도움 행동 등이 있었다. 보아스와 스쿨러의 연구 결과와 유사하게 자유의지가 없다는 문장들을 읽은 피험자들은 그렇지 않은 두 조건의 피험자들보다 도움 행동을 적게 할 것이라고 대답했다.

이러한 연구 결과들은 인간이 정말로 자유의지가 있느냐 없느냐보다는 자유의지의 유무에 대한 믿음 자체가 더 중요하다고 말한다. 자유의지가 있다고 믿으면 자기 행동에 대한 책임을 져야 하기 때문에 좀 더 책임감 있는 행동을 하게 되고 이 책임감 있는 행동은 더욱 도덕적이고 윤리적인 행동으로 이어질 수 있다는 이야기이다. 반대로 인간에게 자유의지가 없다고 믿으면 사람들은 모든 것이 이미 결정되었고 책임 소재가 없다고 믿기 때문에 도덕적이고 윤리적인 행동을 할 필요를 느끼지 못하고 자기에게 이익이 되는 방향으로 막무가내로 행동할 수 있다는 이야기이다. 정말 자유의지를 믿지 않는 것이 이 사회를 더 나쁘게 만들까? 모든 학자가 그렇게 생각하는 것은 아니다. 저명한 신경과학자인 샘 해리스(Sam Harris)는 2012년 출간한 『자유의지 (Free Will)』라는 책에서 우리가 사람들의 행동에 영향을 주는 신경학적 요인, 유전적 영향, 성격적 요인 그리고 환경적 영향을 인정하는 것이야말로 우리가 서로를 더 잘 이해하고 더 좋은 사회를 만들기 위한 필수적인 요소라고 강조한다. 가장 극악한 범죄자라 할지라도 가장 높은 강도의 처벌만이 능사가 아니며 왜 그런 행동을 하게 했는지와 관련한 유전적·환경적·생물학적 요인들에 대한 이해가 있어야 한다고 주장한다. 이러한 이해 없이는 서로에게 비난과 갈등만 증폭시킬 뿐 문제 해결에는 도움이 되지 못한다고 주장한다. 우리는 우리의 성격적 특성을 고르지 않았고, 많은 경우에 처해진 환경도 선

택하지 않았다. 이 선택하지 않은 요인들이 우리의 인지, 정서, 행동에 의식적
이든 무의식적이든 큰 영향을 끼친다는 연구 결과들은 우리로 하여금 한 개
인의 행동과 행동의 결과에 대한 책임 소재에 대해서 다시 생각해 보게 한다.

이 글의 목적은 나쁜 일을 하는 사람이나 게으른 사람 그리고 성과가 낮은
사람에게 정당성을 부여하고자 하는 것이 아니다. 열심히 노력할 필요도 없
다는 비관주의적이고 결정론적인 태도를 지지하는 것도 아니다. 물론 좋은
일을 하는 사람이나 삶을 열심히 사는 사람 그리고 성과가 높은 사람을 폄하
하기 위함도 아니다. 모든 인간은 자신의 자유의지를 통해 생각, 감정, 행동
을 독립적으로 결정할 수 있고, 또한 그러하기에 자신의 행동과 행동의 결과
에 대해서 온전히 책임져야 한다는 입장에 대해서 심리학적 관점에서 의문을
제기하는 것이다. 궁극적으로는 인간의 인지, 정서 그리고 행동은 의식적인
과정과 무의식적인 과정을 통해서 다른 사람들, 사회적 환경, 유전적 특성,
성격적 기질 등에 의해서 영향받고 결정되는 부분이 크다는 것을 논의하는
것이 목적이었다. 이런 요인들에 대한 이해와 공감이 우리 사회를 좀 더 행복
하고 정의로운 공동체로 만들 수 있기를 바란다.

참고문헌

Amato, P. R. (1993). Children's adjustment to divorce: theories, hypotheses, and
empiricalsupport, *Journal of Marriage and the Family* 55: 23-38.

Amato, P. R., & DeBoer, D. D. (2001). The transmission of marital instability across
generations: Relationship skills orcommitment to marriage? *Journal of Marriage
and Family*, 63, 1038-1051.

Bargh, J. A., Chen, M., & Burrows, L. (1996). Automaticity of social behavior:
Direct effects of trait construct and stereotype activation on action. *Journal of
Personality and Social Psychology*, 71, 230-244.

Baumeister, R. F., Masicampo, E. J., & DeWall, C. N. (2009). Prosocial benefits of feeling free. *Personality and Social Psychology Bulletin, 35*, 260-268.

Brehm, J. W. (1966). *A theory of psychological reactance*. New York: Academic Press.

Dronkers, J., & Harkonen, J. (2008). The intergenerational transmission of divorce in cross-national perspective: Results from the Fertility and Family Surveys. *Population Studies, 62*, 273-288.

Durose, M., Alexia D. Cooper, A., & Snyder, H. (2014). Recidivism of Prisoners Released in 30 States in 2005: Patterns from 2005 to 2010, *Bureau of Justice Statistics Special Report, April 2014*, NCJ 244205.

Harris, S. (2012). *Free Will*. New York: Free Press.

Kim, Y. H., & Cohen, D. (2010). Information, perspective, and judgments about the self in Face and Dignity cultures. *Personality and Social Psychology Bulletin, 36*, 537-550.

Macklin, R. (2003). Dignity is a useless concept. *British Medical Journal, 327*, 1419-1420.

Pinker, S. (2008). *The Stupidity of Dignity*. The New Republic.

Salvatore, J., Lönn, S., Sundquist, K., Sundquuist, K., & Kendler, K. (2008). Genetics, the rearing environment, and the intergenerational transmission of divorce: A Swedish national adoption study. *Psychological Science, 29*, 370-378.

Vohs, K. D., & Schooler, J. W. (2008). The value of believing in free will: Encouraging a belief in determinism increases cheating. *Psychological Science, 19*, 49-54.

Zhong, C. B., & Liljenquist, K. (2006). Washing away your sins: Threatened morality and physical cleansing. *Science, 313*, 1451-1452.

9장

나를 너무 사랑하는 한국인이 만든 사회

:

허태균 (고려대학교 심리학과 교수)

학창 시절 시험 날 아침에 친구를 만나면 우리는 서로 물어본다.

'공부 많이 했어?'

그 민감한 (사실은 그 답이 무엇이든지 나와 아무런 상관이 없는 무의미한) 질문에 대한 대답은 한결같다.

"아니, 하나도 안 했어."로 시작해서 "내가 미쳤나 봐. 잠을 10시간이나 잤어. 드라마도 다 봤어. 어제는 오늘 시험 보는 과목은 하나도 안하고 다른 과목만 했어." 등 나조차도 별로 믿을 것 같지 않는 헛소리를 중얼거리며, 시험 공부를 하지 않았다는 이야기를 서로 정신없이 하게 된다. 이런 이상한 짓은 철없는 학창 시절에 국한되지 않는다. 시간과 장소만 바뀌었지 매일 누구에게나 일어나고 있다. 골프장에 가면 다 큰 어른들이 운동을 시작하기도 전에 누가 물어보지도 않았는데 자기가 오늘 얼마나 공을 못칠 수밖에 없는지를 늘어놓고 있다. '요즘 너무 바빴고, 어제 잠을 잘 못 잤고, 오십견에 허리까지

다쳤고, 새로 산 골프채가 아직 익숙하지 않고…….' 그 핑계의 창의력에는 끝이 없다. 도대체 왜들 이럴까? 묻기만 하면, 아니 묻기도 전에 자기가 얼마나 바보 같은지, 미쳤는지, 한심한지를 자랑하는 이유는 뭘까?

바로 나를 너무 사랑해서이다. 보편적으로 인간은 누구나 자신을 긍정적으로 보고 싶어 한다. 자신은 착하고, 멋지고, 능력 있고, 따뜻하고, 웬만한 좋은 건 다 가지고 있다고 믿고 싶다. 당연히 다른 사람에게도 그렇게 보이고 싶다. 그러니 학교시험과 같이 지적능력을 검증받는 상황에서는 '전혀 시험 공부를 하지 않았다.'고 얘기하는 것은 매우 현명한 전략이다. 시험결과가 안 좋게 나왔더라도 공부를 하나도 하지 않았다고 미리 얘기해 두면, 능력이 없어서 못한 것이 아니라 그냥 공부를 안 해서 그렇다는 주장이 가능하기 때문이다. 미리 만들어 둔 그 핑계가 시험 실패로부터 나의 능력을 지켜 준다. 시험 망친 것도 억울한데 굳이 내 능력의 바닥까지 드러내며 한심해질 필요는 없다. 만에 하나 시험을 잘 보기라도 하다면 그건 더할 나위 없이 좋은 상황이다. 공부를 전혀 하지 않았는데도 시험을 잘 봤으니, 사람들은 내가 천재임이 틀림없다고 믿을 것이다. 이런 경우의 수를 모두 계산하면, 시험을 앞두고 자신을 위한 최고의 전략은 밤새 최선을 다해 공부하고 다음 날 아침에 친구들에게는 공부 안 한 척하는 것이다. 그것이 바로 잃을 게 없는 최고의 인상관리 전략이다. 우리가 학창 시절에 만나는 가장 재수없는 엄친아(항상 공부를 별로 하지 않는다고 얘기하는데 시험은 엄청 잘 보는 친구)는 아마 그런 내숭으로 순진한 우리를 좌절시켰던 것일지도 모른다. 어쩌면 이미 이 심리학적 전략까지 알고 있었을지도…….

그런데 그 극히 소수의 약아빠진 엄친아를 제외한 필자와 같은 평범한 사람들은 왜 갈수록 바보가 되어 가고, 영원히 그 엄친아를 따라잡을 수 없게 될까? 그 이유를 학창 시절이 한참 지난 뒤에 심리학을 공부하고 알게 되었다.

시험 전날에는 꼭 더 놀고 싶은 이유

이상하게 시험 전날에는 평소에는 관심도 없던 축구 중계방송이 꼭 보고 싶었던 적이 있을 것이다. 재미없다고 보지 않던 드라마가 유달리 보고 싶었던 적도 있을 것이다. 생전 읽지도 않던 소설이 갑자기 읽고 싶고, 그렇게 싫어하던 아버지와의 대화도 왠지 꼭 필요할 것 같은 느낌이 든 적이 있을 수도 있다. 일분 일초를 아껴서 공부를 해도 시원찮을 상황에서 오히려 시험 공부에 방해가 되는 그 짓들이 유달리 하고 싶은 이 변태 같은 자신을 어떻게 설명해야 할까? 부모님은 당연히 '공부하기 싫으니까 아주 XX를 하는구나.'라고 꾸짖으시지만, 우리는 결코 공부하기 싫어서 그런 척하고 있는 게 아니라는 것을 안다. 진짜 마음속 깊은 곳에서 우러러 나오는 진심이다. 그래서 너무 억울했다.

사실은 이런 공부에 방해되는 관심 또한 나를 너무 사랑해서 저지르는 역설적 자해 행동이다. 사람에게 타인의 시선과 평가도 중요하지만, 더 중요한 것은 내가 보는 나 자신이다. 타인이 나를 긍정적으로 보는 것만큼이나 내가 나를 긍정적으로 보는 것이 중요하다. 그러니 인상관리 전략은 남이 아닌 나에게도 작용된다. 자신이 밤새 최선을 다해서 공부했다면, 공부 안 한 척하며 남은 속일 수 있어도 자기 자신은 속일 수 없다. 그리고 시험을 망치면 자신의 능력의 한계와 바닥을 스스로 느끼게 되는 것이다. 누구나 이런 최악의 상황을 피하고 싶다. 그래서 사람들은 멍청하게도 시험을 망칠 수밖에 없는 이유를 스스로 미리 만들기도 한다. 문제는 자신이 그런 짓을 일부러 하고 있다는 사실을 스스로는 느끼지 못한다는 것이다. 자신은 진짜로 왠지 축구가 보고 싶고, 드라마에 관심이 가고, 시와 소설이 땡기고, 그동안 무관심했던 아버지께 죄송하다. 자신을 보호하고자 하는 전략은 무의식에서 실행되고, 나의 의식은 그 결과인 멍청한 욕구만 느끼는 것이다.

사회심리학에서는 이런 현상을 '스스로 장애인 되기(self-handicapping)'라고 부른다. 자신에게 불리하고 과제 수행에 오히려 방해가 되는, 실패할 수밖에 없는 이유를 스스로 찾아가거나 만들어 내는 현상이다. 이런 멍청한 자해 행동은 심리학 실험에서도 반복적으로 검증되었다(Berglas & Jones, 1978). 실험참가자에게 매우 생소하거나 어려운 과제를 수행하도록 한 뒤에, 실제 그들의 수행 결과와는 상관없이 무작위로 절반의 참가자에게는 '아주 잘했다'는 피드백을, 나머지 절반에게는 '아주 못했다'는 피드백을 준다. 이들에게 잠시 후 비슷한 과제를 다시 한 번 수행하게 될 것이라고 얘기해 주었다. 두 번째 과제를 시작하기 직전에 두 가지의 알약을 보여 주며 선택의 기회를 준다. 그 두 가지 알약 중에 하나는 비슷한 과제를 수행하는 능력을 향상시켜줄 것 같은 약(향상 약)으로, 다른 하나는 방해가 될 것 같은 약(방해 약)으로 최근에 개발했다고 설명해 준다. 그 중에 하나를 선택해서 그 약을 복용하고 두 번째 과제를 하게 될 거라고 알려 준다. 그리고 참가자에게 자유롭게 자신이 먹을 약을 선택하게 한다.

만약 당신이 그 참가자라면 어떤 선택을 할까? 첫 번째 과제에서 우수한 결과를 얻은 (그 결과가 무작위 가짜였으니 실제로는 그냥 잘했다고 믿는) 사람과 형편없는 결과를 얻은 (못했다고 믿는) 사람 중에 누가 향상 약이 더 필요할까? 합리적으로 생각하자면 당연히 첫 번째 과제에서 나쁜 결과를 얻은 사람이 향상 약이 더 절실히 필요할 것이다. 하지만 안타깝게도 첫 번째 과제에서 열등한 결과를 얻은 바로 그 사람들이 오히려 '방해가 되는 약'을 더 선택하기도 한다. 아주 두 번째 과제는 완전히 망칠 작정을 하는 거다. 왜? 어차피 잘하지 못할 것 같아서 그렇다. 바로 실패의 두려움(fear of failure) 때문이다. 실패의 두려움은 흔히 더 잘하려는 동기를 불러일으키고 미리 준비하는 행동을 불러오기도 하지만, 그 두려움이 너무 커지면 이제는 자포자기하고 실패했을 때의 핑곗거리를 더 열심히 찾게 만들기도 한다. 첫 번째 과제에서 실패했다는 믿음은 비슷한 과제에서 실패의 두려움을 강하게 만들고, 그 두려움은 두 번째 실패를 정당화할 방해되는 약을 선택하게 만드는 것이다. 그리고 이렇게 얘기하게 된다. "와우, 그 약 되게 세네요!"

결국 여기서 가장 중요한 결정요인은 미래에 대한 나의 믿음과 기대이다. 내가 목표한 기준에 다다를 수 있다는 기대가 있을 때는 사람들은 그 목표를 위해 최선을 다한다. 마치 약속 시간에 5~10분 정도 늦을 것 같으면 열심히 달려가는 것과 같이. 하지만 어차피 내가 목표한 기준에 다다를 수 없고 너무 멀어졌다는 느낌이 들 때는 노력보다는 핑계를 찾게 된다. 마치 이미 약속 시간에 30분 이상 늦게 되면 사람들은 더 이상 뛰지 않는다. 오히려 주변을 둘러보며 무슨 큰 교통사고라도 일어나 주길 기대하게 된다. 그래야 약속 장소에 50분쯤 늦게 나타나서 앉자마자 누가 뭐라고 하기도 전에 막 떠들 수 있다. "오다가 내가 뭘 봤는지 알아? 그 상황에서 내가 이 정도 시간에 온 거는 기적이야!"라고.

당연히 바보 같은 짓처럼 보이지만, 이 모든 것이 자신을 아끼고 사랑하기 위한 처절한 몸부림이다. 그 실패가 무엇이든 자신에게 큰 상처로 남게 하고 싶지 않기 때문이다. 하지만 길게 보면 당연히 그 끝은 결코 해피엔딩이 되지 않을 가능성이 높다. 만약 어쩔 수 없이 늦어야 한다면 50분을 늦는 거 보다는 40분이, 40분보다는 30분이, 30분보다는 20분만 늦는 것이 더 낫다. 그러니 끝까지 노력해야 한다. 그게 몇 분이건 마지막까지 최선을 다해 뛰어가 헉헉대며 약속 장소에 뛰어 들어오는 모습을 보여야 상대방이 나를 용서하기 쉽다. 만약 애인이 허구한 날 50분이나 늦게 나타나면서 아주 여유 있는 모습으로 자기가 왜 늦을 수밖에 없었는지에 대해서나 늘어놓고 있다면, 그 애인을 언제까지 용서하고 사랑할 수 있겠는가? 공부도 똑같다. 30등보다는 20등이, 20등보다는 10등이, 10등보다는 5등이 좋은 거다. 50점보다는 60점이, 60점보다는 70점이, 70점보다는 80점이 좋은 거다. 자신이 목표로 세운 20등이 어차피 안 될 것 같다고, 80점을 받을 수 없을 것 같다고, 오히려 시험을 못 볼 수밖에 없는 핑계를 열심히 만들어서 30등을 하거나 50점만 받는다면 어떻게 될까? 그 순간에는 실패의 책임을 모면할 수 있을진 모르겠지만 그걸 반복하는 사람의 성적은 시간이 갈수록 떨어지지 않을까?

요약해 보자. 이상적인 전략은 남만 속이는 것이다. 밤새서 공부하고 시험 당일 아침에 친구 앞에서는 공부 안 한 척하는 것이다. 하지만 자신까지 속이려고 덤벼들면, 결국 자신의 인생은 점점 더 악순환의 수렁에 빠지게 된다. 그리고 더 무서운 건 자신을 속이기 위해 스스로에게 무슨 짓을 했는지 우리는 잘 모른다는 것이다. 이렇게 무의식적으로 일어나기에 그 순간에는 이런 멍청한 자해 행위를 막을 수 없다면, 우린 항상 어쩔 수 없이 스스로에게 당해야만 하는 걸까?

●

'보통사람'이 되기 힘든 이유

이미 실패의 두려움을 느낀 다음에는 너무 늦을지도 모른다. 그러니 우선 목표를 잘 설정해야 한다. 너무 높은, 원래 자신의 현실과 거리가 먼, 그래서 달성확률이 낮은 목표를 설정하면, 시간이 가면 갈수록 그 목표를 달성하기 힘들다는 느낌이 급격히 강해질 수밖에 없다. 높은 목표는 더 많은 노력을 하게끔 만드는 원동력이 되기도 하지만, 반대로 그 목표가 달성될 것 같지 않다는 느낌이 드는 순간이 오면 오히려 격하게 포기하게 한다. 그래서 오히려 멍청한 짓에 더 매달리게 만들 수도 있다. 그런데 지나치지 않은 적당히 높은 목표라는 것은 말처럼 그리 쉽지 않다. 일반적으로 사람들은 자기 자신을 긍정적으로 보고 싶어 하기에 자신의 능력을 과대지각하고 자신의 미래에 대해서 지나치게 낙관적으로 생각하는 경향이 있다(Fischer & Chalmers, 2008). 그래서 실제 자신에게 좋은 일이 일어날 확률을 과대평가하고, 나쁜 일이 일어날 확률은 과소평가하는 것이다. 흔히 벼락에 두 번 맞아 죽을 확률보다도 낮다는 로또 복권을 사고도, 비 오는 날 벼락 맞을 걱정보다는 복권이 당첨됐을 때 어떻게 할지를 더 걱정한다. 자신이 실제로 이룰 수 있는 일보다 더 많은 일을 이룰 수 있다고 믿기에, 국가대표가 되기 위해, 임원이 되기 위해, 고시를 패스하기 위해, 교수가 되기 위해 그 많은 고생을 감내한다. 물론 결국에 그 꿈을 이루는 사람은 극소수에 불과하다. 그래서 이런 착각을 비현실적 낙관성(unrealistic optimism)이라고 부른다. 결국 사람들은 현실에서는 '택~'도 없는 환상을 믿으며 살게 된다는 얘기이다.

사실 비현실적 낙관주의는 인간을 인간답게 만들고 인간 사회를 발전시키는 가장 중요한 원동력이다. 결혼할 때 대부분의 주례는 묻는다. "건강할 때나, 아플 때나, 좋을 때나, 힘들 때나, 고통스러울 때나 한결같이 사랑하겠습니까?"라고. 그때 그 질문에 "그건 그때 가서……"라고 대답하고 결혼하는 사람은 없다. 신랑과 신부 모두 큰 소리로 "네!"라고 대답한다. 하지만 현실에서 그걸 지키면서 사는 사람이 얼마나 될까? 주변에 한 명이라도 본 적은 있나? 그래도 최소한 그 순간에는 그럴 수 있다고, 그럴 거라고 믿기에 결혼을 할 수 있고, 인류는 멸종하지 않고 지금까지 살아왔던 거다. 에디슨이 세계 최초로 그 위대한 발명을 했을 때, 그 당시 그것이 가능하다고 믿은 사람은 소수였을 것이다. 세상에서 최초로 만들어진 대부분의 것들은 그 발명의 순간까지는 될 거라고 믿은 사람은 많지 않았다. 그래서 그게 세계 최초인 것이다. 그런 의미에서 인류의 눈부신 탐험과 발전은 한때는 모두 비현실적이었던 그 낙관성에서 시작된 것이다. 그러니 비현실적 낙관성은 결코 나쁜 것도 피해야 할 것도 아니다.

더 중요한 결정요인은 비현실적 낙관성 그 자체가 아니라 포기하지 않을 용기와 수많은 실패를 견뎌낼 인내력이 있느냐의 여부일 것이다. 계속 조여 오는 '현실적으로 될 것 같지 않은' 불안감과 실제로 겪어야 할 수많은 실패를 묵묵히 넘길 수 있는 강심장을 소유했을 때만 비현실적 낙관성은 그들 중 누군가에게 현실이 된다. 불행히도 이런 용기와 인내력은 역사적으로 소수의 선구자에게만 주어졌다. 그래서 그들이 선구자인 것이다. 나머지 대부분의 사람들은 꿈은 꾸지만 될 거 같지 않다는 느낌이 강해질 때 포기한다. 반복되는 실패, 심지어 단 한 번의 실패도 견디지 못한다. 그래서 대부분의 평범한 사람은 평범하게 사는 거다. 결국 보통 사람들은 비현실적 낙관성 때문에 높고 먼 목표를 세우지만, 그 높고 먼 목표 끝까지 갈 용기와 인내력이 없다는 것이다.

　문제는 이런 높은 목표와 낮은 용기, 보통사람의 평범한 조합이 필요 이상의 실패로 그들 자신을 이끌 수도 있다는 사실이다. 왜? 바로 '스스로 장애인 되기'의 수렁에 빠지는 것이다. 비현실적 낙관성 때문에 누가 봐도 현실적으로 이루기 힘든 목표를 설정해 놓았으니, 매 순간 실패할 것 같은 불안감은 더욱 크게 다가올 것이다. 게다가 실제로 누구도 하기 힘든 일을 하니 얼마나 그 과정에서 실패가 많을 것인가. 그런데 그 반복되는 실패는 실패의 두려움을 더 증폭시킬 것이다. 결국 그 실패의 두려움은 슬슬 예상되는 실패의 핑곗거리를 찾게 만든다. 시간이 갈수록, 작은 실패들이 반복될수록, 궁극적인 판결의 순간이 다가올수록 더 적극적으로 핑곗거리를 찾게 된다. 아니, 이제는 핑곗거리를 격렬하게 만들게 된다. 그러니 더욱 더 확실하고 완벽하게 실패하게 된다. 성공의 근처에도 가보지 못하고, 오히려 시작의 순간보다 더 퇴보하여 악화된 상태로 끝나게 된다. 그래서 그냥 평범하게 살 기회마저도 박탈당하게 될지도 모른다. 어찌 보면 처음부터 그런 헛된 계획을 세우지만 않았어도, 그들은 자신의 능력껏 할 수 있는 만큼은 이루면서 평범하게 살아가는 보통사람이 될 수 있었을지도 모른다.

　'Boys, be ambitious.'

　미국의 과학자 윌리엄 스미스 클라크(William Smith Clark)가 한 말이라고 한다. 해석하면 '젊은이들이여, 야망을 가지라.'는 뜻이다. 하지만 그 뒤에 꼭 덧붙이고 싶다. '야망은 원래 달성하지 못하는 게 당연하다고. 실패해도 괜찮다고.'

한국 청년들이 무기력해진 하나의 이유

일반적으로 북미로 대표되는 서양인이 동양인에 비해서 비현실적 낙관성을 강하게 가지는 것으로 알려져 있었다. 개인주의 문화를 가진 서양 사람들은 명확하고 확실한 자기개념(self-concept)을 가지는 편이고, 당연히 자신에 대해서도 긍정적으로 생각하려는 자기 고양적 편향(self-serving bias)이 강할 수밖에 없다고. 반면에, 동양인은 타인과의 조화와 친화를 중시하는 성향이 있고 자기 고양적 편향이 약하고, 심지어 때로는 자신을 사회적으로 깎아내리는 자기 비하적(self-effacing) 행동을 보이기도 한다고 보고되었다(Heine & Lehman, 1995). 물론 이런 서양인과 동양인의 차이에 대한 학문적 인식은 주로 미국, 캐나다를 포함한 북미인과 일본인을 비교한 연구들에 주로 근거하고 있다. 수많은 연구에서 일본인은 자기 고양적 편향이 낮게 나온다는 연구 결과를 보고했는데, 이것을 동양인으로 확대 해석한 측면이 있는 것이다. 이런 일반화에 대한 중대한 의문은 동양인인 한국인이 이런 비현실적 낙관성이 아주 강하다는 최근의 연구들에서 시작되었다. 예를 들어, 한민 등의 비교문화연구(2009)에서 한국인과 일본인과 중국인이 비현실적 낙관성에서 어떤 차이가 있는지가 조사되었다. 한국인, 일본인, 중국인에게 인생에서 일어날 수 있는 좋은 일들과 나쁜 일들에 대해서 물어봤다. 그런 일들이 자신에게 일어날 확률과 자신과 비슷한 다른 사람에게 일어날 확률이 얼마나 될 것 같은지를. 좋은 일에서 다른 사람보다 자신에게 일어날 확률이 높다고 얘기할수록, 나쁜 일에서 자신보다 다른 사람에게 일어날 확률이 높다고 대답할수록 비현실적 낙관성을 강하게 가지고 있는 것이다. 그 연구 결과는 놀라웠다. 한국인은 일본인과 중국인에 비해 훨씬 자신의 미래에 비해 낙관적인 것으로 나타났다. 이런 현상은 한국인과 일본인을 비교한 많은 연구에 의해 여러 차례 검증되었다.

　　이런 한국인의 낙관적 성향은 학술적 연구에서뿐만이 아니라 역사를 통해서도 확인할 수 있다. 대한민국은 근대사에서 엄청난 고통의 시간을 겪었다. 식민지를 거쳐 전쟁까지 겪으면서 전 국토가 거의 폐허가 됐고 전 세계에서 가장 가난한 나라 중 하나가 되었다. 그 당시 우리나라를 보면서 전 세계의 사람들 중에 몇 명이 대한민국이 전 세계에서 유례가 없는 경제발전을 이룩하고 70년이 지난 지금 세계 10위권의 경제대국이 될 수 있을 거라고 생각했을까? 아마 거의 없었을 것이다. 하지만 우리 한국인은 그 꿈을 꿨다. 아무리 현실이 고달프고 아무 근거가 없어도, 할 수 있다고, 될 거라고 믿었다. '하면 된다.' '될 때까지 한다.'라는 구호가 괜히 나온 게 아니다. 세계 유례가 없는 경제발전을 이룩한 한국인들은 바로 그 비현실적 낙관성 때문에 그 어려운 시기에 자식을 키우고, 공부시키고, 도전하고, 개척하고, 일했던 것이다. 과거에만 그랬을까? 아니 지금도 한국인의 그 특성은 바뀌지 않은 것 같다. 문화심리적 특성은 그리 쉽게 바뀌지 않는다.

　　비현실적 낙관성이 강한 한국인들의 모습은 현재 한국 사회의 비정상적인 자녀교육에서 가장 쉽게 찾을 수 있다. 대학진학률이 70%에 이른다. 그나마 80%까지 갔던 대학진학률이 다소 떨어진 것이다. 2017년 통계청은 한국의 사교육비 총액이 18조 6,000억 원(실제로는 30조 원이라는 주장도 있음)이라고 발표했고, 자녀 1인을 대학졸업까지 교육하는 데 약 2억 원을 쓰고 있다는 보고도 있다. 현실적으로 그 모든 대학진학자 중에 자신의 꿈을 이루고, 꿈까지 이루지는 못해도 그 교육비용의 본전을 찾을 수 있는 행운아의 비중은 어느 정도 될까? 노후준비 대신에 자녀의 교육비로 수입의 대부분은 써 버린 부모의 노후까지 보장할 수 있는 성공한 젊은이는 얼마나 될까? 이런 높은 기준은 그걸 달성할 수 있다고 믿는 (아니 그것을 믿는 순간까지는) 부모와 자녀들로 하여금 최선을 다하게 만들 것이다. 어쩌면 자신의 목표에서 멀어진다고 느낄수록 한동안은 더욱 더 가열차게 노력할 것이다. 사실 한국 사회가 현재 가지고 있는 수많은 문제들, 예를 들어 사교육, 중산층의 붕괴, 저출산, 높은 노인빈곤율 등은 어찌 보면 그 높은 목표를 달성할 수 있다는 믿음에서 비롯된 과도한 노력의 결과일 수 있다.

문제는 지금의 한국 사회가, 아니 한국 사회뿐만이 아니라 전 세계가 과연 아직 그런 낙관성이 통할 수 있는 세상인가 하는 것이다. 과거의 한국인이 경험했던 그런 성공이 앞으로도 가능할까? 이제 대한민국은 세계 10위의 경제 대국이 되었고, OECD를 비롯해서 소위 잘사는 나라들이 가입하는 거의 모든 모임에 가입했다. 더 이상 과거의 미친 듯한 경제성장, 자고 일어나면 천지개벽이 되어 있는 그런 일은 이제 꿈속에서도 보기 드물게 되었다. 성공에 대한 인식의 측면을 심리학적으로 보면 더욱 그렇다. 과거 하루 한 끼만 간신히 먹던 시절에 세 끼를 먹게 됐을 때의 기쁨과 감동은 이제는 같은 밥 두 끼로 절대 느껴지지 않는다. 10만 원을 가진 사람에게 1만 원은 큰돈이지만 이미 1,000만 원을 가진 사람에게 1만 원은 별거 아니고, 심지어 같은 비율의 100만 원도 과거의 1만 원만큼 기쁘지 않다. 이런 현상은 감각과 지각에서의 차이 역치(differential threshold) 개념이나 노벨상의 받은 다니엘 카너먼(Daniel Kahneman)의 조망이론(prospect theory)에서 일관되게 검증되어 왔다(Kahneman & Tversky, 1979). 그러니 이제 성공과 뭔가를 이루었다는 느낌을 받기에는 너무 어려운 세상이 된 것이다. 그래서 한국인은 슬슬 느끼고 있다. 과거에 당연했던 현실적인 낙관성이 '진정한' 비현실적 낙관성이 되었다는 것을. 아니 이게 결코 낙관적으로 보이지 않는다는 것을.

낮은 성공확률과 실패의 두려움이 느껴지는 지금, 과연 우리는 무엇을 할 수 있을까? 마치 지금의 한국 사회처럼 이미 될 것 같지 않다는 느낌이 강하게 든다면, 그때는 더 열심히 하면 오히려 내가 더 상처받을지도 모른다는 두려움이 당연히 들게 된다. 그래서 한국 사회에는 수포자(수학을 포기한 학생), 영포자(영어를 포기한 학생), 3포 세대에서 이제 7포 세대까지 무엇이든지 포기했다는 구호가 마치 무슨 신드롬처럼 유행하고 있는지도 모른다. 우리나라는 2018년도 현재 출산율이 전 세계에서 유일하게 1명 이하로 떨어진 국가가 되었다. 실업률에는 포함되지도 않는 아예 취업을 포기한 구직단념자 수가 50만 명에 이른다고 한다. 이들에게 무슨 일이 일어난 것일까? 평생 쓰지도 않을, 다른 나라에서 공학전공 대학원에서나 필요한 수학을 모든 학생에게 요구하고 있다. 외국어인 영어를 모국어처럼 해야 한다고 믿는다(그럼 그걸 왜 외국어라고 부르나?). 전국에 대학졸업장이 필요한 직장이 40%를 넘지 않는다고 얘기하는데 청소년의 70%가 대학에 가고 있다. 아니 대학에 가야 취업할 수 있다고 한다. 아니 상위 5%만 갈 수 있는 대학에 70%를 구겨 넣으려 하고 있다. 이 모든 것이 가능하도록 자녀에게 해 줘야 한다고 한다. 이런 말도 안 되는 높은 목표를 당연하게 여기는 사회가 있다고 생각해 보자. 그 높은 목표에 대한 비현실적 낙관성이 언제까지 유지될 수 있을까? 그래서 그들은 이제 실패하지 않을 방법을 급격히 찾기 시작했는지도 모른다. 시도하지 않으면 된다. 그럼 실패도 없다. 어찌 보면 마지막 남은 자신의 자존감(self-esteem)과 존엄성(dignity)을 그나마 조금은 지킬 수 있는 마지막 배수진을 친 청년들의 모습을 여기서 보고 있는 것이 아닐까.

알면서도 포기하지 못하는 이유

어찌 보면 한국의 청년들이 직면한 현실은 전 세계의 수많은 나라, 특히 많은 선진국에서 이미 일어났거나 지금 함께 일어나고 있는 모습이라고 볼 수 있다. 정도의 차이는 있겠지만 학력 수준은 높아지고 있고 경제성장률은 떨어져서 과거와 같은 성공은 쉽지 않다. 그렇다면 현재 한국 사회에서 이런 것들이 유독 문제인 이유는 무엇일까? 왜 이렇게 '스스로 장애인 되기'가 강하게 필요하고, 포기가 격하게 일어나야 할까? 단지 강한 비현실적 낙관성을 넘어 어떤 한국인의 문화심리학적 특징이 우리를 더 힘들게 하는 것일까?

자신이 날 수 있다고 건물의 옥상에서 뛰어내리는 것은 비현실적 낙관성이 아니라 미친 거다. 이렇듯 미치지 않은 정상적인 범주에 속하는 사람들은 아무리 자기 마음대로 믿고 싶어도 그 믿음의 한계를 가지게 된다. 그리고 그 한계는 그 누구보다도 자신이 가장 잘 알 수도 있다. 예를 들어, 수학문제에 대한 어떤 설명을 들어 봐도 아무리 많은 문제를 풀어 봐도 이해할 수 없다면, 아무리 열심히 해도 최선을 다해도 수백 번을 연습을 해도 절대 이길 수 없는 상대가 있다면, 이루고 싶은 마음은 있어도 일찌감치 어차피 그것을 포기해야 한다는 것을 깨닫는다. 인생을 포기하는 것이 아닌, 그 수학을, 영어를, 공부를, 축구를, 음악을, 미술만을 포기하는 것이다. 청소년만 그런 것이 아니다. 수많은 어른도 결국 자신은 임원이 되지 못하고, 교수가 되지 못하고, 장관이 되지 못하고, 사업에 성공하지 못하고, 소위 사회적으로 잘나간다는 그 어떤 목표를 달성하지 못할 것이라는 것을 어느 순간 알게 된다.

어찌 보면 그 실패의 느낌이 온 초기에 쿨하게 포기할 수 있다면, 그것은 큰 실패도 아니고 설사 실패여도 자신의 자존감에 그리 큰 상처가 되지 않는다. 실제로 사람들은 자신에게 중요한, 즉 자기 개념과 밀접한 관련이 있는 분야에서의 성공과 실패에만 민감하지 그렇지 않은 분야에 대해서는 관대하다. 예를 들어, 사람들에게 어떤 수학 과제를 풀게 하고 가짜로 '매우 잘했다.'는 긍정적인 피드백과 '매우 못했다.'는 부정적인 피드백을 무작위로 준다. 그리고 다른 어떤 사람을 만날 기회를 주는데, 그때 자연스럽게 여러 의자 중에 스스로 원하는 의자를 선택해서 앉게끔 하고 그 타인과 떨어져 앉는 거리를 쟀다. 재미있게도, 그 타인이 같은 수학과제에서 매우 우수한 성적을 냈다는 정보를 주면, 사람들은 무의식적으로 그와 멀리 떨어져 앉으려는 성향을 보였다. 반면에, 그 타인이 같은 수학과제에서 매우 형편없는 성적을 받았다는 정보를 주면 무의식적으로 가까이 앉으려고 했다. 그런데 그 타인이 같은 수학과제가 아닌 나와 전혀 상관없는 과제를 수행했다는 정보를 받으면, 그 정보는 앉는 거리에 별 영향을 미치지 못하거나 아예 정반대의 현상이 나타나기도 했다. 즉, 상관이 없는 과제에서 우수한 성적을 얻은 타인과는 가까이 앉고 형편없는 성적을 얻은 타인과는 멀리 앉는 경향이 있다는 것이다. 왜 이런 차이가 날까? 자신이 수행한 수학과제가 자신에게 더 의미 있게 되기 때문이다. 그 과제에서 나보다 나은 타인은 내 자신을 더 초라하게 보이게 만들고, 나보다 못한 타인은 내 자신을 더 돋보이게 만든다. 이를 대비효과(contrast effect)라 부른다. 하지만 자신이 관련 없는 다른 과제에서 타인의 수행결과는 자기평가와 관련성이 낮으니, 그나마 그 수행결과가 좋은 사람들과 어울리며 후광효과(halo effect)라도 노리는 것이 현명하다는 것을 사람들은 안다(Tesser, 1988). 즉, 심리학자인 필자가 파티에서 더 잘나가는 심리학자를 멀리하고, 이왕이면 별 볼일 없는 심리학자를 찾아 헤매는 이유가 바로 이것이다. 또한 필자의 인생에서 별로 중요하지 않은 영역인 스포츠라면 가장 잘나가는 김연아, 박찬호, 박지성, 정현과 같은 슈퍼스타 옆에 찰싹 붙어 있으려 할 것이다. 물론 그들은 결코 필자 옆에 있으려 하지 않겠지만.

이런 무의식적으로 자연스럽게 일어나는 행동(타인과의 거리조정)마저도 이렇게 철저하게 자신에 대한 평가에 미치는 영향을 고려해서 결정된다면, 의식적으로 공까지 들여야 하는 중요한 일들은 어떨까? 사람들은 누구나 실패를 싫어하고, 실패가 예상되는 과제나 영역에서는 도망가고 싶다. 그러니 도망가려 할 것이다. 당연히 사람들은 자신이 중요하다고 생각하는 것을 열심히 하면서 살 수도 있지만, 동시에 자신이 잘 할 수 있는 것을 중요하게 생각하면서 살 수도 있어야 한다. 문제는 그러한 선택권이 주어지지 않으면 어떻게 될까, 과연 한국 사회에서 그런 선택권이 얼마나 주어지고 있는가에 대한 의문이다. 개인주의인 서양 사회에서 가장 중요한 사회정치적 가치는 자유와 권리이다. 이런 가치가 내재화되면 그것이 한 사람 한사람의 자율성이 된다. 그래서 자신이 원하는 것을 하고 원치 않는 것을 하지 않을 수 있어야 하며, 자신이 그 선택을 할 수 있어야 한다고 믿는다. 국가나 사회, 회사, 심지어 부모와 배우자도 이래라 저래라 하기 힘든 문화적 현상은 바로 그 자율성, 더 근본적으로는 개인주의적 심리특성에 근거하고 있는 것이다.

반면에, 한국 사회는 어떨까? 한국 사회는 일본과 같은 집단주의라는 주장이 지배적이었고, 최근에는 한국 사회는 집단주의보다는 관계주의에 가깝다는 주장도 나오고 있다. 집단주의가 맞든지 관계주의가 맞든지, 개인주의 사회와 비교해서 한국 사회에서 타인의 존재가 중요하다는 것은 사실이다. 가족을 구성하는 부모와 형제, 회사 조직을 구성하는 상사와 동료, 부하 직원, 학교를 구성하는 선생님과 친구들, 국가를 결정하는 국민 모두 중요하고 결코 무시할 수 없는 존재이다. 이런 한국 사회에서 개인의 선택권은 제한 받을 수밖에 없다. 아니, 어쩌면 자신의 선택과 중요한 타인의 선택이 함께 뒤섞여서, 어디까지가 내 선택이고 어디까지가 타인의 선택인지 구분되지 않을 수도 있다. 이런 상황에서 성공하지 못할 것 같은 스스로의 느낌이 그 선택에서 얼마나 쉽게 무시될는지는 더 쉽게 예상된다.

사람들이 자신이 잘 못하는 (못할 것 같은) 분야를 피하고 자신이 잘할 수 있는 분야를 찾아서 그 분야에서 열심히 노력하며 살 수 있다면 좋을 것이라는 주장에 반대할 사람은 거의 없을 것이다. 그렇다면 실제로 자기 영역에서 성공하는 사람이 늘고 실패하는 사람도 줄어들 것이다. 그러니 실패의 두려움으로 인한 '스스로 장애인 되기'도 상대적으로 줄어들 수 있다. 그러기 위해선 현실에서 수많은 요인이 종합적으로 고려되어야 하지만, 원칙적으로 성공하기 힘들다는 느낌이 올 때 재빨리 포기할 수 있어야 한다. 그 타이밍을 놓치면 점점 더 많은 노력과 그 노력을 합리화하는 심리과정을 통해 그 영역은 자신에게 중요해진다. 많은 한국의 청소년은 이제 본인이 학원을 안 가면 불안해진다고 토로한다. 자의건 타의건 하나만 바라보고 20여년을 달려온 청년들에게 다른 선택은 불가능해 보인다. 지금 하고 있는 그것이 무엇이든 마치 운명처럼 느껴진다. 지금까지의 삶이 그것 하나로 평가받고, 그것이 유일한 목표이고, 그것이 아니면 다른 무엇을 할 수 있는지도 모른다. 그런데 시간이 갈수록 그 영역에서 자신이 실패할 것 같은 느낌이 강하게 느껴지면, 무엇을 할 수 있을까?

●

심리가 모여 사회가 된다

한국 사회를 전 세계에서 유례가 없는 발전으로 이끈 심리적 요인 중에는 높은 비현실적 낙관성과 포기를 모르는 집념 그리고 서로를 아끼고 희생하는 관계성이 있었다. 하지만 전 세계에서 가장 빠르게 변해 왔고 변하고 있는 한국 사회에서 그 성공의 요인이 한국인을 오히려 힘들게 하고 있는 게 아닌지 고민할 때가 됐다. 강한 비현실적 낙관성은 현실을 무시한 높은 목표와 기대를 형성하게 하고, 더구나 그 높은 기대와 목표는 타인에 의해 선택되고 강요되고 있다. 그러니 포기가 거부된 사회에서 앞만 보고 달리던 한국인은 마지막 순간에 극심한 실패의 두려움을 직면한다. 이들에게는 다른 선택의 여지가 없다. 이제 너무 멀리 와서 그것만 남은 삶에서 실패할 두려움은 감당하기 쉽지 않다. 남한테 보여지는 실패를 걱정하는 단계도 넘어선 지 오래일 수 있다. 처음의 그 선택이 누구의 것이었고 누구에 의해 강요된 것인지는 상관없이, 앞으로 겪을 실패는 상처가 너무나도 크다. 이 상황에서 한국인이 자신을 지키기 위해 할 수 있는 일이 무엇인지는 이미 심리학적인 연구 결과를 통해 예상이 되지 않는가? 그 실패가 남 탓이라고 여기는 방법은 오히려 일차원적인 단순한 전략이다. 그러니 분노하게 될 수밖에 없다. 차라리 분노가 낫다. 아직은 열정이 남아 있으니 말이다. 문제는 자신을 속이기 시작한다는 것이다. 슬슬 자신이 실패할 수밖에 없었던 이유를 찾는 것이다. 최종 실패의 순간에 가까워질수록 더욱 가열차게. 극도의 무기력은 어찌 보면 앞으로 다가올 두려움에 대한 격렬한 저항일 수도 있다. 한 사회에 이상하게도 격한 분노와 심각한 무기력이 공존한다면, 그 사람들의 마음속 깊은 곳에는 과거의 달콤한 성공에 취해 너무 큰 성공을 향해 앞만 보고 달린, 아니 달리게끔 만들어진 사람들의 두려움이 숨어 있는 것이다. 한 사회의 모습은 바로 그 속에 사는 사람들의 마음이 모여 만들어 내는 것이다.

한민, 이누미야 요시유키, 김소혜, 장웨이(2009). 새로운 문화–자기관 이론의 국가 간
    비교연구. 한국심리학회지: 일반, 28(1), 139-159.

Berglas, S., & Jones, E. E. (1978). Drug choice as a self-handicapping strategy
    in response to non contingent success. *Journal of Personality and Social
    Psychology, 36,* 405-417.

Fischer, R., & Chalmers, A. (2008). Is optimism universal? A meta-analytical
    investigation of optimism level across 22 nations. *Personality and Individual
    Differences, 45,* 378-382.

Heine, S. J., & Lehman, D. R. (1995). Cultural variation in unrealistic optimism:
    Does the west feel more invulnerable than the east? *Journal of Personality and
    Social Psychology, 68,* 595-607.

Kahneman, D., & Tversky, A. (1979). Prospect theory: An analysis of decision
    under rusk. *Econometrica, 47,* 263-292.

Tesser, A. (1988), Towards a self-evaluation maintenance model of social
    behaviour. In L. Berkowitz (Ed.), *Advances in experimental social psychology*
    (vol. 21, pp. 181-227). New York: Academic Press

10장

이상 행동의 기원

:

최진영 (서울대학교 심리학과 교수)

　정신장애를 앓고 있는 환자들이 정상인에 비하여 폭력 행동의 빈도가 더 높지는 않다. 그러나 가끔 정신장애와 관련된 사건들을 뉴스를 통하여 접하게 되는데, 이는 그들이 저지른 범죄의 동기나 내용이 상식적으로 이해하기 힘들기 때문에 기사화되기 쉽다. 그래서 정신증 등 중증장애를 갖은 사람들이 실제로 저지르는 범죄 발생 빈도보다 더 높다는 편견을 갖게 되는 경우가 많다. 1992년 여름 보스턴 근교에서 젊은 청년 존이 친할머니를 살해하는 사건이 일어났다. 정신증을 일으키는 대표적인 질환인 조현병을 앓고 있던 그는 '세상이 멸망하지 않으려면 네가 가장 사랑하는 사람을 죽이라.'는 목소리(환청)가 반복적으로 들려 모친의 집으로 갔으나 모친이 외출 중이어서 '다음으로 내가 사랑하는 사람'인 조모를 떠올리고 할머니댁으로 간 것이다.

　존은 필자의 석사 논문 연구에 참여한 주립병원의 환자였는데 평소에는 폭력성이 관찰되지 않았고, 자신도 '세상을 구하기 위하여' 조모를 살해했다고 고백한 비극적인 사건이었다. 대부분의 정신장애 증상들은 이렇게 극적이지 않다. 다만 정신증을 동반하는 중증 정신장애 증상들은 보통 사람들이 이해하기 힘든 망상과 환각을 경험하기 때문에 환자 자신, 가족과 친구들은 물론 많은 사람들이 왜 이러한 행동 혹은 증상들이 일어나는지에 대해 궁금증을 갖게 된다. 혹자는 부모의 양육과정에서 실마리를 찾으려 하고, 어떤 이들은 선천적인 기질에 무게를 두기도 하며, 어떤 이들은 지속된 생활고나 최근의 충격적인 사건 등에서 원인을 찾고자 할 수도 있을 것이다.

이상 행동 이해의 과거와 현재

이상 행동을 보는 시각은 시대에 따라 변화해 왔다. 인간 행동에 관한 과학적 탐구가 시작되기 전에는 이상 행동 혹은 정신장애를 초인간적인 혹은 영적인 문제로 이해함에 따라 정신장애자들은 두려움의 대상이었고 치료는 종교적인 의식이나 사회적인 격리가 고작이었다.

인간 행동에 대한 이해 혹은 심리학이 눈부시게 발전한 20세기에는 정신장애가 인간의 심리 과정에 이상이 생긴 것이라는 시각이 발전됨에 따라 치료 가능한 영역이 되었으며 다양한 심리치료 이론과 기법들이 발전되었다. 이상 행동에 대한 심리적 원인론을 가장 먼저 제안한 프로이드의 정신역동 이론은 초기 아동기의 사회적 환경, 즉 부모의 역할과 정신병리 간의 상관관계를 다양한 사례를 통하여 연구하였다. 이 외에도 이상 행동을 설명하는 데 심리적인 요인에 초점을 맞춘 모델들이 많이 발전해 왔는데 행동주의자들은 학습의 역할을, 인지치료 접근법에서는 비정상적인 인지 과정의 역할을 연구하였다. 제2차 세계대전과 산업화를 경험한 서구에서는 실존주의 철학에 근간을 둔 현대 사회 인간의 존재론적 불안과 사회의 역기능에 주목하여 현대 사회의 고립과 기계적 문명 및 개인주의적 서구 문화를 정신장애의 원인으로 꼽기도 하였다.

정신장애에 심리·사회적인 요인 외에 다른 차원이 있을 수 있다는 증거가 1952년 프랑스의 젊은 의사인 들레이와 데니커에 의해서 제시되었다. 이들은 클로르프로마진이라는 약물을 통해 환청, 망상 및 사고 장애를 보이는 정신증 증상들을 호전시키는 데에 성공했고, 이는 정신장애에 대한 생물학적 접근법이 발전하게 되는 중요한 계기가 되었다. 이를 토대로 발달한 정신장애의 의학적 모델은 이상 행동이 심장병이나 당뇨병과 같은 생물학적 질환이라는 전제를 공유하고 있다. 이러한 생물학적 모델은 얼마 전까지 일반 심리, 사회적인 정신장애 모델들과는 별도로 발전되고 있었지만, 지난 30년 동안 급속히 발전한 신경과학의 도움으로 이상 행동의 뇌 기반이 밝혀지기 시작함으로써 비로소 이상 행동의 다차원적인 측면들을 통합적으로 조망할 수 있는 모델이 제안되기 시작하였다.

다양한 심리 과정의 생물학적 근거로 세부적인 뇌 기전들이 밝혀짐에 따라 인간 행동에 기여하는 생물학적 요인과 심리·사회문화적인 요인이 상호 작용하거나 서로 다른 수준의 현상을 설명하고 있다는 다차원적 혹은 다층적인 조망이 가능해졌다. 한 예로, 한때 심리학계에서는 인간 행동에 있어 타고난 것(nature)과 길러지는 것(nurture) 중에서 어느 것이 더 중요한 요인인지에 대한 논쟁이 매우 뜨거웠다. 이러한 논쟁은 유전이냐 환경이냐라는 흑백 구도로 이어졌고, 아동기에 부모를 잃은 것과 우울증 위험 유전자 중 어느 쪽이 우울증 발현에 더 중요한지에 대한 논박으로도 격렬하게 재현되었다. 또 이러한 논쟁들은 생물학적인 요인과 유전적인 요인을 구별할 필요성을 일깨워 주었는데, 인간 행동과 심리 기능의 생물학적 근거가 뇌라는 생물학적 시스템이란 것은 분명한 사실이지만 이 뇌의 생성과 발전이 유전적인 요인에 의해서만 결정되는 것이 아니라는 증거들이 축적되기 시작하였다. 특히 유전자의 발현에 관한 이해가 발달됨에 따라 특정 유전자의 관련 특성 혹은 행동이 발현하는 데 환경이 매우 중요한 역할을 한다는 것이 후생유전학에서 지속적으로 밝혀졌기 때문이다. 또한 극단적인 환경에서 태아 혹은 아동이 성장할 경우 유전과 상관없이 인지 및 정서 장애를 초래한다는 사실이 다수 보고되었다. 예를 들어, 임산부의 과다한 알코올 섭취는 뇌 발달이 심하게 지체되는 태아알코올증후군 같은 인지 및 행동 질환을 일으키는데, 이것은 생물학적 시스템인 뇌 발달에 유전 못지않게 환경적 요인이 영향을 준다는 것을 명확히 보여 주었다.

현재 대부분의 유전 대 환경(혹은 생득 vs. 양육 요인) 논쟁에서 유전과 환경적인 요인 모두가 인간 행동에 중요하게 기여한다는 것은 상식이 되었고 두 요인이 상호작용하는 구체적인 과정에 대한 관심으로 진화하였다. 저명 이상심리학자인 폴 밀(Paul Meehl)은 1977년에 취약성−스트레스 이론(vulnerability-stress model)을 제안하였다. 이 이론은 스트레스가 질병을 일으키는 데 기여한다는 점과 또 사람들마다 스트레스로 인해 발병하는 질환이 다르다는 점에 착안하여 특정 정신질환에 기질적으로 취약하게 태어난 사람이 일정 수준을 넘는 스트레스를 경험하게 되면 그 질환이 발병한다는 이론이다. 극심한 스트레스가 어떤 사람들에게는 우울증, 또 다른 사람에게는 불안장애, 또 다른 사람에게는 심장병으로 이어질 수 있음을 잘 설명하는 일반론이라고 할 수 있다. 그러나 이 취약성−스트레스 이론은 무엇이 취약성인지, 또 이 취약성이 스트레스나 환경과 어떻게 상호작용하는지에 대한 구체적인 해답을 제공하지는 못했다. 더욱이 어떤 사람들에게는 스트레스 사건이 자신을 발전시키는 기회가 되기도 하는데, 이러한 스트레스에 대한 내성(resilience)이 구체적으로 무엇인지에 대한 해답을 주는 데에 한계가 있었다.

◉

다차원적 이상 심리 모델

최근 비약적인 발전을 한 유전학, 신경과학 및 실험 정신병리학에 힘입어

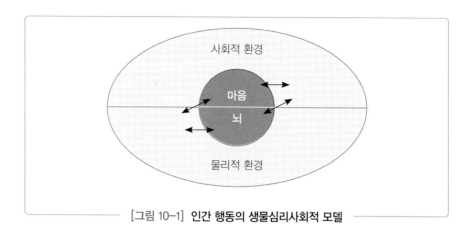

[그림 10-1] 인간 행동의 생물심리사회적 모델

21세기 이상심리학계에서는 과거의 취약성-스트레스 모델을 넘어서 다차원적 요인들을 함께 조망하는 통합적인 모델들이 제안되고 있다. 명칭은 조금씩 다르지만 이 모델들은 모두 인간 행동 및 정신 질환의 이해에 있어 다차원적인 접근을 필수적으로 여기고 다음과 같은 전제들을 공유한다.

첫째, 인간 행동은 모두 뇌를 기반으로 하므로 이상 행동 또한 모두 뇌를 기반으로 한다. 둘째, 대부분의 이상심리 혹은 정신장애는 발달 이상에 근거하며 이는 유전자와 환경 간의 상호작용이 초래한 뇌 발달 이상에서 비롯되는데 이때 환경은 사회적 환경과 물리적 환경 모두를 포함한다. 셋째, 정신장애 증상들은 생각, 감정을 포함한 행동이며 이러한 행동은 사회·문화적인 맥락에서 일어난다(Pennington, 2002; Plante, 1999).

다차원적 통합모델들은 분석 수준이 다양한 연구들의 통합을 중시하는데 이상 심리의 총체적인 이해를 위하여 필수적으로 생각하고 있는 가장 대표적인 분석 수준은 다음과 같다.

우선, ① 이상심리에 대한 이해의 시발점은 개별 이상 행동 혹은 증상에 대한 기술(description)에서 시작한다. 그러나 증상의 기저에는 ② 심리 과정들의 이상이 있고 특히 최근에는 신경심리적 기전에 대한 이해가 매우 중요시되고 있는데, 이는 다음 수준인 ③ 뇌의 구조 및 기능 이상과 밀접한 관련이

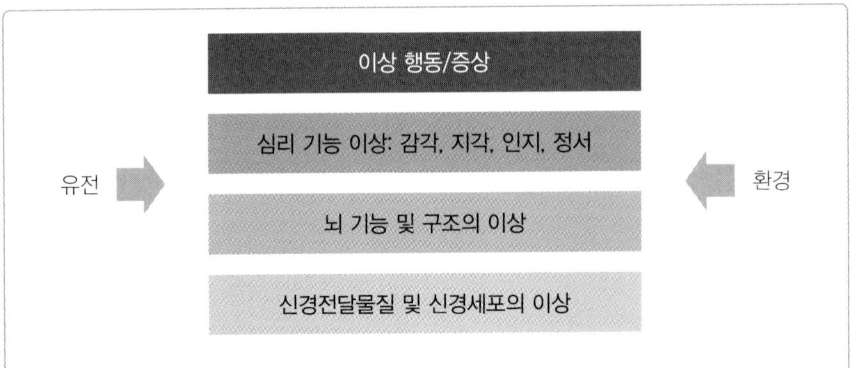

[그림 10-2] **이상심리의 다차원적 분석 수준**

있기 때문이다. 이러한 뇌 기능의 이상은 보다 미시적인 ④ 신경세포들과 이들 간 연결의 이상 혹은 신경전달물질의 변화가 신경발달 과정에서 어떻게 진행되었는지에 대한 이해를 통하여 더 구체화될 수 있다. 마지막으로, 이상심리를 초래하는 ⑤ 유전과 ⑥ 환경적인 원인들에 대한 이해 및 탐구가 필수적이다.

스트레스와 이상 행동

넓게 정의하자면, 우리에게 변화를 요구하는 환경적 요인을 스트레스라고 정의할 수 있는데 정신질환을 포함한 대부분의 질환의 발병에는 강도가 세거나 만성적인 스트레스가 중요한 역할을 하는 것으로 밝혀지고 있다. 이상심리학 연구들은 각 정신장애의 원인이 되는 주요한 스트레스의 종류가 다르다는 것을 밝히고 있는데 우울증에는 어린 시절 중요한 관계의 상실이, 조현병에서는 난산(obstetrical complication)이 발병에 기여하는 중요한 환경 요인으로 확인되고 있다. 이러한 중요 스트레스 사건 외에도 매일 매일 경험하는 스트레스가 장애 발현에는 매우 중요한 것으로 보고되고 있는데(Lepore, Miles,

& Levy, 1997), 이것은 환경 못지않게 개인이 외부 환경을 어떻게 받아들이고 경험하는지와도 직결되어 있다. 이를 스트레스 취약성이라고도 하는데 스트레스에 취약한 사람들은 마음과 몸에 미치는 스트레스의 영향이 다른 이들보다 더 커서 심리적 문제로 쉽게 발전하거나 정신적 혹은 신체적 질환에 더 취약한 것으로 보고되고 있다.

초기 애착과 성인기 스트레스 취약성

1990년대에 실시된 일련의 동물 실험들은 성인기 동물의 스트레스 취약성을 결정하는 데 유전자와 환경이 정교하게 상호작용하는 기전을 밝혀 주었는데, 이는 이상심리를 이해하는 데 시사하는 바가 크다. 미니(Meaney)와 동료들은 쥐를 대상으로 생후 초기 동물들의 애착행동을 연구하며(Liu et al., 1997) 쥐의 양육 환경인 어미가 새끼를 '먹이는 행동(feeding)'과 '돌보는 행동'을 측정하였다. 포유동물에 있어, '돌보는 행동'인 어미가 새끼를 핥아 주고(licking) 털의 이를 잡아 주는 것과 같은 몸 손질해 주기(grooming) 행동은 애착 행동으로 정의되는데, 흥미로운 것은 대부분의 동물에 있어 '새끼를 먹이는 행동'에는 쥐들 간 개인차가 크게 없는 데 반해 돌보는 행동의 개인차는 크다는 것이다. 인간의 영유아기에 해당하는 생후 10일 동안 어미의 돌봄을 많이 받은 쥐들은 성인기 스트레스에 대한 내성이 더 강한 것으로 보고되었다. 구체적으로 쥐에게 심한 스트레스가 되는 다른 수컷의 냄새를 풍겨 주었을 때 돌봄을 많이 받은 쥐는 돌봄을 적게 받은 쥐에 비하여 주요 스트레스 호르몬인 CRH(corticotropin-releasing hormone)가 적게 분비되었다. 더 중요한 사실은 돌봄(licking-grooming)을 더 많이 받은 쥐들의 경우 스트레스 반응에 관여하는 유전자 CRH의 발현은 억제되었고 스트레스 억제 반응에 관여하는 유전자인 해마의 글루코코르티코이드 수용기(GR)의 발현은 더 많았다([그림 10-3] 참조). 다시 말해, 이는 영아기 부모의 양육 방식이 개인의 스트레스 반응 유

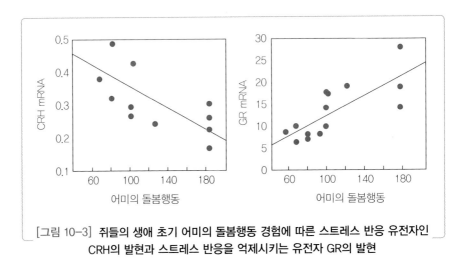

[그림 10-3] 쥐들의 생애 초기 어미의 돌봄행동 경험에 따른 스트레스 반응 유전자인
CRH의 발현과 스트레스 반응을 억제시키는 유전자 GR의 발현

전자 발현에 영향을 미쳐 이후 아이들의 스트레스 내성에 영향을 준다는 것
을 시사한다. 이러한 결과는 프로이드를 비롯한 정신역동치료 이론들에서 정
신병리 발현의 중요 요소로 부모의 양육 방식을 강조한 것과 일관된다.

후속 연구들은 어미를 뒤바꾸는 실험을 통해 양육 환경과 선천적인 요인이
스트레스 내성에 기여하는 바를 구별하는 연구를 진행하였다(Francis, Diorio,
Liu, & Meaney, 1999). 예상한 대로, 생물학적 어미와 키우는 어미 모두 돌봄
행동이 적었던 새끼의 경우 스트레스에 매우 취약하게 유전자들이 발현했는
데, 이 사실은 이상심리 연구에 시사하는 바가 크다. 돌봄 행동이 적은 어미
쥐는 인간에게 있어 우울증이나 심리적 문제가 있는 엄마들의 행동과 유사한
면이 있는데, 이들은 새끼들에게 젖을 먹이긴 하지만 돌봄 행동이 현저히 적
었다.

이와 같은 동물 연구는 생애 초기 부모의 돌봄을 적게 받은 사람의 경우 스
트레스 억제 중추에서 유전자의 발현이 감소하는 것과 더불어 부모의 스트레
스에 취약한 유전자와 다시 상호작용하여 그 취약성을 매우 증폭시킬 가능성
이 높다는 것을 말해 준다.

아동 학대 및 폭력 경험으로 인한 발병 위험 증가

아동기 양육자의 애착 행동 못지않게 정신장애 발병에 중요한 것이 아동기 학대 및 폭력 경험인데 최근 3만 4,000여명을 대상으로 한 캐나다 정신 장애 역학 연구에 의하면 아동기 정서적인 학대 및 방임이 우울증을 포함한 다양한 형태의 정동장애, 불안장애, 성격장애 및 약물중독 위험을 2~7배까지 높이는 것으로 보고되었다(Tallieu et al., 2016). 또한 지난 10여년 동안 다양한 연구에서 조현병 등 환각, 망상 등의 정신증을 동반한 중증 정신장애 환자들도 아동 학대 및 성폭력의 빈도가 30~70%로 보고되어 통상 1% 이하인 정상인에 비하여 매우 높은 것으로 확인되었다(Bendall et al., 2007). 한편, 몇 년 전 호주에서 수행된 대규모 국가 조사에 의하면(Shah et al., 2014) 이러한 중증 정신장애인들에게서 평균 30%의 아동 학대가 보고되었으며 여아의 경우 남아에 비하여 그 위험이 3배로 높아 환자들의 치료를 위하여 아동 학대 및 폭력 경험에 대한 평가의 중요성이 대두되었다. 또한 이러한 아동 학대가 뇌에 미치는 영향을 193명의 20대 성인을 대상으로 조사한 연구에서는(Teicher, Anderson, & Polcari, 2012) 아동 학대를 경험한 사람들은 경험이 없는 사람들에 비하여 스트레스 반응을 관리하는 해마의 발달이 제대로 이루어지지 않은 것으로 밝혀졌다. 이 연구 결과는 모든 아동 학대가 정신장애로 이어지는 것은 아니지만 정신장애에 취약하게 하는 중요한 뇌 경로를 밝히고 있다는 점에 주목할 필요가 있다.

유전과 이상 심리

흔히 조현병과 같은 중증 정신장애는 유전에 의해서 결정되는 것으로 생각하기 쉽지만 조현병 환자 부모의 94%가 조현병이 없다는 사실은 이상 행동에 기여하는 유전자의 영향이 생각보다 복잡하다는 것을 시사한다. 물론 유전자는 스트레스에 대한 일반적인 취약성은 물론 인간 행동의 많은 영역에 걸쳐 영향을 미친다. 행동유전학은 이상 행동을 포함한 인간의 행동 및 심리가 어떠한 유전적 기전에 의해 설명될 수 있는지를 연구하는 분야이다. 인간 행동이 뇌를 기반으로 하고, 뇌도 우리 신체의 다른 부분과 마찬가지로 유전자들의 집합인 DNA를 기반으로 한 mRNA에 의하여 만들어진다는 사실을 알게 되면 인간 행동에 유전이 관여한다는 것은 놀라운 사실이 아니다. 그러나 많은 사람이 간과하는 것은 유전자들의 발현이 특정 환경이 제공되어야만 가능하다는 후성유전학적인 사실인데, 이는 이상 행동을 포함한 모든 행동이 유전자와 환경 간의 무수한 상호작용을 통하여 형성된다는 것을 의미한다. 특히 다른 동물에 비해 인간의 뇌는 다양한 환경에서도 생존할 수 있는 인간의 놀라운 적응력에 가장 중요한 근간이 되는데, 이는 인간 뇌에 있어 자신의 환경을 가장 효율적으로 학습할 수 있도록 뇌 발달 유전자들이 구성되었음을 시사한다.

가족 연구

유전자나 DNA가 발견되기 훨씬 이전부터 정신장애가 부모로부터 물려받을(inherited) 수 있는 특성이라는 것은 환자들의 가족력을 통해서 알 수 있었다. 영국의 유명한 시인인 알프레드 테니슨의 가계도를 살펴보면 아버지와 부계 친족, 테니슨과 그 형제들에게 높은 빈도로 정동장애, 특히 조울병이 발병한 것을 알 수 있다. 그래서 초기 유전 연구들은 주로 가족 연구에 기초하여 정신장애의 유전성을 확인하고자 하였다.

유전성 연구의 가장 대표적인 방법은 쌍생아 연구인데, 쌍생아들은 크게 유전자를 100% 공유하는 일란성 쌍생아와 일반 형제들과 비슷하게 대략 50%의 유전자를 공유하는 이란성 쌍생아 둘 사이의 발병 정도를 비교한다. 다시 말해, 이 연구들은 특정 행동 혹은 질환에 있어 쌍생아 간의 발병 일치율, 즉 그 형질이 일관되게 관찰되는 확률을 비교하는데, 이 일치율이 일란성과 이란성 쌍생아에서 차이가 클수록 유전되는 정도가 크다는 것을 의미한다. 이때 일란성 쌍생아들과 이란성 쌍생아들 간의 양육 환경의 차이가 없다는 전제가 필요하긴 하다.

시인 테니슨의 조울중 가족력에서 볼 수 있듯이, 조울병은 주요 정신장애(Axis I) 중 유전성이 가장 높게 확인되고 있는 장애 중 하나이다. 베텔슨의 유명한 쌍생아 연구(1977)에 보고된 일란성 쌍생아의 조울병 일치율은 70%에 육박하는 반면 이란성 쌍생아의 일치율은 20% 이하이다. 많은 사람이 유전성이 가장 강하다고 생각하고 있는 조현병의 경우 일란성 쌍생아의 일치율이 대략 48%이고 이란성 쌍생아는 17%로 확인되고 있어 조울병보다 훨씬 낮은 유전성을 갖고 있는 것으로 확인되었다. 또한 조현병의 경우 환자의 부모 중

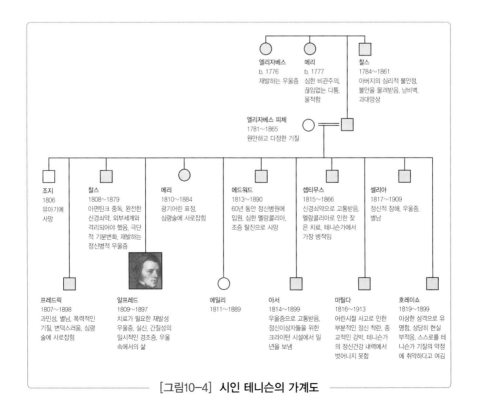

[그림10-4] 시인 테니슨의 가계도

6%만이 조현병을 앓은 경험을 갖고 있어 이 장애의 경우 유전 못지않게 환경이 중요함을 알려 준다.

이상 행동 및 뇌 기능 관련 유전자

최근 행동유전학 연구들은 질환이나 특질이 얼마만큼 유전되는지에 관심이 있기보다는 인간이 갖고 있는 약 2만 개의 유전자 중 특정 행동 혹은 특정 뇌 기능 이상과 관련이 있는 유전자들이 어떤 것인지를 발견하고 그들이 어떤 기전을 통하여 특질을 발현하는 데 기여하는지 밝히는 것에 주력하고 있다. 정신질환 중 위험 유전자 발견에서 가장 성과가 좋았던 경우는 치매를 일으키는 알츠하이머 질환(Alzheimer's disease: AD)에 취약하게 하는 아포e4 유전 형질의 발견이었다. 이 유전자는 1991년부터 시작하여 듀크 대학교 연구진들이 알츠하이머 질환의 뇌병리와 관련이 있을 수 있는 유전자인 아포e 유전 형질을 찾아낸 후, 이 유전 형질의 세가지 아형인 e2, e3, e4 중 알츠하이머 질환을 앓는 노인들에게서 많이 발견되는 e4 아형을 찾아냈다. 이 아형을

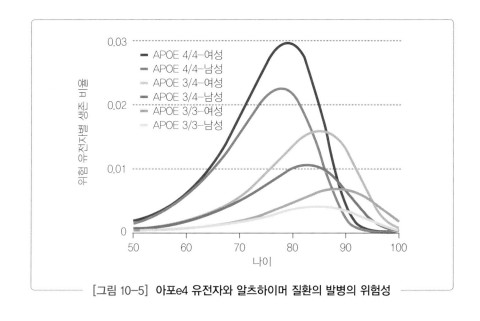

[그림 10-5] 아포e4 유전자와 알츠하이머 질환의 발병의 위험성

하나 가지고 태어난 사람은 그렇지 않은 사람에 비해 알츠하이머 치매가 발병할 확률이 3배로 증가하며, 두 개를 가진 경우 12배까지 증가하는 것으로 보고되었다(Strittmatter et al, 1993). 그러나 이 유전 형질을 가지고 있는 사람도 알츠하이머 질환이 발병하지 않는 경우들이 있고, 이 질환을 앓고 있는 사람들 모두가 이 형질을 갖고 있지도 않다.

행동유전학 연구의 미래

가장 최신 유전자 연구들은 특정 유전자를 동물에서 제거한 후(knock-out) 그것이 행동에 미치는 효과를 관찰하는 방법을 사용한다. 이를 통하여 일차적인 사회적 행동이자 정신병리에 매우 중요하다고 여겨지는 애착 행동에 관여하는 오피에이트(opiate)이라는 신경전달물질 관련 유전자가 발견되기도 하였고, 조현병이나 조울병에 관여하는 신경전달물질 관련 유전자의 효과가 연구되고 있어 미래 정신질환 혹은 이상 행동에 기여하는 신경전달물질 관련 유전자들의 속성이 더 많이 밝혀질 것으로 예상된다. 그러나 인간 게놈 프로젝트(Dunham et al., 1999)를 통하여 유전자들의 위치가 모두 확인되고 최신 유전 연구 기법들이 비약적으로 발전하고 있음에도 불구하고 조현병, 조울병, 자폐증에 관여하는 유전자들은 쉽게 밝혀지고 있지 않는데, 그 이유 중 하나는 어떤 행동이나 혹은 행동 패턴(예: 조현병)에 관여하는 유전자가 하나가 아닐 가능성이 높기 때문이다. 또한 대부분의 유전자들은 발현될 확률이 100%가 아닌데, 보호적인 환경을 비롯한 여러 가지 이유에 의해서 유전형질이 관찰 당시 표현되지 않을 수 있다는 것을 의미한다. 유전 형질이 표현되더라도 그 정도의 차이가 있기 때문에 어떤 사람이 그 유전 형질을 보유하고 있는지를 현재 나타나는 행동(표현형)만으로는 판단하기 힘들다는 얘기이다. 예를 들어, 아포e4 유전자를 보유한 노인이 아직 알츠하이머 질환의 표현형인 치매 증상이 없다 하더라도, 수년 후에는 잠재되어 있던 증상이 발현할 수 있기 때문이다. 특정 행동에 관여하는 유전자를 찾는 것을 더욱더 힘들게 하는 것은 유전 형질을 보유하지 않으면서도 표현형을 발현하는 경우(표현형 모사, phenocopy)가 있기 때문이다. 행동 혹은 장애와 같이 복잡한 형질과 관련

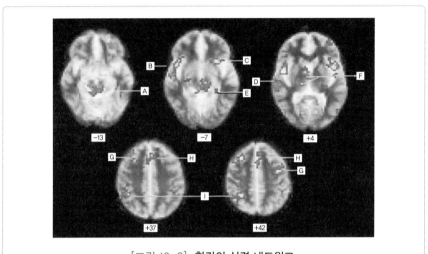

[그림 10-6] 환각의 신경 네트워크

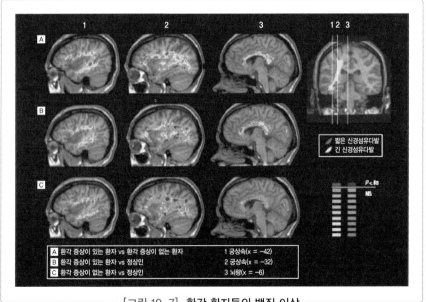

[그림 10-7] 환각 환자들의 백질 이상

된 유전자를 찾기 위해서는 수많은 유전자 조합의 효과들을 분리해 낼 수 있는 방법론에 있어 획기적인 전환이 필요할 것으로 생각된다.

이상 심리와 뇌

뇌 영상 기법의 획기적인 발전으로 1990년대부터 거의 모든 정신장애에 대한 뇌 연구가 진행되고 있다. 이 중 뇌 영상 연구를 통하여 그 기전의 이해가 가능해진 조현병 환자들의 환각에 대한 신경과학적 연구를 소개하겠다.

환각의 네트워크

환각은 외부의 자극 없이도 감각을 경험하는 현상으로 정상인이 이해하기 힘들지만 조현병을 포함하여 조울병, 우울병, 뇌종양 및 약물 복용 등 생각보다 다양한 상태에서 경험된다. 조현병 환자들의 환각은 대부분 청각적 환청이며 내용은 주로 부정적 평가, 욕설이나 혹은 앞의 존과 같이 남이나 자신을 해치라는 명령 등의 언어적 내용이어서 환자들에게 상당한 심리적 고통을 주고 있으며 종종 자신이나 타인에게 해를 끼치는 원인이 되기도 한다. 그러나 최근까지만 해도 환청 연구는 환자의 주관적인 경험에 대한 기술이나 이를 분류하는 것에 국한되어 있었고 환청의 심리적 기전에 대한 이해는 거의 이루어지고 있지 못했다. 이는 대부분의 심리학 실험이 자극을 제시하고 난 후 그에 대한 반응을 측정하는 연구 방법을 사용하는데 환각의 경우 자극 없이 일어나는 심리적인 현상이므로 이를 객관적으로 측정하고 연구하는 데 난항이 계속되어 왔다.

1990년대 가속화된 뇌 영상 기법의 발전으로 환각을 경험하고 있는 상태의 뇌를 영상화하는 것이 가능해지면서 환각의 과학적인 탐구가 시작되고 있는데, 영국 런던의 정신의료원(Institute of Psychiatry)에 있는 셔길(Shergill) 박사팀(2000)은 기능적 자기공명영상(fMRI)를 활용하여 정신분열병 환자의 환청에 관여하고 있는 뇌영역들을 확인하였다([그림 10-6] 참조). 외부 자극 없이 들리는 환청 중 환자들의 뇌에서 활성화된 주요 뇌영역은 청감각 중추들인 측두엽에 있는 청각피질, 시상, 중뇌의 하구(inferior colliculus)를 포함하는데, 이는 조현병 환자들이 외부 자극 없이도 환청 중 청각 중추들이 활성화된다는 것을 의미한다. 또한 언어 중추인 하전두엽(inferior frontal cortex)의 브로카 영역과 후측두엽(posterior temporal cortex)의 베르니케 영역을 비롯한 언어 처리에 관여하는 뇌피질들이 활성화되었다. 이렇듯 속으로 말을 하거나 남이 얘기하는 것을 상상하는 내적 언어 산출과 관련이 깊은 뇌 영역들이 활성화된 점은 환청 시 '내적 언어'가 산출되고 있지만 조현병 환자들이 이를 타인의 목소리(외적 언어)로 잘못 지각한다 것을 시사한다. 그 후 이러한 뇌 기능 이상이 뇌 구조들 간의 연결성의 문제에서 비롯된다는 것이 추가적으로 밝혀졌다(Hubl et al., 2004). 환각을 경험하는 환자들에게서 언어 및 청각 중추들을 연결하는 대뇌 백질 발달 이상이 발견되었는데([그림 10-7] 참조), 이러한 연결성 문제가 바로 환청을 경험하는 사람이 속으로 생각한 것을 타인의 목소리로 잘못 지각하는 것으로 설명할 수 있게 되었다.

세포와 세포 사이: 신경전달물질 이상

항정신증 약물의 발견과 도파민 가설

현대의학의 발전으로 다양한 약물이 개발되고 있던 1952년, 프랑스인 정신과 의사 들레이와 데니커는 새로운 약물인 클로르프로마진(chlorpromazine)을 조현병 환자들에게 투여하였다. 원래 클로르프로마진은 항히스타민제로 개발되었으나 항히스타민 효과보다는 정신을 진정시키는 효과가 탁월하였다. 이에 착안하여 들레이와 데니커는 이 약물을 당시 심리치료법으로는 치료가 어렵고 행동 증상이 심각한 조현병 환자들에게 시범적으로 투여하였다. 예상외로 클로르프로마진은 환자들의 정신증을 감소시키는 데 효과적이었다.

이것은 현대 정신병리학 및 정신의학계에서 매우 중요한 분기점이 된 발견으로 조현병을 포함한 정신장애들의 생물학적 기전을 탐구하는 견인차가 되어 다른 정신장애 치료 약물의 개발을 촉진하였다. 클로르프로마진은 도파민이라는 신경전달물질이 시냅스에서의 작용을 조절함에 따라 효과를 발휘하는 것인데, 항정신증 약물 발견 이후 정신증 혹은 정신증이 가장 흔하게 관찰되는 조현병의 생물학적 기전으로 도파민 가설이 제기되었다. 도파민은 대체적으로 신경계가 흥분되는 여러 활동에 관여하는데, 운동을 하고 있거나 흥미진진한 액션 영화를 보고 있거나 좋아하는 사람과 시간을 보내고 있을 때 도파민의 분비가 증가한다. 좀 더 자세히 살펴보자면, 도파민 기능은 분비

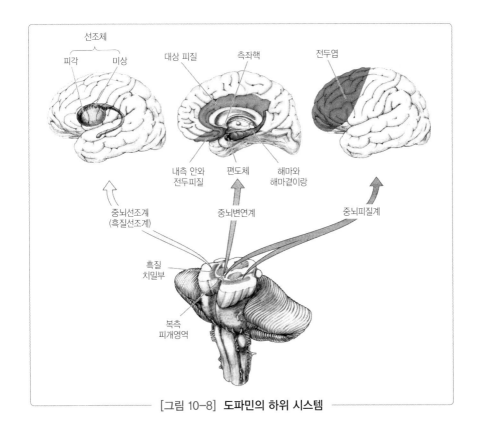

[그림 10-8] **도파민의 하위 시스템**

되는 뇌 영역에 따라 약간씩 차이가 있고 이에 따라 도파민의 하위 시스템이 구별된다. 도파민 시스템은 크게 중변연계 시스템, 중피질 시스템, 흑질선조체 시스템으로 구성되어 있고, 각 하위 시스템은 서로 다른 행동 영역에 관여하고 있다. 중변연계 시스템의 경우 정신증의 환각, 망상 및 사고장애에 기여하는 것으로 밝혀지고 있어 항정신증 약물의 효과는 이 하위 시스템에 작용하는 효과라고 할 수 있다. 이 하위 시스템은 또한 어떤 행동이나 활동의 즐거움 혹은 보상과도 관련이 있어 보상 관련 행동 장애를 보이는 여러 중독 증상과도 관련이 깊다.

중피질 시스템은 대뇌 특히 전전두엽에 투사함에 따라 고등 인지 기능 및 집행 기능에 관여하는데, 이 시스템의 이상으로 인해 조현병의 작업 기능 장애 및 무관심 및 행동 저하 등의 증상이 유발되는 것으로 알려져 있다. 반면, 흑질선조체 시스템은 운동의 조절과 보상 행동에 기여하는 시스템으로 동작이나 행동의 선택, 시작과 멈춤에 필수적이다. 파킨슨병 환자들의 경우 이 시스템의 퇴행으로 운동조절 능력의 와해가 일어나고 1세대 항정신증 약물을 장기 복용한 조현병 환자들에 있어 발생하는 부작용인 지연성 운동장애도 이 시스템의 오작동에 기인한다.

항우울제와 카테콜아민

조현병의 도파민 가설과 비견되는 우울병의 카테콜아민(cathecholamine) 가설은 시냅스 내 카테콜아민 부족이 우울병의 신경화학적 기전이라고 설명하고 있다([그림 10-9] 참조). 항우울제들은 실제로 시냅스에서 다음 신경세포로 전달되는 카테콜아민의 양을 증가시키는 방법으로 그 효과를 발휘하고 있다. 카테콜아민은 크게 세로토닌과 노르에피네프린이라는 두 종류의 개별 신경전달물질로 구성되어 있고 둘 다 뇌간에서 시작하여 변연계 및 대뇌로 투사하는 광범위한 네트워크을 이루고 있어([그림 10-10] 참조) 기분 및 정서 조절, 각성, 수면, 식욕 및 성욕 등 다양한 생체 및 심리 기능에 관여한다.

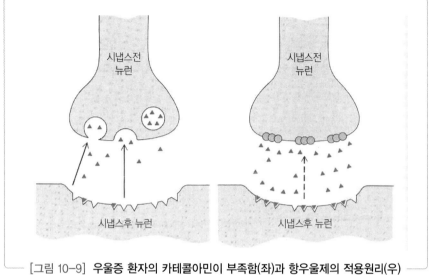

[그림 10-9] 우울증 환자의 카테콜아민이 부족함(좌)과 항우울제의 적용원리(우)

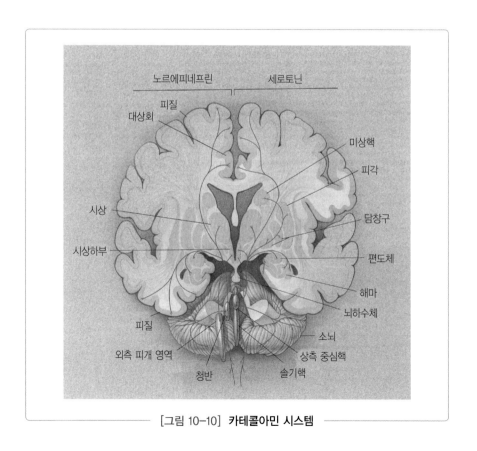

[그림 10-10] 카테콜아민 시스템

항우울제들은 이에 따라 기분 및 정서 조절을 향상시키고 수면 및 식욕 등에도 관여하여 우울증에서 흔하게 관찰되는 불면증과 식욕 감퇴 증상을 호전시키기도 한다. 또한 카테콜아민 시스템은 불안과 밀접한 관련이 있는 신체의 각성 상태에도 영향을 미치기 때문에 불안장애는 물론 과민성 대장 증후군에도 효과가 있는 것으로 알려져 있다. 특히 세로토닌의 재흡수를 억제하는 SSRI(Selective Serotonin Reuptake Inhibiter)계 항우울제는 과거의 항우울제들에 비교하여 부작용이 훨씬 적어 보편적으로 사용되고 있다. 그러나 SSRI 항우울제들도 세로토닌 시스템 전체에 효과를 미치기 때문에 체중 증가 및 성욕 감퇴 등 부작용이 있기도 하고 뇌 발달이 아직 완성되지 않은 청소년들의 경우 자살 충동이 오히려 증가할 수 있다는 보고들이 있다.

이상 심리 및 행동의 생물학적 기반이 되는 뇌 연구들은 최근 기하급수적으로 증가하고 있다. 가장 큰 원동력이 되고 있는 것은 인지, 정서 및 성격 등의 뇌 기전들을 가시적으로 영상화할 수 있는 뇌 영상 기법의 기술적 진보라고 할 수 있다. 이에 못지않게 성장하고 있는 유전자 분석 기법은 아직까지도 밝혀지지 않은 이상 행동들의 신비를 풀어가는 데 또 다른 중요한 기여를 할 것으로 보인다. 또한 최근에 밝혀지고 있는 아동기 학대 및 폭력 피해 경험이 정신장애로 이어지는 주요 뇌 경로가 밝혀진 것은 이상 행동의 기원에 사회적 환경이 기여하는 바에 대하여 시사하는 바가 적지 않다. 궁극적으로 이러한 연구들이 인간의 행동 혹은 마음에 대한 이해를 높이기 위하여서는 심리적 수준의 측정치들과 통합되어야 한다. 이는 신경세포, 시냅스, 신경전달물질 및 그와 관련된 유전자들의 기능이 궁극적으로는 다양한 인간의 마음과 행동을 구현하는 것이기 때문이다. 그리고 인간이 사회 속에서 삶을 영위하기 때문에 정신장애 증상인 이상 행동은 사회적 맥락에서 행동으로 구현되고 해석되는 것은 물론 그 기원이 사회적 환경에 있기도 하다. 이상 행동에 대한 정확한 이해와 효과적인 치료를 위해서는 이상 행동의 신경과학적 기전 못지

않게 사회 문화적 맥락에 대한 이해가 행동 과학적 개입에 통합되어야 한다
는 것을 유념할 필요가 있다.

참고문헌

Bertelsen, A., Harvald, & B., Hauge, M. (1977). A Danish twin study of manic-depressive disorders. *Br J Psychiatry, 130*, 330-351.

Bendall, S., Jackson, H., Hulbert, C. A., & McGorry, P. D. (2007). Childhood trauma psychotic disorders: a systematic and critical review of the evidence. *Schizophrenia Bulletin, 34*, 568-579.

Corder, E. H., Saunders, A. M., Strittmatter, W. J., Schmechel, D. E., Gaskell, P. C., Small, G. W., Roses, A. D., Haines, J. L., & Pericak-Vance, M. A. (1993). Gene dose of apolipoprotein E type 4 allele and the risk of Alzheimer's disease in late onset families. *Science, 261*, 921-923.

Drevet, W. C., Videen, T. O., Price, J. L., Preskorn, S. H., Carmichael, T., Raichle, M. E. (1992). A functional anatomical study of unipolar depression. *Journal of neuroscience, 12*(9), 3628-3641.

Dunham, I., Shimizu, N., Roe, B. A., Chissoe, S., Hunt, A. R., Collins, J. E., Bruskiewich, R., Beare, D. M., Clamp, M., Smink, L. J., Ainscough, R., Almeida, J. P., Babbage, A., Bagguley, C., & Bailey, J., Barlow, K., Bates, K. N., Beasley, O., Bird, C. P., Blakey, S., Bridgeman, A, M,, & Buck, D., Burgess, J., Burrill, W. D., O'Brien, K. P., et al. (1999). The DNA sequence of human chromosome 22. *Nature, 402*(6761), 489-495.

Francis, D., Diorio, J., Liu, D., & Meaney, M. J. (1999). Nongenomic Transmission Generations of Maternal Behavior and Stress Responses in the Rat. *Science, 286*, 1155-1158.

Hubl, D., Koenig, T., Strik, W., Federspiel, A., Kreis, R., Boesch, C., Maier, S.E., Schroth, G., Lovblad, K., & Dierks, T. (2004). Pathways that make voices: White matter changes in auditory hallucinations. *Archives of General Psychiatry, 61*, 658-668.

Lepore, S. J. Miles, H.J., & Levy, J. S. (1997). Relation of chronic and episodic stressors to psychological distress, reactivity, and health. *International Journal of Behavioral Medicine. 4, 1,* 39–59.

Liu, D., Diorio, J., Tannenbaum, B., Caldji, C., Francis, D., Freedman, A., Sharma, S., Pearson, D., Plotsky, P. M., & Meaney, M. J. (1997). Maternal care, hippocampal glucocorticoid receptors, and hypothalamus–pituitary–adrenal responses to stress. *Science, 12*(277), 1659–1662.

Marcus, G. (2004). *The birth of the mind.* New York: Basic Books.

Pennington, B. (2002). *The development of psychopathology.* New York: Guilford Press.

Plante. (1999). *Contemporary Clinical Psychology.* New York: Wiley.

Shergill, S. S., Brammer, M. J., Williams, S. C. R., Murray, R. M., & McGuire, P. K. (2000). Mapping auditory hallucinations in schizophrenia using functional magnetic resonance imaging. *Archives of General Psychiatry, 57,* 1033–1038.

Shah, S., Mackinnon, A., Galletly, Ch., Carr, V., McGrath, J. J., Stain, H. J., Castle, D., Harvey, C., Sweeney, S., & Morgan, V. A. (2014). Prevalence and impact of childhood abuse in people with psychotic illness. Data from the second Australian national survey of psychosis. *Schizophrenia Research, 159,* 20–26.

Stahl, S. M. (2000). *Essential psychopharmocology.* Cambridge, U.K.: Cambridge University Press.

Strittmatter, W. J., Saunders, A. M., Schmechel, D, Pericak-Vance, M., Enghild, J., Salvesen, G. S., & Roses, A. D. (1993). Apolipoprotein, E: high-avidity binding to beta-amyloid and increased frequency of type 4 allele in late-onset familial Alzheimer disease. *PNAS, 90,* 5, 1977–1981.

Taillieu, T. L., Brownridge, D. A., Sareen, J., & Afifi, T. O. (2016). *Child Abuse and Neglect 59,* 1–12.

Teicher, M., Anderson, C. M., & Polcari, A. (2012). Childhood maltreatment is associated with reduced volume in the hippocampal subfields CA3, dentate gyrus, and subiculum. *Proceedings of the National Academy of Sciences of the United States of America, 10*(9).

11장

내 마음, 어떻게 치유할까

⋮

이은경 (명지대학교 청소년지도학과 교수)

> 평범하고 단조로운 일상생활 안에서
> 권태나 우울에 빠져들다가도
> 재빨리 기쁜 쪽으로 방향을 돌릴 수 있는
> 슬기를 구하고 싶다
>
> ─이해인 시인, 『고운새는 어디에 숨었을까』 중 〈기쁨을 찾는 기쁨〉 한 구절

　인간은 살아가면서 행복한 순간도 경험하지만 불행한 순간도 경험한다. 우리가 살아가야 하는 삶은 늘 도전해야 하는 과제를 던지기 때문이다. 늘 기쁘고 행복하면 좋겠지만 함께 살아가야 하는 이 세상에서 참 어려운 일이다. 내가 하고 싶은 것을 참아야 할 때, 다른 사람에게 하고 싶은 이야기를 전달하는 방법을 모를 때, 때로는 내가 하기 싫은 일을 해야 할 때, 뿐만 아니라 내

가 흥미 없는 과목을 억지로 배워야 할 때, 무조건 내 것을 양보해야 할 때 등 나를 다스려야 하는 순간은 참 많다.

　그나마 다행스럽다고 볼 수 있는 점은 모든 인간이 이런 심리적 어려움을 겪고 극복해야 하고, 이와 같은 과정 속에서 성장하고 있다는 것이다. 그러나 때로 내가 부딪히고 있는 위기를 스스로 해결할 수 없거나 막다른 출구에 있는 것 같은 두려움을 느끼는 경우도 많다. 나 혼자서는 해결하기 어렵다고 느껴질 때, 나는 어떤 사람인가 궁금해질 때, 무엇을 어떻게 하는 것이 더 나은 방법인지 잘 모를 때, 내 이야기를 편견 없이 들어줄 누군가가 필요할 때, 지금의 나 자신보다 더 발전할 수 있는 가능성을 찾고 싶을 때 그리고 심리적으로 너무 어려울 때 등 참 많다. 상담 심리학(counseling psychology) 이론은 스스로 해결할 수 없는 심리적 문제를 지닌 사람을 돕는 전문 심리상담을 위해 체계적인 이론을 제공한다. 지금부터는 나의 마음을 치유하는 데 활용할 수 있는 몇 가지 상담 이론을 살펴보자.

'상담'이라는 용어에 대하여

상담(counseling)은 개인의 심리적 문제를 돕기 위한 전문적 활동을 의미한다. 현대사회에서는 정신건강, 성격, 발달, 교육, 진로 선택, 직업 적응, 가족 관계, 부부 문제, 개인적 성장 등의 다양한 분야에서 상담이 활용되고 있다(네이버 심리학용어사전, 2014). 상담용어와 함께 사용되는 용어로는 심리치료(psychotherapy)가 있다. 상담과 심리치료가 명확하게 구분되는 것은 아니지만 심리치료는 병원과 같은 임상 장면에서 비교적 심각한 심리적 문제, 즉 심리장애나 정신질환을 지닌 사람을 치료하는 활동을 지칭하는 반면, 상담은 학교나 기업과 같은 비임상 장면에서 비교적 심각성이 경미한 심리적 문제나 적응 과제를 돕는 활동을 지칭한다. 최근에는 심리치료와 상담의 구분이 모호해지면서 인간의 심리적 고통과 불행을 완화하고 나아가서 심리적 성장을 촉진하는 전문적 활동을 통합적으로 지칭하고 있다(권석만, 2012).

내 마음속 '무의식' 다루기

사람들은 대개 어린 시절이 중요하다고 이야기한다. 특히 6세까지의 내 경험(seligman & Reichenberg, 2014)이 매우 중요하다고 한다. 내가 어릴 때에 무슨 일이 있었을까? 아주 어릴 때의 일은 기억날 것 같기도 하지만, 전혀 기억이 나지 않는 것도 있다. 도대체 무슨 일이 일었을까?

정신분석으로 심리치료라는 새로운 지평을 열었던 지그문트 프로이트(Sigmund Freud, 1856~1939)는 인간의 의식이 의식, 전의식, 무의식이라는 세 수준으로 나뉜다고 보았다. 의식은 언제나 내가 자각할 수 있는 수준을 말한다. 전의식은 누군가를 만나면 그때 그 사건이 생각나는 것처럼 현재는 기억나지 않지만 조금만 애쓰거나 정보가 주어지면 쉽게 의식되는 수준을 말한다. 그리고 내가 알 수 없는 무의식은 의식이나 전의식보다 훨씬 더 많은 기억을 가지고 있고 우리 행동과 마음의 근원이 된다.

무의식 속에 있는 것은 무엇일까

주로 살아가면서 느꼈던 고통스럽고 힘들었던 기억과 이와 관련된 감정 자료들이다. 누군가를 싫어하는 마음, 화가 났던 일, 불쾌했지만 다 기억할 수 없는 소소한 일들, 사소한 일이지만 내가 하고자 하는 마음을 거절당했던 일들, 미워하는 마음, 바랐던 소망 등 내가 미처 다 기억하지 못하는 나의 많은 경험과 감정이 내 안에 머물고 있는 것이다. 무의식은 자신의 존재를 알리고 있으나 우리는 잘 알아채지 못할 뿐이다. 무의식은 주로 꿈이나 실수를 통해 드러난다. 그리고 사람들이 겪게 되는 심리적 어려움도 무의식의 존재를 드러나게 한다. 그리고 힘든 일을 겪거나 더 이상 견디기가 어려워질 때 무의식적인 갈등이 촉발되어 심리적 불편감과 어려움을 준다.

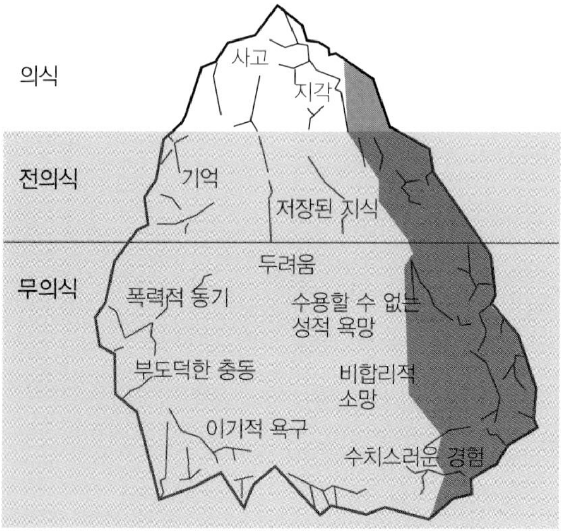

[그림 11-1] **마음의 지형학적 모델**

출처: 김춘경, 이수연, 이윤주, 정종진, 최웅용(2016), p. 78.

심리적 평형을 유지하기: 자아(ego, 나)의 중요성

인간의 마음에는 세 가지의 기본적인 구조가 있다. 원초아(id)는 태어날 때부터 가지고 있는 우리의 본능적 충동과 욕구이다. 원초아는 주관적으로 감정적이며, 원하는 대로 그리고 원하는 때에 바로 충족되기를 추구한다. 자아(ego)는 아이가 놓인 환경에서 본능적 충동을 억제해야 하는 현실적 상황에서 발달한다. 초자아(superego)는 원초아와는 반대편에 있는 내면화된 부모나 사회의 규칙 같은 것이다.

인간은 출생하는 순간부터 다른 사람과의 관계 속에서 함께 살아야 하는 운명을 지니고 있어 울거나 먹고 싶을 때 그리고 나의 욕구들을 조절해 나가는 법을 배워 간다. 자아는 원초아의 충동을 만족하려고 애쓰기도 하지만 욕구로 인해 발생할 수 있는 위험에서 보호하려고 한다. 성장하면서 내가 하고 싶은 대로 했을 때 받을 수 있는 부정적 판단과 처벌 등이 위험 요소이다. 자아는 욕구를 중재하고 조절하며, 건전한 도덕적 판단을 추구한다. 초자아는 우리의 사회적 양심이나 이상적인 측면으로 자아를 관찰하고 판단하는 부모와도 같다. 매 순간 출렁이는 나의 본능과 객관적 사회적 현실 사이에는 끊임없는 줄다리기가 이어진다. 자아는 원초아와 초자아 사이에서 어느 한쪽에 치우치지 않는 최선의 심리적 평형을 유지하기 위해 노력한다.

조하리의 창: 내가 아는 나와 남이 아는 나

I. 내가 아는 부분. 자유롭게 상대방에게 공개해서 상대방도 알고 있는 나에 관한 사항

II. 다른 사람들은 알고 있는데 나 자신은 모르고 있는 나의 부분. 못 보는 영역(blind area)

III. 나 자신은 알고 있지만 다른 사람은 모르는 부분으로 은폐된 부분(hidden area)

IV. 자신도 다른 사람도 전혀 모르는 부분. 아직 자신이나 타인에게 발견되지 않은 알려져 있지 않은 부분(unknown area), 무의식 영역

	자신이 아는 자기	자신이 모르는 자기
다른 사람들이 아는 자기	I. 공공 영역 나 자신과 타인에게 개방된 영역	II. 맹목 영역 타인에게는 보이나 나 자신은 지각하지 못하는 영역
다른 사람들이 모르는 자기	III. 사적 영역 나 자신은 알고 있으나 타인에게는 숨겨져 있는 영역	IV. 미지 영역 나 자신과 타인에게 전혀 알려져 있지 않은 영역

출처: Luft (1961), p. 1.

나를 보호하기 위해: 건강하고 성숙한 방어기제 개발하기

자아는 받아들일 수 없는 욕구와 충동이 의식되어 자각하지 못하도록 하는 방법을 알고 있다. 사람들은 어린 시절의 고통, 수치심, 슬픔 등과 같은 부정적인 감정으로 인한 갈등에 따른 불안에 대처하기 위해 방어기제를 개발한다

(권석만, 2012). 건강하고 성숙한 방어기제는 적응을 촉진한다. '승화'는 좌절이나 실패를 성취로 바꾸어 놓는다. 그러나 어떤 방어기제는 사람들과의 관계를 방해하기도 하고, 현실을 왜곡하기도 한다. '투사'는 자신이 수용할 수 없는 생각, 감정, 반응이 상대방의 것이라고 지각하게 하여, 대인 관계를 방해하기도 한다. 불안에 대처하기 위해 사용하는 방어기제는 개인의 성숙도와 발달 수준에 따라 다양하다.

방어기제의 다양한 종류

• 건강하고 적응적인 방어기제

　– 이타 행동: 다른 사람을 돕는 일에 힘을 쏟고 그것에 만족을 얻는다.

　– 승화: 해로운 감정과 충동을 사회적으로 수용될 수 있는 방향으로 수정한다.

　– 유머: 상황에 내재된 재미있고 즐거운 측면에 초점을 맞춘다.

• 미성숙하고 부적응일 수 있는 방어기제

　– 치환: 강한 감정을 촉발한 원래의 상황을 피해 덜 위협적인 상황에 감정을 표출한다
　　(예: 부모님에게 혼나고 나서 동생에게 괜히 화를 낸다).

　– 동일시: 인정을 받기 위해 다른 사람을 그대로 따라 한다.

　– 합리화: 자신의 선택을 타당하지 않은 방식으로 자기에게 유리하게 해석한다.

　– 반동형성: 용납할 수 없는 생각과 감정을 정반대의 것으로 대치하여 과잉으로 보상한다.

출처: Seligman & Reichenberg (2014).

건강한 자아를 위해 노력하기

심리적으로 건강하기 위해서는 자아가 효과적인 중재자의 역할을 할 수 있도록 해야 한다. 건강한 자아는 무의식의 의식화를 돕는다. 심리적으로 어려움을 느낄 때 자아는 자신의 내면에 가라앉아 있었던 무의식을 의식의 수준으로 떠올려 그동안 의식되지 않았던 나의 속마음을 들여다볼 수 있는 용기

를 갖도록 해 준다. 어린 시절에는 감히 알 수 없었던 나의 속마음을 조금씩 알게 하고, 과거의 경험이 지금 현재에 어떤 어려움을 주고 있는지 알게 하여 내 생활을 변화시킨다. 자신의 내면세계에 대한 자각은 어린 시절에 경험한 무의식적 갈등을 숨기기 위해 애썼던 심리적 에너지를 건강한 자아를 위해 사용하여 적응할 수 있도록 돕는다. 건강한 자아를 위해서는 자신이 지금까지 해 왔던 경험들을 돌아보면서 자신의 마음을 토닥거리고 격려할 필요가 있다. 건강한 자아를 위해 용기를 갖고 나를 돌아보는 것, 그것이 나를 찾는 첫 번째 방법이다.

생각하는 대로 움직이는 나의 세상

인간이 가진 놀라운 능력은 사고할 수 있다는 점이다. 인간은 합리적이고 올바른 사고를 할 수 있는 존재일 뿐만 아니라 비합리적이고 올바르지 못한 왜곡된 사고도 할 수 있는 존재이다(천성문, 이영순, 박명숙, 이동훈, 함경애, 2015). 인간이 가진 사고의 기능은 또한 자신과의 대화와 평가, 조절할 수 있는 역할을 한다. 앨버트 엘리스(Albert Ellis, 1913~2007)는 합리적 정서행동치료(Rational Emotive Behavior Therapy: REBT)라는 이론을 통하여 우리가 겪는 심리적 고통은 사건 그 자체이기보다는 그에 대한 생각으로 인해 발생한다고 제시하였다. 그리고 아론 벡(Aron Beck, 1921~)은 우울증 환자를 위한 인지치료(Cognitive Therapy: CT)를 통하여 개인의 부정적 사고와 역기능적 신념이 심리에 미치는 영향을 설명하였다. 생각의 변화가 왜 중요할까?

세상에 대한 나의 생각을 점검하기

비합리적 신념은 자신, 타인 그리고 세상에 대해 비현실적인 기대와 요구를 한다. 이러한 비합리적 신념은 '반드시 ~해야 한다.'라는 절대적인 형태로 완벽주의를 요구한다. 이와 같은 비합리적 신념은 단순한 사건임에도 불구하고 느끼지 않아도 되는 불쾌한 감정을 만들어 낸다. 내가 가지고 있는 생각(Ellis, 1989)을 점검해 보자.

- 나는 내가 만나는 모든 사람에게 사랑이나 인정을 받아야 한다고 생각한다.
- 나는 완벽할 정도로 유능하고 합리적이며 가치 있고 성공한 사람으로 인식되어야 한다.
- 어떤 사람들은 나쁘고 사악하고 악랄하기 때문에 비난과 벌을 받아야 한다.
- 내가 원하는 대로 일이 되지 않는다는 것은 내 인생에서 큰 실패를 의미한다.
- 불행은 내가 통제할 수 없는 상황에 의해 발생한다.
- 위험하거나 두려운 일들이 내게 일어나 큰 해를 끼칠 것이 항상 걱정된다.
- 어떤 난관이나 책임은 부딪혀 해결하기보다 피하는 것이 더 쉽다.
- 나는 다른 사람들에게 어느 정도는 의존해야 하며 나를 돌봐 줄 수 있는 사람들이 주위에 있어야 한다.
- 과거의 영향은 결코 사라지지 않고, 과거의 경험과 사건들은 현재 나의 행동을 결정한다.
- 나는 다른 사람들의 문제나 고통을 나 자신의 일처럼 아파해야 한다.
- 모든 문제에는 완벽한 해결책이 있으므로 그 해결책을 찾아야 한다. 그렇지 않으면 결국 큰 혼란이 생길 것이다.

비합리적 신념은 자신과 타인 그리고 처해 있는 환경에 대해서 절대적이다. '반드시 ~해야 한다.'와 같은 자신과 타인, 환경에 대한 당위적 사고는 충족되기 어려운 과도한 기대를 하게 하고, 이러한 비합리적 신념으로 인해 오히려 자기를 비난하고 혐오하게 된다. 타인에 대한 당위적 요구는 결과적으로는 타인에 대한 실망과 좌절, 상처를 통해 타인을 미워하고 질투하고 관계를 방해하게 한다. 그리고 세상에 대한 비현실적인 과도한 기대를 갖게 하는 비합리적 신념은 세상에 대해 막연한 분노를 갖게 하고 이로 인한 분노를 촉발한다.

비합리적 신념, 스스로 점검하기

내게 있는 비합리적 신념을 찾았다고 해도 사고의 변화가 금새 일어나는 것은 아니다. 사람들이 가지고 있는 비합리적 신념은 오래전부터 있었고, 그 신념에 따라 행동해 왔기 때문이다. 나의 굳어진 비합리적 신념에 대해서 논박을 통해 유연한 사고로 전환할 수 있다.

- 논리적 논박: 내가 가진 마술적 생각과 논리적 비약을 확인할 수 있다.
  (예: 생일 파티에 온 친구가 그날따라 말이 없다고 해서 그 친구가 나와 친하게 지내는 것을 거부하는 것이라고 생각하는 것은 논리적이지 않다)
- 경험적 논박: 지금까지의 모아진 증거에 초점을 둔다.
  (예: 친구는 생일파티가 재미있었다고 말했고, 나도 학교에서 보자고 했다. 친구는 원래 조용한 사람이니 나를 싫어한다고 믿을 이유는 없다)
- 기능적 논박: 비합리적 신념을 가지고 실용적 결과에 대해서 초점을 둔다.
  (예: 친구가 나를 싫어한다고 믿게 되면 우리 사이는 멀어지고, 예전에 나하고 서먹했던 사건을 떠올리게 될 거야. 나의 지금 생각은 내 친구와의 관계에는 도움이 되지 않아)
- 합리적 대안적 신념: 실행 가능한 대안적 신념을 찾는다.
  (예: 그날따라 친구가 말이 없고 조용히 있었던 것은 요새 자신의 진로에 대해서 고민이 많아서 였을 거야)

내 생각의 오류 찾아보기

왜곡된 인지로 인한 생각의 오류는 사람들에게 영향을 미친다. 대부분의 사람이 겪는 심리적 문제에서 왜곡된 인지를 찾아볼 수 있고, 적응적 사고로의 전환은 사람들의 삶을 변화시킨다. 인간은 자유 의지로 자신의 삶을 선택할 수 있으므로 합리적이고 이성적인 사고로의 변화는 성숙한 삶을 유도할 수 있다. 그러나 우울, 불안, 분노의 강한 감정을 갖게 되는 경험은 현실을 왜곡하도록 하는 자동적 사고가 개입되어 있는 경우가 많다. 자동적 사고는 경험하는 사건의 의미를 특정한 방향을 왜곡시키게 된다. 심리적 어려움을 호소하는 사람들의 자동적 사고는 경험하는 사건의 의미를 부정적으로 받아들이면서 다양한 논리적 오류를 제공한다(Weishaar, 2007). 몇 가지 인지적 오류를 살펴보자.

- 이분법적 사고(흑백논리): 상황을 극단적인 측면에서 보는 것(예: 다른 사람의 반응은 나를 좋아하는 것 아니면 싫어하는 것)
- 과잉일반화하기: 특수한 상황의 경험으로부터 일반적 결론을 내리며, 무관한 상황에도 그 결론을 적용시키는 것(예: 지난 시험을 망친 것으로부터 자신은 '항상' '어떤 일에서든지' 실패할 것이라 생각하는 것)
- 개인화하기: 자신과 무관한 사건을 자신과 관련된 것으로 해석하는 것(예: 옆 테이블에서 웃는 소리를 듣고 자신을 놀리는 것으로 받아들이는 것)
- 잘못된 명명하기: 사람의 특성이나 행위를 과장되거나 부적절한 명칭을 사용하는 것(예: 자신의 잘못을 과장하여 '나는 루저야.' 혹은 '나는 쓰레기야.'라고 부르는 것)
- 선택적 추상화하기(정신적 여과): 일부의 정보만 선택적으로 받아들여 마치 전체를 의미하는 것으로 해석하는 것(예: 발표 후 친구들 대부분은 긍정적인 반응을 보였음에도 지적한 한 명만을 기억하여 발표를 실패한 것으로 평

가하는 것)

- 임의적 추론하기: 성급하고 확인되지 않은 결론을 내는 것(예: '어제 내 문자에 답이 없었으니 나를 싫어하는 것이 분명해.')

생각의 변화를 시도하기

인지적 오류를 수정하기 위해서는 새로운 인지를 정확하고 현실적으로 표현해 보는 것이 좋다. 재구조화된 인지는 개인의 사고를 변화시킬 수 있다.

- 절대적 진술에 도전해 보자. '절대로' '항상'과 같은 절대어를 확신할 수 있는가.
- 비난하는 원인을 잘 살펴보자. 우리는 뭔가 잘못될 때 자신을 비난하게 된다. 혹시라도 잘못된 귀인으로 자신을 비난하고 있는 것은 아닌지 살펴보자.
- 인지적으로 시연해 보자. 새로운 도전은 생각하고 연습하는 것이다.
- 자기대화가 필요하다. '너는 할 수 있다.'와 같이 스스로 도움이 된다고 확인된 긍정적인 문구들을 스스로에게 반복하여 격려할 수 있다.
- 일지를 쓰자. 나의 왜곡된 생각, 감정에 대한 지각을 높이는 것은 중요하다.
- 활동의 일정표를 짜 보자. 새로운 행동이나 생각하는 법을 계획하고 시도해 보자.
- 대안을 체계적으로 평가해 보자. 장단점에 대해 점수를 매기고, 객관적으로 평가해 보자.

나의 행동과 나의 욕구와의 관련성 점검하기

인간의 모든 행동은 선천적인 기본 욕구를 충족시키기 위해서 선택한 것이다(Wubbolding, 2008). 인간은 자신의 욕구를 충족시킬 수 있는 가상적인 세계를 꿈꾸며, 이를 위해 다양한 노력을 기울인다. 다섯 가지 기본 욕구의 상대적 강도가 사람들의 각기 다른 성격을 만들어 낸다. 다시 말하면, 기본 욕구는 인간 누구에게나 보편적이지만 이 욕구를 충족시키기 위해 사람들이 추구하는 것들은 개인마다 다를 수 있다. 인간이 선천적으로 가지고 태어난 기본 욕구는 다음과 같다. 나에게 가장 강한 기본 욕구는 무엇인가?

- 생존(survival)의 욕구: 개인의 생존과 안전을 위한 신체적 욕구로 음식의 섭취, 휴식, 관리 등 자신을 돌보는 것과 관련된 욕구(건강, 음식, 공기, 주거 공간, 안전감, 신체적 편안함 등과 같은 삶의 필수적 요소)
- 사랑(love)의 욕구: 타인과의 관계에서 친밀해지기를 원하며 애정을 주고받는 집단에 소속되고자 하는 욕구(사랑하고 사랑받기, 사람들과 접촉하고 상호작용하기)
- 권력(power)의 욕구: 자신에 대한 유능감과 가치감을 느끼기 위해 성취하고, 힘과 권력을 추구하려는 욕구(성취감, 자신감, 자긍심 등)
- 자유(free)의 욕구: 자신의 자율적 욕구를 인정하고 자유롭게 행동하고자 하는 욕구(선택할 수 있는 능력, 과도하고 불필요한 한계와 구속 없이 사는 것)
- 재미(fun)의 욕구: 즐겁고 재미있는 것을 추구하며 새로운 것을 배우려는 욕구(기쁨을 느끼기, 웃고 놀며 인간의 삶을 즐길 수 있는 것)

나를 표현하기

자기표현은 어떤 상황에서도 적절한 행동 방식을 선택할 수 있는 것을 의미한다. 자기표현을 할 수 있는 사람은 적절하고 만족스러운 행동을 할 수 있는 선택의 폭이 넓다.

• 감정 표현하기

  −**자신의 감정 표현은 건강에 이롭다.** 표현하지 않고 지나친 감정은 심리적인 원인으로 인해 진짜 고통을 느끼는 병으로 나타나기도 한다. 타인에게 모욕감을 주지 않고 적절한 방식으로 감정을 표현하게 되면 편안함과 만족감을 느끼게 된다.

  −**다른 사람들과 보다 가까운 관계를 맺을 수 있다.** 타인과의 관계를 염려하여 감정 표현을 주저하지만, 억제된 감정은 오히려 역효과를 주기도 한다.

• 원하는 것을 표현하기

1. 우선은 서로가 무엇을 원하는지 구체적으로 표현한다.
2. 여러 가지 가능한 해결책을 모색한다. 가능한 모든 방법을 생각해 내고, 거기서 가장 좋은 방법을 선택하는 것이다.
3. 가장 좋은 대안을 선택한다. 가능한 해결책 목록을 작성한 뒤에 다음 단계는 가능한 모든 사람의 요구에 적합한 것을 찾아내서 수정을 하는 것이다.
4. 자신의 해결책을 점검하여 평가해 본다. 최선의 것이라고 생각했던 계획도 가끔은 실행 과정에서 결점이 드러나는 경우가 있다. 따라서 해결책을 선정한 다음에도 수정할 필요가 있는지를 점검할 필요가 있다.

세상의 중심에 있는 '나'

인간은 자신의 잠재력을 발현하여 가치 있는 존재로 성장하려는 선천적인 경향이 있다. 인간중심치료(person-centered therapy)를 제안한 칼 로저스(Carl Rogers, 1902~1987)는 인간에 대한 신뢰와 함께 인간이 지닌 자아실현 경향성을 강조하였다. 인간은 선천적으로 타고난 성장 가능성이 있고, 이를 실현해 나가는 과정에서 자신의 인생 목표와 행동 방향을 스스로 결정하고, 그에 대한 책임을 수용하는 자유로운 존재이다(천성문 외, 2015).

인간의 성격은 신체적·정서적·지적인 모든 면을 포함하는 인간 그 자체이다. 그리고 인간은 끊임없이 변화하는 경험의 세계에 살고 있으며, 보다 중요한 것은 실제 현실보다는 개인이 경험을 지각하는 현상의 장이다. 그리고 유기체와 환경의 끊임없는 상호작용 속에서 자기(self)는 발달한다. 따라서 인간의 행동을 이해하는 가장 기본적인 단계는 개인이 가지고 있는 현상을 지각하는 내적 참조의 틀을 이해하는 것이며, 이러한 행동은 대부분 개인이 지니고 있는 자아개념과 관련된다. 인간은 자신의 자아개념에 맞추어 적응하려고 하며, 자신이 지각하는 장에서 자아개념과 불일치하는 경험이 있을 때 심리적 부적응을 경험하게 된다.

'좋아요' 피드백, 받고 싶은 나

인간은 누구나 긍정적 존중을 받고자 하는 욕구가 있다. 타인으로부터 수용되고 존중받으며 사랑받았던 긍정적 피드백은 자기를 건강하게 발달시키게 되고 성공적인 대인관계에 필수적이다. 자신이 타인으로부터 받았던 긍정적 존중의 경험은 자신에게도 긍정적 관심을 갖게 하며 자아실현을 하도록 유도한다. 자기는 자신에 대한 다양한 측면을 이야기하며, 자신의 개별적 경험을 얼마만큼 유지하고 증진시키는가에 따라 자신을 평가하는 가치화 과정이 일어난다. 그러나 지각된 자기와 유기체의 실제적인 경험 사이에서 불일치 경험이 발생한다. 예를 들어, 있는 그대로의 아이의 특성과 다른 경험을 유도하게 되는 조건화의 과정은 아이에게 자신과 일치하지 않는 불일치 경험을 제공하게 된다. 이러한 상태는 일종의 긴장이며 혼란을 갖게 하고, 결국 이로 인해 심리적 증상을 갖게 한다.

따라서 자신에 대한 무조건적 긍정적 존중은 매우 중요하다. 이는 개인의 행동과 무관하게 주어지는 것이며 단순히 존재하고 있다는 자체만으로도 가치로움을 의미한다. 자기 스스로 소중하다는 느낌은 자존감에 영향을 미치며, 이러한 자기관심은 개인의 타고난 실현 경향성을 발현할 수 있는 최적의 조건을 제공한다. 자아실현을 한 사람들은 다음과 같은 특성을 지닌다 (Schultz, 1977).

- 자아실현을 한 사람들은 자신의 경험에 대하여 개방적이다. 자신의 경험을 수용하고 거절하는 것이 자유로우며 무엇이 수용되든 간에 자신의 경험에 대하여 장애를 느끼지 않는다.
- 경험에 대한 개방성은 실존적으로 기능하고 있음을 의미한다. 삶이란 고정화된 것이 아니라 유동적이며 적응력이 있음을 받아들인다.
- 자아실현을 한 사람들은 자신의 유기체적 가치화 과정을 욕구 만족의 도구로 사용할 수 있으므로 언제나 자신의 감정에 대하여 정확하게 인지하고 수용한다.
- 자아실현을 한 사람들은 건설적이고 창의적인 삶을 살고 있다.
- 자아실현을 한 사람들은 방어로부터 자유롭기 때문에 사회화 과정에서 이상적인 과정을 경험하게 된다. 공격적이고 내성적이기보다 주장적이고, 진실되고, 힘이 있다.
- 자아실현을 한 사람들은 실존적으로 존재하므로 그들의 행동이 예측 가능한 것이 아니라 믿을 만한 것이다.
- 자아실현을 한 사람들은 자유롭다. 자신의 사고, 감정, 자신의 행동에 대하여 창의적이고 있는 그대로 표현하고 받아들인다.

'지금-여기'에 집중하기

인간의 삶은 항상 변화하고 있지만 사람들은 계속해서 통합하고 균형을 회복하기 위해 애쓴다. 게슈탈트치료를 제안한 프리츠 펄스(Fritz Perls,

1893~1970) 역시 인간에 대해 낙관적인 관점을 제시하면서 인간이 지닌 실현 경향성을 강조하였다. 자각은 개인의 정신건강을 유지하는 데 꼭 필요한 요소이다. 자각이란 환경에서 일어나는 중요한 내적·외적 사건을 지각하고 체험하는 것으로 인간의 고유한 능력이기도 하다.

자각은 건강한 사람의 특징이지만 제한된 자각이 이루어지기도 한다. 제한된 자각의 첫 번째 이유는 몰두이다. 자신의 과거나 환상, 결점 혹은 강점에 사로잡혀 전체적인 조망을 하지 못해 자각하지 못하는 것이다. 두 번째는 낮은 자존감이다. 낮은 자존감은 스스로를 믿기 어렵게 만들어 자신의 성장 가능성을 어렵게 한다. 자각을 촉진시키기 위한 몇 가지 방법을 살펴보자.

- 지금-여기에 초점두기: 자각을 촉진시키기 위해서는 지나간 과거나 오지 않은 미래를 통제하기보다는 현재를 의식하고 사는 것이 매우 중요하다.
- 새로운 실험하기: 새로운 행동이나 언어의 실험은 자각을 증진시킨다. 정중하게 제안된 해 보지 않았던 새로운 행동이나 도전은 개인의 자각을 촉진시킨다.
- 나 서술문 사용하기: 타인이나 사건에 대해서 이야기하기보다는 내 자신의 느낌과 경험들을 인정하고 거기에 집중해 보자. 나로 시작하는 서술문은 감정이나 행동에 대한 책임감을 자각하게 한다.
- 환경과의 접촉을 증진하기: 자각을 얻기 위해서는 환경과의 접촉이 매우 중요하다. 접촉은 보기, 듣기, 만지기, 이야기하기, 움직이기, 냄새 맡기, 맛보기를 통해 이루어진다.
- 책임을 수용하기: 타인에 대해 비난하고 분노하기보다는 자신의 삶을 스스로 선택하고 책임을 수용하는 것이 중요하다.

개인적 성장을 위한 상담

살아가면서 중요하다고 생각하는 순간을 맞이할 때 혹은 인생의 특별한 사건이나 결정해야 할 선택으로 인해 고민할 때, 전문 심리상담은 도움을 제공할 수 있다. 우리는 매 순간 선택이라는 피할 수 없는 과제를 마주하고 있으며, 우리가 가지는 충분한 가능성과 잠재력은 최선의 선택을 할 수 있도록 격려한다. 그러나 때에 따라 몇 회의 심리상담을 받는 것은 대안을 명확하게 하고, 변화할 수 있는 행동 계획을 세우는 데 도움을 준다. 스스로 필요한 도움을 줄 수 없거나 가족과 친구에게서 필요한 도움을 얻을 수 없을 때, 심리적으로 마음이 아플 때 전문 심리상담은 인생의 과제를 무난하게 넘길 수 있는 조력자가 될 수 있다.

상담자들은 내담자가 심리적으로 어렵다고 느끼는 점을 부드럽게 넘길 수 있도록 도와줄 수 있다. 상담자는 도움을 청한 내담자가 스스로의 상담자가 되도록 돕는다. 상담을 통해 자신의 가치, 믿음, 사고와 가정을 비판적으로 평가하는 방법과 감정을 표현하는 방법, 건설적으로 사고하는 방법 등을 배울 수 있다. 나를 알아 가는 과정은 인내가 필요하다. 신뢰할 수 있는 상담자와의 관계에서 얻게 된 전문적 도움은 나를 성장시키는 데 도움이 될 것이다. 마음의 변화와 치유는 한 번에 이루어지지는 않는다. 개인적 성장을 위한 노력의 시작, 이제부터 시작이다. Let's start!!

나는 자신에 대해 건강하고 긍정적인가? 점검해 보자

1(거의 동의하지 않는다) / 2(어느 정도 사실이다) / 3(대부분이 동의한다)

_____ 일반적으로 나를 위해 선택하고 생각한다.

_____ 대체로 나를 좋아한다.

_____ 내가 원하는 바를 안다.

_____ 내가 원하는 것을 요구할 수 있다.

_____ 내적인 힘에 대해 지각할 수 있다.

_____ 변화에 개방적이다.

_____ 다른 사람과 동등하다고 느낀다.

_____ 다른 사람의 욕구에 민감하다.

_____ 다른 사람을 염려한다.

_____ 다른 사람이 나를 인정하지 않더라도 죄책감을 느끼지 않고 내 자신의 판단에
맞게 행동할 수 있다.

_____ 다른 사람이 내 마음에 맞게 행동하도록 기대하지 않는다.

_____ 내 자신의 행동에 대한 책임을 받아들일 수 있다.

_____ 칭찬을 받아들일 수 있다.

_____ 호의를 표현할 줄 안다.

_____ 호의를 받을 줄 안다.

_____ 안전함을 지키는 것이 중요하기 때문에 새로운 것을 탐색하지 않는 일은 없을
것이다.

_____ 다른 사람들이 나를 대체로 수용한다.

_____ 내가 잘하는 것에 대해 스스로 인정한다.

_____ 다른 사람들과 함께 어울리는 것을 즐긴다.

_____ 의미 있는 관계를 형성할 수 있다.

_____ 지금 여기에서 살고 과거나 미래에 매여 있지 않다.

_____ 내가 중요하다는 느낌을 갖는다.

_____ 존경하는 사람들과 함께 있을 때 내가 작아지는 느낌이 들지 않는다.

_____ 나에게 의미 있는 일에 성공할수 있는 능력이 내게 있다는 믿음이 있다.

출처: Corey & Corey (2010).

권석만(2012). 현대심치료와 상담이론. 서울: 학지사.

김춘경, 이수연, 이윤주, 정종진, 최웅용(2016). 상담의 이론과 실제. 서울: 학지사.

네이버 심리학용어사전(2014). 한국심리학회.

이해인, 정상명(2001) 고운새는 어디에 숨었을까. 서울: 샘터.

천성문, 이영순, 박명숙, 이동훈, 함경애(2015). 상담심리학의 이론과 실제. 서울: 학지사.

Ellis, A. (1989). Rational Emotive Therapy. Chapter 6. In R. J.Corsini & D. Wedding (Eds.), *Current psychotherapies* (4th ed.). Itasca, IL: F. E. Peacock.

Luft, J. (1961). "The Johari Window: a graphic model of awareness in interpersonal behavior", National Training Laboratories, Human Relations Training News. Vol. 5 No. 1, pp. 6-7.

Weishaar, M. F. (2007). 인지치료의 창시자 아론 벡 (*Aaron T. Beck*). (권석만 역). 서울: 학지사. (원저는 1993년에 출판).

Wubbolding, R. E. (2008). 현실요법의 적용 (*Using Reality Therapy*). (김인자 역). 서울: 한국심리상담연구소. (원저는 1988년에 출판).

Corey, G. & Corey, M. S. (2010). 전생애 발달과 적응[*I Never knew I had a choice: explorations in personal growth* (9th ed.)]. (이은경, 이지연, 장미경 공역). 센게이지코리아. (원저는 2008년에 출판).

Schultz, D. P. (1977). 성장심리학(*Growth Psychology: Models of the Healthy Personality*). (이혜성 역). 서울: 이화여자대학교 출판문화원.

Seligman, L., & Reichenberg, L. W. (2014). 상담 및 심리치료의 이론(제4판). [*Theories of counseling and psychotherapy: systems, strategies, and skiils* (4th ed.)]. (김영혜, 박기환, 서경현, 신희천, 정남운 공역). 서울: 박영사. (원저는 2014년에 출판).

12장

진로는 어떻게 결정해야 할까

:

양난미 (경상대학교 심리학과 교수)

진로를 선택하는 게 이렇게 어려운 일이었나요. 친구들은 자신 있게 장래희망을 이야기하는데 그게 너무 부러워요. 커서 무슨 일을 해야 할지 정말 모르겠어요. 이젠 제가 뭘 잘하는지 좋아하는지도 모르겠네요. 제가 이상한 걸까요? (초등학교 6학년 여학생)

고등학교 때 결국 성적에 맞춰서 원서 낸 대학교에 입학했습니다. 1학년 때는 아무 생각 없이 지냈고 군대 갔다 오면 나아질 거라 막연히 생각했습니다. 벌써 복학했고 졸업이 1년밖에 안 남았는데 대학을 마치면 어떻게 해야 할지, 휴학을 하거나 중퇴해야 하는지 생각만 복잡합니다. (대학교 4학년 남학생)

기업에서 일한 지 20년이 되어 가는 중년 가장입니다. 최근 회사가 어려움에 빠지면서 사무실 분위기가 너무 나빠져서 출근하는 것이 너무나 괴롭습니다. 하지만 막상 직장을 그만둔다면 무얼 해야 할지, 재취업이 가능할지 자신이 없습니다. 아직 졸업을 못한 아이들을 생각하면 견뎌야 하는데 매일이 고통스럽습니다. (50대 직장인)

진로는 우리 모두의 고민이다

'100세시대' '4차 산업혁명' '인공지능(AI)'과 같은 단어들이 거론될 때면 어떤 마음이 드는가? 앞으로의 변화에 대한 기대가 있기도 하지만 불안해지기도 한다. 이런 불안의 핵심에는 앞으로 무슨 일을 해야 할지, 즉 진로에 대한 걱정이 있다. 상담을 하러 온 분들의 고민을 들어보면 10대나 20대는 '무엇을 해야 할지 모르겠다.'고 고민하고 40~50대는 '지금 하고 있는 일을 계속할 수 있을지 혹시 다른 일을 해야 할지 모르는데 할 수 있을지 모르겠다.'고 힘들어한다. 대부분의 사람은 인생의 어떤 시기에 진로에 대한 고민을 반복적으로 한다. 이 글은 진로에 대한 고민을 할 때 고려해야 할 여러 가지 점을 설명하고자 한다.

시작은 현재의 나에 대한 점검이다

그렇다면 진로는 어떻게 결정해야 할까? 진로 결정을 위한 첫 작업은 '내가 어떤 사람인지'를 생각해 보는 것이다. 즉, 나는 무엇을 좋아하고 무엇을 잘할 수 있는지, 무엇을 중요하게 여기는지 생각해 보아야 한다. 진로상담가인 파슨스(Parsons, 1909)는 직업 선택의 과정을 세 단계로 나누어 설명하였다. 첫 번째는 자신에 대한 이해로 개인이 자신의 흥미와 성격, 적성과 성취, 포부와 가치관 등을 평가하고 자신에 대한 이해를 명확하게 하는 것이다. 두 번째는 직업 세계에 대한 이해로 각 직업의 특성, 요구되는 조건, 성공 요건, 장단점, 보수, 기회 등 직업 세계에 대한 지식을 갖는 직업 분석 단계이다. 세 번째는 자신에 대한 이해와 직업 분석을 통해 얻은 정보를 바탕으로 합리적 추론을 하여 개인과 직업을 적절하게 연결하는 것이다.

자기이해를 위해서는 전문가의 도움을 받아 심리검사를 활용하는 것이 가장 좋다. 전문적인 심리검사를 받기 어려운 상황이라면 고용노동부의 워크넷(www.work.go.kr)에 접속해서 직업심리검사를 해 볼 수도 있다. 만약 직접 심리검사에 참여하기 어려운 상황이라면 다음의 몇 가지 질문을 스스로에게 던져 보는 것도 하나의 방법이다.

먼저, 흥미란 어떤 특정한 활동에 참여하려는 경향성 또는 대상이나 사물에 대한 긍정적인 느낌이다(유채은, 조규판, 2014). 흥미가 있는 어떤 일은 하고 싶은 반면에, 흥미가 낮은 어떤 일은 하고 싶지 않다. 흥미는 시간이 지남에 따라 처음과 달라지기도 하고 주변의 피드백에 영향을 받아 변화되기도 한다. 내가 만났던 은주는 초등학교 때까지 수학을 제일 좋아했지만 중학교와 고등학교를 거치면서 수학에 대한 흥미를 잃어버렸다. 은주가 수학에 대한 흥미를 잃어버린 과정을 탐색해 보니, 중학교에 올라가면서 수학이 어려워졌고 실제로 수학 성적이 떨어진 것도 있지만 주변 친구들이 수학을 잘하는 애들을 괜짜 모범생이라고 놀리는 것에도 영향을 받았다는 사실을 알 수 있었다. 이처럼 주변의 피드백이 흥미에 영향을 미치기도 한다. 이와 같이 내가 현재 좋아하는 일이 무엇인지 파악하는 것이 자기이해의 시작이다.

나는 어떤 일을 좋아하는가? 내가 좋아하는 일은 어떤 공통점이 있는가? 이때 좀 더 면밀하게 탐색해야 할 것은 좋아하는 일의 속성이다. 요즘 청소년들에게 인기를 끄는 것 중에 유튜버 활동이 있는데 이는 스스로 동영상을 제작하고 이를 여러 사람과 공유하는 것이다. 일종의 미디어 콘텐츠 창작 활동인데 이때 함께 탐색되어야 하는 점은 이 일의 '어떤 점에 흥미를 가지고 있는가'이다. 다른 사람과의 소통과 공유인지, 새로운 창작물을 만드는 것인지,

〈표 12-1〉 홀랜드의 6가지 성격과 직업

	특성	직업
실재형	• 손재주가 좋으며 물건, 도구, 기계 등을 다루기 좋아함 • 분명하고 질서정연하며 조직적 활동을 좋아함	조립, 기계작업, 농작업, 기술 관련 직업
탐구형	• 지적 호기심과 학구열이 높으며 학문에 흥미 있음 • 상징적 · 체계적 · 논리적 활동을 좋아함	자연과학자, 사회과학자, 의학자
예술형	• 관습에 얽매이지 않는 창조적인 성격을 지님 • 상상력이 높고 자유분방함	창조적이고 개성을 살릴 수 있는 예술적 직업
사회형	• 대인관계를 중요시하고 의사소통 능력이 뛰어남 • 우호적이고 봉사적인 활동을 좋아함	교육, 상담, 간호, 보육 등 대인 관련 직업
기업형	• 사람을 이끄는 리더십이 있음 • 이익과 목표를 달성하기 위해 활동을 좋아함	판매, 영업, 인사관리, 훈련
관습형	• 신뢰롭고 책임감이 강함 • 자료와 정보를 체계적으로 정리 · 관리하는 활동을 좋아함	회계사, 경제분석가, 세무사, 법무사

출처: 박선영, 김지영, 오효정, 오은경(2014), pp. 49-50에서 수정 보완.

경제적인 이득인지 등 흥미의 속성을 함께 생각해 본다.

대표적인 직업흥미 이론은 홀랜드(Holland, 1966)가 제안했는데 직업적 흥미를 여섯 가지 성격 유형으로 설명하였다. 홀랜드(1966)는 여섯 가지 성격 유형을 실재형(Realistic), 탐구형(Investigative), 예술형(Artistic), 사회형(Social), 기업형(Enterprising), 관습형(Conventional)으로 나누고 첫 글자를 연결해서 RIASEC의 6각형 모형으로 설명하였다. 여섯 가지 성격 유형처럼 세상의 직업은 여섯 가지 직업 환경으로 나누어질 수 있고 개인이 자신의 성격 유형과 일치하는 직업 환경을 선택할수록 잘 적응할 수 있다고 설명하였다.

다음으로는, 잘해 왔고 잘할 수 있는 것, 즉 성취와 적성에 대한 이해가 필요하다. 성취는 과거에 잘했던 활동이나 성공을 의미하는 반면, 적성은 미래에 잘할 것으로 기대할 수 있는 활동이나 능력을 의미한다. 전문적으로 성취도 검사나 적성검사를 받아 볼 수도 있지만 기본적인 성취와 적성은 학교에서 자신의 학업 수행을 탐색함으로써 파악할 수 있다. 예를 들어, 학교에서 '내가 잘했던 과목은 어떤 과목'이고 '좋은 평가나 수행을 보인 활동'은 무엇인지 생각해 보는 것이다. 또 다른 방법으로는 홀랜드의 6각형에서 자신의 수행을 검토해 보는 것이다. 즉, '비교적 좋은 수행을 보인 활동은 어떤 유형인가'를 탐색해 보는 것이다.

잘한다는 것은 다른 사람에 비해 잘한다는 타인과의 능력 비교일 수도 있고, 내가 하는 다른 활동에 비해 잘한다는 내 안의 능력 간 비교일 수도 있다. 적성을 탐색할 때 내가 잘하는 일이 무엇인지 그리고 이 일이 상대적인 비교에서 어떤 우위가 있는지 점검해 보는 것이 필요할 것이다.

흥미와 성취(적성)를 이해하는 데 있어서 기억할 점은 성취(적성)와 흥미가 반드시 일치하지는 않는다는 점이다. 어떤 사람은 흥미와 성취(적성)가 일치해서 좋아하는 일을 잘해 왔고 잘할 것으로 예상되지만, 다른 사람은 흥미와 적성이 일치하지 않을 수도 있다. 즉, 좋아하는 일을 잘하지 못할 수도 있고(흥미는 있지만 적성은 없는) 좋아하지 않는 일이지만 잘할 수도 있다(흥미는 없지만 적성은 있는). 예를 들면, 나는 노래 부르기를 좋아하지만 노래를 잘 부르지 못한다. 반대로 어떤 사람은 노래 부르기를 좋아하지 않지만 노래를 잘 부를 수도 있다.

그렇다면 흥미와 적성 중에서 어느 쪽이 더 중요할까? 대부분의 경우 흥미와 적성은 둘 다 직업 선택, 직업 유지와 만족에 매우 중요한 영향을 미친다. 트레이시와 홉킨스(Tracey & Hopkins, 2001)는 흥미와 자신의 능력에 대한 평가가 모두 직업 선택과 관련이 있지만, 일반적으로 자신의 능력에 대한 평가보다는 흥미가 직업 선택에 더 큰 영향을 주고 있음을 밝히고 있다. 즉, 자신이 좋아하는 일과 자신이 잘하는 일에 대한 평가는 모두 개인이 직업을 선택할 때 영향을 주지만, 좋아하는 일이 잘하는 일보다는 직업 선택에 약간 더 큰 관련이 있음을 보였다.

무엇을 즐겨 하는지(흥미), 그 일을 얼마나 잘 수행하는지(적성) 다음으로 자기이해를 위해 고민해야 할 것은 '삶 속에서 무엇을 중요하게 생각하는지'이다. 직업이나 직업 활동에 대해 개인이 가지고 있는 가치관을 직업 가치관이라고 한다(유채은, 조규판, 2014). 직업 가치관이란 직업을 통해 개인이 무엇을 얻고자 하는지, 직업을 통해 무엇을 실현하고자 하는지, 개인이 직업에 부여하는 상대적 가치의 중요성 등을 의미한다. 이를테면 대학생들에게 직업을 통해서 얻고 싶은 것이 무엇인지를 물어보면 많은 경우에 '돈'을 이야기한다. 이렇게 응답하면 돈이 중요한 가치인 것으로 판단하기 쉽지만 이들의 가치관을 보다 확실하게 파악하기 위해서는 '돈을 가지고 무엇을 하고 싶은지'를 추가적

〈표 12-2〉 직업 가치 유형

긴즈버그 (Ginzberg, 1952)	내재적 가치: 직업활동 자체 외재적 가치: 경제 및 위신 부수적 형태: 사회적 · 환경적 측면
슈퍼 (Super, 1962)	내재적 가치: 애타성, 창의성, 독립성, 지적 자극, 심미성, 성취, 관리 외재적 가치: 생활방식, 안정성, 위신, 보수 부수적 형태: 환경, 동료, 감독관과의 관계, 다양성
워크넷	1. 성취: 자신이 스스로 목표를 세우고 이를 달성함 2. 봉사: 남을 위해 일함 3. 개별 활동: 여러 사람과 어울려 일하기보다는 혼자 일하는 것을 중시 4. 직업안정: 직업에서 얼마나 오랫동안 안정적으로 종사할 수 있는지를 중시 5. 변화지향: 업무가 고정되어 있지 않고 변화 가능함 6. 몸과 마음의 여유: 마음과 신체적인 여유를 가질 수 있는 업무나 직업을 중시 7. 영향력 발휘: 타인에 대해 영향력을 발휘하는 것을 중시 8. 지식 추구: 새로운 지식을 얻는 것을 중시 9. 애국: 국가를 위해 도움이 되는 것을 중시 10. 자율성: 자율적으로 업무를 해 나가는 것을 중시 11. 금전적 보상: 금전적 보상을 중시 12. 인정: 타인으로부터 인정받는 것을 중시 13. 실내 활동: 신체 활동을 덜 요구하는 업무나 직업을 중시

출처: 박정란(2006), p. 50에서 수정 보완.

으로 탐색하는 것이 필요하다. 〈표 12-2〉에 제시된 직업 가치 유형 중에서 어떤 것이 당신에게 중요한가? 직업을 통해서 내가 원하는 것은 무엇인가? 적어도 세 가지 정도의 가치를 선택하고 왜 그게 나한테 중요한지 생각해 보라.

현재 직업 세계의 정보를 수집하고 미래 변화를 예상한다

이상과 같이 흥미, 적성과 성취, 가치관 같은 자기이해와 더불어 직업 세계에 대한 이해가 좋은 진로 결정에 필수적인 요소이다. 직업 세계의 이해를 위해서는 다양한 직업 정보를 수집하고 활용하는 것이 필요하다. 직업 정보에는 각 직업의 직무 내용, 요구되는 능력, 근로 조건이나 급여 등이 포함되고 『직업사전』이나 『직업전망서』에는 이러한 내용이 상세하게 기술되어 있다. 직업 세계를 이해하는 데 있어 함께 고려해야 할 점 중의 하나가 사회 변화이다. 예를 들어, 직업과 사회 변화는 어떤 관련이 있을까? 가령 우리가 500년 전에 태어났다면 직업 선택과 관련하여 어떤 고민을 했을까? 아마 대부분의 사람은 직업 선택과 관련하여 별다른 고민을 하지 않았을 것이다. 왜냐하면 500년 전에 당신이 남자라면 당신은 아버지와 동일한 직업을 갖고 있고 여자라면 남편의 일을 도우면서 살림을 하고 있을 것이기 때문이다. 이를테면 부모님이 농사를 짓는다면 당신은 농부일 것이고, 부모님이 양복을 만드신다면 당신 역시 양복을 만드는 일을 할 것이다. 이런 경우가 빈번하여 베이커(Baker), 파머(Famer), 테일러(Taylor)와 같이 직업이 가족의 성(family name)이 된 경우도 여러 문화에 나타난다. 물론 가족의 구성원과는 다른 직업을 선택하는 경우도 있었겠지만 그런 경우는 매우 드문 경우였다. 따라서 아마도 우리가 진로와 직업에 대해 고민을 하게 된 이유 중의 하나는 사회 변화 때문일 것이고, 따라서 우리는 직업 세계의 이해와 함께 사회 변화를 반드시 고려해야 한다.

사실 미래를 정확하게 예상하는 일은 매우 어렵다. 미래 변화를 보다 정확하게 예측하기 위해서는 우리가 어떤 변화를 경험했는지 살펴보는 것이 도움이 될 수 있다. 서울대 소비트렌드 분석센터(2017)는 2007년에서 2018년까지의 10년간의 트렌드를 분석하면서 경제, 기술, 인구의 변화를 변화의 동인으로 선정하였다. 경제 측면에서 우리나라는 지난 10년간 대팽창의 시대가 끝나고 공급과잉의 시대에 접어들었다. 따라서 '내일은 오늘보다 나아질 것'이라는 전제가 무너지고 지금 바로 행복을 찾으려는 경향이 나타나고 있다고 분석하였다. 다음으로, 기술 측면에서는 SNS(Social Network Services)로 대표되는 소통 방식의 변화가 나타나 사회 전반에 광범위한 영향을 미치고 있다고 설명하였다. 특히 이러한 기술 발전이 엄청난 속도로 이루어지고 있다는 점을 지적하였다. 마지막으로, 인구 측면에서는 고령화와 1인 가구의 성장이 이루어지고 있고 이러한 변화는 개인 지향적인 가치관과 라이프 스타일을 사회 전체로 전파하고 있다고 분석하였다. 그렇다면 앞으로 10년간 우리 사회는 어떻게 변화할까? 그리고 그런 변화는 직업 세계에 어떤 변화를 가지고 올까? 다음은 사회 변화가 직업에 미칠 영향을 예상하는 연습이다.

진로 연습

앞으로 10년 안에 일어날 사회 변화를 3가지만 생각해 보세요.

1.

2.

3.

이러한 사회 변화로 증가할 직업을 5가지만 생각해 보세요. 그 이유는 무엇일까요?

1.

2.

3.

4.

5.

이러한 사회 변화로 <u>감소</u>할 직업을 5가지만 생각해 보세요. 그 이유는 무엇일까요?

1.

2.

3.

4.

5.

실제로 사회 변화와 직업 세계의 변화를 예상하는 일은 막막하고 어렵다. 한국고용정보원(2017)은 10년간(2016~2025년) 우리나라의 직업별 고용을 전망하면서 일곱 가지 변화로, ① 4차 산업혁명을 선도할 기술직의 고용 증가, ② 4차 산업혁명의 핵심 인재를 중심으로 인력의 재편 가속화, ③ 기계화·자동화로 대체 가능한 직업의 고용 감소, ④ 고령화·저출산 등으로 의료, 복지 관련 직업의 고용 증가, ⑤ 경제 성장과 글로벌화에 따른 사업 서비스 전문직의 고용 증가, ⑥ 안전의식 강화로 안전 관련 직종의 고용 증가, ⑦ 기존 업무에 ICT 스킬이 융합된 업무 증가 등을 제안하였다.

2016~2025년 대한민국 직업별 7대 변화 트렌드

1. 4차 산업혁명을 선도할 기술직의 고용 증가

신산업(사물 인터넷 제품, 웨어러블 디바이스, 자율주행차, 가상현실, 모바일 등)에서 기술 및 제품 개발 및 서비스를 담당하는 IT 직종(응용 소프트웨어 개발자, 네트워크 시스템 개발자, 컴퓨터 보안 전문가, 시스템 소프트웨어 개발자 등)과 관련 기술직 및 전문가(전기·전자 공학 기술자, 기계공학 기술자, 통신공학 기술자, 멀티미디어 디자이너, 제품 디자이너 등) 고용 증가

2. 4차 산업혁명의 핵심 인재를 중심으로 인력의 재편 가속화

핀테크, 로보어드바이저, 인터넷 전문은행의 확산으로 단순사무원(출납창구 사무원 등)은

물론 증권 및 외환 딜러 등의 전문직은 고용이 감소하나 고부가가치 창출이 가능한 보험 및 금융상품 개발자 등 핵심 전문가에 대한 수요는 증가

3. 기계화 · 자동화로 대체 가능한 직업의 고용감소

생산 설비의 기계화 및 자동화, 산업용 로봇 및 3D 프린팅 기술의 확산으로 주조원, 단조원, 판금원 및 제관원 고용 감소

4. 고령화와 저출산 등으로 의료 · 복지 직업의 고용 증가

고령화와 의료 및 복지 지원 확대 등으로 의사, 치과 의사, 간호사, 물리 및 작업 치료사, 응급구조사, 임상심리사, 사회복지사, 간병인 등의 증가

예외: 산부인과 의사(저출산), 영상의학과 의사(빅데이터와 인공지능 활용 확산), 교사(저출산 및 학령인구 감소), 작물재배 종사자와 어업 종사자(농어촌 인구의 고령화와 청년층의 이농) 감소 예상

5. 경제 성장과 글로벌화에 따른 사업 서비스 전문직의 고용 증가

경제 규모 성장과 글로벌화로 경영 환경이 복잡해지면서 경영 및 진단 전문가(경영 컨설턴트), 관세사, 손해사정사, 행사 기획자 등 사업 서비스 전문가의 고용 증가

6. 안전의식 강화로 안전 관련 직종의 고용 증가

국민들의 안전에 대한 요구가 커지고 정부 역시 안전 관련 정책을 강화하면서 경찰관, 소방관, 경호원 등 안전을 책임지는 직업의 고용 증가

7. 기존 업무에 ICT 스킬이 융합된 업무 증가

4차 산업혁명으로 기존 업무에 ICT 스킬이 융합된 업무 증가. 예를 들면, 자동용접 및 로봇 용접의 확산으로 용접원에게 프로그래밍 기술이 추가 요구되고, 치과기공사는 전문성 강화를 위해 3D 프린팅 기술을 익힐 필요가 있으며, 전기자동차 보급이 증가하고 자율주행차가 상용화되면 자동차 정비원의 업무 중 전기 · 전자 관련 업무의 비중이 증가

출처: 한국고용정보원(www.work.go.kr), 2017 한국직업전망.

이러한 사회 변화를 예상할 때 기억해야 할 중요한 점은 정확한 예상도 필요하지만 더 필요한 것은 어떤 변화에도 대응할 수 있는 적응 유연성을 키워 나가야 한다는 것이다. 세상에 어떤 것도 영원히 변화하지 않고 그대로 유지되는 것은 없다. 기술의 변화는 사회 전반의 변화를 이끌고 이러한 사회 변화는 개개인의 삶을 변화시킨다. 따라서 변화하는 세상에 대해 막연히 불안해하고 걱정하기보다는 이러한 변화에 적응하려는 마음이 더 중요하다. 세상의 모든 변화를 예측해서 준비하기보다는 예측 가능한 변화는 대비하고 준비하지만 예측하지 못하는 변화에 대해서는 변화를 배우면서 적응해 나가려는 유연한 마음이 필요하다. 이제까지 삶에서 변화에 적응해서 잘 살아왔다면 당연히 앞으로의 변화에도 잘 적응하며 살아갈 수 있을 것이다.

직업선택의 마지막 단계는 매칭이다

대학교 졸업반 학생들은 어디든지 뽑아 주면 열심히 일할 수 있다고 말하고 공무원 시험과 같은 특별한 자격시험을 준비하는 경우가 아니면 실제로 합격되는 직장에서 첫 직업에 진입하는 경우가 많다. 하지만 이들의 예상과는 달리 첫 직장에서의 적응이 좋은 편은 아니다. 만 15~29세의 청년을 추적 조사한 청년 패널 자료를 토대로 분석한 김종욱(2017)은 첫 직장에 들어간 청년 10명 중 3명은 입사 1년 이내에 퇴직한다고 설명한다. 2017년 첫 직장 경험 청년 409만 2,000명 중 입사 1년 내 이직한 사람은 36.2%로 148만 명에 달한다는 것이다. 퇴직의 이유도 계약 종료, 폐업 및 해고, 계약 만료 등 비자발적 이직 사유는 12%인 반면, 근무 여건 불만족은 52%로 가장 높은 비중을 차지했다.

이러한 결과는 자기이해와 직업 세계에 대한 충분한 고려 없는 직업 선택은 빠른 이직과 같은 부정적인 결과로 연결될 수 있음을 보여 준다. 여러 번의 시행착오와 새로운 직업의 탐색은 진로 발달 과정에서 당연히 경험하는 일이지만 단기간 내에 발생하는 반복된 이직은 개인의 경력 개발을 지연시키고 때로는 경력을 단절시킬 수도 있다는 점에서 보다 신중한 접근을 고려하는 것이 필요하다.

한 번의 진로선택이라기보다는
전 생애 발달의 관점으로 진로를 이해한다

이런 결과들은 진로선택이 한 번의 의사결정 과정이 아니라 전 생애에 걸쳐서 일어나는 과정임을 이해하는 것이 필요하다는 점을 보여 준다. 슈퍼 (Super, 1990)는 개인과 환경이 끊임없이 변화하기 때문에 개인과 환경 간의 연결은 완전할 수가 없다는 점에 주목하였다. 따라서 진로선택을 진로발달의 관점에서 이해하는 것이 필요하고 진로 발달을 전 생애에 걸쳐서 이루어지고 변화되는 것으로 설명하였다. 이를 개인에게 적용하면 자신의 진로 선택이 아동기부터 현재까지 어떻게 변화했는지 탐색하거나 가족의 진로 선택역사를 검토하는 것이 하나의 방법이 될 수 있다.

진로 연습

1. 당신이 이제까지 가져왔던 진로 목표(꿈)에는 어떤 것이 있었습니까? 또한 그런 꿈을 꾼 이유는 무엇입니까?

   - 초등학교 저학년: (이유:)

   - 초등학교 고학년: (이유:)

   - 중학교: (이유:)

   - 고등학교: (이유:)

   - 대학교 혹은 20대: (이유:)

- 30대:　　　　　　　　　　　(이유:　　　　　　　)
- 40~50대:　　　　　　　　　　(이유:　　　　　　　)
- 60대 이후:　　　　　　　　　 (이유:　　　　　　　)

2. 자신을 포함한 가족들의 직업을 정리해 봅시다. 앞서 말한 것처럼 직업 선택에는 가족이 여러 가지 영향을 미칠 수 있습니다. 자신을 중심으로 3개의 가계도를 그리고, 자신이 알고 있는 한도 내에서 각 가족 구성원이 가진 직업을 정리해 보는 것입니다. 남자는 □, 여자는 ○로 표현하고 그 안에 직업을 적어 넣으시면 됩니다.

예시)

할아버지 개인사업　　할머니 주부　　할아버지 교사　　할머니 주부

주부　　사업 편의점　　회사원 보험　　회사원 엔지니어　　학원　　교사　　장사 문방구

아빠 은행원　　엄마 과외

오빠 기계공학　　나 심리학 전공

가계도를 살펴볼 때 가족들의 직업이 나의 진로에 미치는 영향은 무엇일까요?

슈퍼(1990)는 진로 발달 과업을 중심으로 성장기, 탐색기, 확립기, 유지기, 쇠퇴기 등의 진로 발달 단계를 제안하였다. 성장기(0~14세) 아동은 자기와 직업 세계에 대해 이해하기 시작하는데, 이 시기에 아동들은 호기심과 환상을 통해 자기와 직업 세계를 이해하기 시작하지만 점차적으로 가정과 학교의 주요 인물에 대한 동일시를 통해 진로 발달이 이루어지게 된다. 10세 이전에는 주로 환상 놀이를 통해 역할을 경험하고 이후 자신이 좋아하는 흥미로운

일과 잘할 수 있는 능력을 검증하게 된다. 돌이켜 보면 초등학교 시절에 속한 이 시기의 아동들은 현실적인 제약 없이 다양한 직업을 꿈꾸고(예: 유치원 놀이를 통해 유치원 선생님의 꿈을 가짐) 이후 초등학교 고학년이 되어 감으로써 자신의 흥미와 능력에 대한 현실 검증을 시작하게 된다(예: 유치원 선생님은 내가 좋아하는 일인가 그리고 잘할 수 있는 일인가).

탐색기 청소년(15~24세)은 진로선택을 자신의 욕구, 적성, 흥미, 가치, 취업 기회 등을 고려하여 보다 구체화하고 특정한 직업에 필요한 훈련과 교육을 받고 현실적인 여건을 탐색하여 특수화하며 자신에게 맞는 직업을 선택하여 최초로 실행하게 된다. 이 과정에서 청소년들은 적극적으로 자신의 진로를 탐색하고 구체화·특수화·실행화하지만 이는 잠정적인 결정이다. 중·고등학교와 대학에 속한 이 시기의 청소년은 학교와 사회에서 다양한 경험을 통해 잠정적인 진로를 결정하고(예: 고등학교 시기에 대학 진학을 결정하고 유아교육과로 진로를 결정) 현실적인 요인을 고려하여 최종 직업을 선택한 이후에 최초로 이를 사회에서 실행해 본다(예: 유아교육과에 진학하고 유치원에서 실습하는 한편, 동아리 활동으로 교육봉사를 하고 아르바이트로 학원 강사를 하는 등 다양한 경험을 하면서 유치원 교사가 되기로 결정하고 대학 졸업 후 유치원에 취업). 이때 이러한 시행은 잠정적이어서 중간에 다른 대안을 탐색해 보기도 하고 다양한 시행착오를 경험한다.

확립기 성인(25~45세)은 자신에게 적합한 직업을 발견하고 특정한 직업에 정착하고 승진이나 책임자가 됨에 따라 직업 내의 위치를 공고화하게 된다. 물론 대부분의 성인은 선택한 직업이 자신에게 적합하지 않다는 사실을 발견하면 이직이나 재취업 등을 통해 변동과 시행착오를 경험하지만 궁극적으로는 자신이 선택한 진로에서 안정된 직업적 위치를 가지게 된다. 앞서 예의 유치원 선생님의 경우, 실제 유치원 선생님으로 일하면서 아이들을 좋아하지만 아이들을 직접 대하는 것이 체력적으로 힘들다는 점을 깨닫고 유아 교재를 만드는 회사로의 이직을 고려하고 이에 필요한 교육을 받는 것과 같은 과정으로 진행된다. 물론 유아교재 회사에서도 만족하지 못하고 다른 대안을 탐색해 볼 수도 있다.

이후 유지기(46~65세)에는 이미 정해진 직업에 정착하고 이를 유지하기 위해 노력하게 되며, 쇠퇴기(65세 이상)에는 신체적으로 능력이 저하되고 은퇴를 고려하게 된다. 물론 경우에 따라서는 유지기에 사회 변화나 개인적인 이유로 새로운 직업을 탐색하고 적응하기 위해 노력해야 하는 상황에 직면하게 될 수 있는데, 이 경우에는 탐색기-확립기-유지기를 다시 반복하게 된다. 유사하게 수명이 연장됨에 따라 은퇴 대신에 취업을 연장하거나 새로운 직업에 도전하기도 한다. 따라서 지금 자신의 진로 발달 과정을 점검하고 발달 과업을 완수하기 위해 어떤 노력을 하고 있는지 탐색하는 것이 필요할 것이다.

예상하지 못한 우연을 기회로 활용하자

진로에서 기억해야할 마지막 중요한 점은 한 개인의 진로 발달 과정에는 어느 정도 우연적인 요인, 즉 개인이 통제하기 어려운 요인이 있다는 것이다 (김봉환 외, 2010). 주변에서 다음과 같은 일들을 자주 접하게 될 것이다. 방학을 맞이한 대학생이 우연히 동네 마트에서 신상품 판매일을 맡게 되었는데 생각보다 많은 물량을 팔게 되고 보너스를 받게 되었다. 이 일을 계기로 그 대학생은 경영 과목을 수강하게 되고 경영학 복수전공을 계획하고 마침내는 졸업 후의 진로로 판매 쪽의 직업을 고려하게 되는 것과 같은 것이다.

미첼, 레빈과 크럼볼츠(Mitchell, Levin, & Krumboltz, 1999)는 개인의 삶 속에서 우연한 사건의 중요성에 주목하고 우연하게 생긴 일과 실수를 새로운 학습의 기회로 생각할 것을 제안했다. 진로에 긍정적인 혹은 부정적인 영향을 미치게 되는 예상할 수 없는 사건은 일어날 수밖에 없다. 이렇게 일어난 사건은 우리의 노력 여하에 따라 보다 긍정적이 될 수도 있고 반대로 더욱 부정적이 될 수도 있다.

따라서 우리가 연습해야 할 것은 우연하게 생긴 일들을 자신의 진로에 유리하게 만들고 실수의 피해가 적어질 수 있도록 적극적으로 만들어 가는 능력이다. 미첼 등(1999)은 새로운 학습 기회를 탐색하는 호기심, 좌절에도 노력을 계속하는 인내심, 상황에 따라 태도를 변화시킬 수 있는 유연성, 새로운 기회를 긍정적으로 지각하는 낙관성, 불확실한 상황에서도 행동을 시도하는 위험 감수 등을 이러한 우연 사건을 긍정적으로 다룰 수 있는 기술로 제안했다. 진로 결정은 정답이 하나로 정해진 길이 아니다. 우연한 일은 분명히 장애일 수도 있지만 기회일 수도 있다는 점을 이해하고 이를 대비하는 능력을 개발하는 것이 중요하다.

참고문헌

김봉환, 이제경, 우혜실, 황매향, 공윤정, 손진희, 강혜영, 김지현, 유정이, 임은미, 손은령(2010). 진로상담이론-한국 내담자에 대한 적용. 서울: 학지사.

김종욱(2017). 그토록 원하던 첫 직장을 스스로 빠르게 나가는 이유는? 노동리뷰, 151, 22-35.

박선영, 김지영, 오효정, 오은경(2014). 진로상담과 직업. 서울: 정민사.

박정란(2006). 여성 새터민의 직업가치와 진로의사결정 과정 연구. 이화여자대학교 대학원 박사학위논문.

서울대 소비트렌드 분석센터(2017). 트렌드 코리아 2018. 서울: 미래의 창.

유채은, 조규판(2014). 진로와 자기계발. 서울: 학지사.

Holland, J. L. (1966). The psychology of vocational choice. Waitham, MA: Blaisdell.

Mitchell, K. E., Levin, S., & Krumboltz, J. D. (1999). Planned happenstance: Constructing unexpected career opportunities. Journal of counseling & Development, 77(2), 115-124.

Parsons, F. (1909). *Choosing a vocation*. Boston: Houghton, Mifflin and Company.

Super, D. E. (1990). A life-span, life-space approach to career development. In D. Brown & L. Brooks, The Jossey-Bass management series and The Jossey-Bass social and behavioral science series. *Career choice and development: Applying contemporary theories to practice* (pp. 197-261). San Francisco, CA, US: Jossey-Bass.

Tracey, T. J., & Hopkins, N. (2001). Correspondence of interests and abilities with occupational choice. *Journal of counseling psychology, 48*(2), 178.

13장

법정에서의 심리학

:

이수정 (경기대학교 범죄심리학과 교수)

●

왜 허위자백을 하는가

형법 내에서 자백증거(confession evidence)는 유죄 입증을 위해 가장 설득력이 있으면서도 오류 또한 범하기 쉽다. 본인이 저지르지도 않은 범죄를 자백할 사람은 없다는 흔한 통념과는 달리, 중세 마녀사냥을 포함한 영미법 국가에서의 확인된 사례들은 무고한 남녀가 허위자백을 하여 부당한 선고를 받거나 수감되는 경우를 보여 준다. 정확한 발생률은 알려져 있지 않지만 미국에서의 최근 분석 연구에 의하면, DNA 검사로 무죄를 인정받은 재소자들 중 20~25%가 경찰에 허위로 자백을 했고, 이러한 허위자백이 발생할 가능성은 살인 사건(capital murder)의 경우 더 높았다(White, 2003). 현재 밝혀진 사건들은 빙산의 일각일 수 있다는 지적도 존재한다(Drizin & Leo, 2004). 이는 우리나라 역시 예외가 아닌데, 허위자백으로 인해 유죄 판결을 받았다가 결국에는 피고인들이 무죄 선고를 받은 삼례 슈퍼 살인사건이나 약촌 오거리 사건 그리고 수원 노숙소녀 살인사건 역시 모두 인명 피해가 난 사건이다.

역사상의 수많은 사건을 검토하고 여러 사회적 영향이론을 참고한 후에 라이츠먼(Wrightsman)과 캐신(Kassin)은 허위자백을 세 가지 종류로 분류하였다. 자발적(voluntary) 허위자백, 순응적(compliant) 허위자백, 내재화된(internalized) 허위자백이 그것이다. 현재도 사용되고 있는 이 분류 방법은 허위자백 연구의 중요한 뼈대를 제공하였다(Kassin & Wrightsman, 1985).

자발적 허위자백(voluntary false confession)은 경찰의 설득 없이 본인이 저지르지 않은 범죄의 혐의를 인정하는 것을 뜻한다. 이러한 허위자백은 흔히 세간의 이목을 끄는 사건에 나타난다. 이런 형태의 허위자백, 즉 죄 없이 결백한 사람들이 왜 자신이 하지도 않은 일을 했다고 자백하는지에 대한 이유는 몇 가지가 있다. 우선, 병적으로 타인의 관심을 얻고 싶어 하거나 혹은 스스로를 벌주고 싶어서 또는 죄책감이나 망상, 눈앞의 이득에 대한 인식 그리고 다른 이를 보호하고자 하는 이유 등으로 사람들은 허위자백을 한다. 우리나라에도 유명 연쇄살인 사건에서 자신이 범인이라고 허위로 자수한 자들이 존재하였는데, 이들은 대부분 타인의 관심을 끌고자 하는 비정상적인 동기를 가진 자들이었다.

그에 반해서, 사람들은 가끔씩 경찰의 심문 과정에 의해 허위로 자백하도록 유도되기도 한다. 순응적 허위자백(compliant false confession)의 경우 용의자는 힘겨운 상황에서 벗어나거나 처벌을 피하기 위해 혹은 제시 또는 약속된 보상을 얻기 위해 상황에 순응한다. 밀그램(Milgram)의 고전적 순응 연구에서 관찰된 사회적 영향(social influence)처럼, 이러한 허위자백은 자백으로 인한 단기적 이익이 그로 인한 장기적 비용보다 중하다고 보는 용의자에 의한 사회적인 순응(public compliance) 행동이다. 이런 현상은 1989년 센트럴 파크 jogger 사건에 의해 극적으로 드러났다. 이 사건에서는 길고 고통스러운 심문 과정에 시달리던 10대 다섯 명이 끝내 하지도 않은 강간 사건에 대해 자백을 하였는데, 이들은 당시 자백만 하면 집에 갈 수 있으리란 단순한 기대 때문에 자백하였다고 추후 고백하였다. 다섯 명의 소년은 유죄를 선고받고 교도소에 수감되었으며, 2002년 진짜 강간범이 자백하고 DNA 증거가 확인된 후에야 석방되었다. 국내의 경우 수원고등학교 살인 사건이 이 사건과 매우 흡사한데, 당시 2명의 장애가 있는 성인 피고인과 4명의 소년범은 수원고등학교에서 집단폭행으로 살해된 소년에 대한 살인혐의를 수사 기관에서 인정하였다. 이들은 모두 자백만 하면 고통스러운 형사 절차가 모두 종결될 것이라고 낙관하였다. 결국 항소심에서 이들의 혐의가 모두 무죄라는 것이 인정되었으나 1심의 유죄 판결로 인한 상당한 기간의 구치소 수감은 피할 길이 없었다.

마지막으로, 내재화된 허위자백(confrontational false confession)이란 무고하지만 취약한 용의자가 설득력 높은 신문 기법에 노출되었을 경우 단순히 범죄를 자백하는 것만이 아니라 실제로 범죄를 저질렀다고 믿게 되는 경우를 지칭한다. 여동생이 칼에 찔려 사망한 14세 마이클 크로(Michael Crowe)의 사건이 바로 이런 현상을 보여 준다. 긴 심문 시간 동안 그의 유죄에 대한 물증이 실존한다고 잘못 믿게 된 크로는 자신이 살인자라고 결론짓게 된다. "내가 어떻게 했는지는 몰라요. 내가 했다는 것만 알아요."(Drizin & Colgan, 2004, p. 141) 결국 크로는 그의 인격이 여동생을 향한 질투로 인해 범죄를 저지른 '나쁜 마이클(bad Michael)'과 끔찍한 살인을 인식하지 못하도록 기억을 억제한 '착한 마이클(good Michael)'로 나뉘어 있다고 믿게 되어 허위자백을 한다. 하지만 크로에 대한 살인 혐의는 차후 이웃 마을 떠돌이의 옷에서 여동생의 피가 발견된 후에 벗겨지게 되었다.

그렇다면 범죄를 저지르지도 않은 사람들이 왜 허위자백을 하는가?

상황적 위험 요인

DNA 검사의 결과처럼 결정적 증거를 제시하는 경우 피조사자는 심리적으로 심하게 압박을 받는다. 경찰은 구체적인 직접 증거를 확보하지 않은 상태에서도 자백을 받아 내기 위하여 용의자에게 머리카락이나 목격자의 진술 혹은 거짓말탐지기 결과 등 유죄의 증거가 있다고 유도할 수 있다. 이 같은 엄포는 가끔 객관적 증거를 전혀 확보하지 못한 경우에도 이루어진다. 심리학 분야의 기초 연구들은 잘못된 정보가 사람의 인지, 신념, 기억 그리고 행동까지도 바꿀 수 있음을 증명해 왔다. 캐신과 키첼(Kassin & Kiechel, 1996)은 위의 가설과 자백을 연관지어 연구실 실험을 진행하였다. 이 연구에서 대학생들은 반응 시간을 측정하는 실험에 참가한다는 설명을 듣고 키보드를 조작하였다. 그런데 실험 도중 참가자들은 누르지 말아야 한다고 주의를 받은 키를 눌러 컴퓨터가 갑자기 멈추는 경험을 한다. 이 사고는 사실상 사전에 미리 실험자에 의해 조작된 거짓 절차이다. 실험 중 갑자기 컴퓨터를 고장냈다고 생각하게 된 피험자에게 실험자는 자신의 혐의를 인정하는 자술서를 쓰라고 요구한다. 사실상 결백한 피험자들은 처음에는 자신의 혐의를 부인한다. 하지만 일부 실험 집단에서는 목격자(사전에 미리 공모한 조교)가 등장하여 피험자가 실제로 금지된 키를 누르는 것을 봤다고 진술한다. 이런 거짓 증거의 제시는 결과적으로 피험자들 중 하지도 않은 일을 자백하는 비율을 48%에서 94%로 거의 두 배 정도 증가시켰다. 그리고 이러한 조작은 실제로 자신들이 잘못을 저질렀다고 믿는 참가자의 수 또한 증가시켰다.

최소화 기법

두 번째로 문제될 수 있는 기법은 최소화(minimization)이다. 이는 조사자가 피조사자에게 공감을 표출하고 도덕적인 정당성(moral justification)을 마련해 줌으로써 범죄의 심각성에 대한 지각을 최소화하는 기제에 의해 발생한다. 심문자가 용의자에게 그의 행동이 즉흥적이었고 돌발적이었으며, 도발과 집단의 압력 때문이었으므로 어느 정도 정당한 이유가 있다고 암시를 하는 방식이다. 과거 연구에 따르면, 이러한 최소화 발언은 사람들로 하여금 확실한 약속 없이도 자백을 한다면 관대한 처분이 뒤따르리라는 것을 믿게 한다. 이 기법의 행동적 결과들을 평가하기 위해 연구자는 실험 참가자들을 공모자와 짝지어 문제 해결 실험에 배정한 뒤, 일부의 문제를 제외하고는 나머지 문제를 혼자 해결하도록 하였다(Russano, Meissner, Narchet, & Kassin, 2005). 유죄의 상황은 공모자가 각자 해결해야 할 문제에 대해 피험자에게 불법적으로 도움을 요청하도록 하여 실험 규칙을 어기도록 함으로써 조작되었다. 무죄의 상황에서는 이러한 부당한 요구를 하지 않았다. 이후 피험자와 공모자의 답에서 유사성을 '발견하게' 된 연구자는 피험자를 공모자로부터 분리시켜 부정행위에 대한 잘못을 묻도록 하였다. 이때 연구자는 피험자가 유죄인지 무죄인지 알지 못하는 채로 관대하게 처분할 것을 약속하면서 부당한 조력의 제공이라는 혐의에 대해서만 자술서를 쓰도록 한다. 아무런 기법도 사용하지 않은 상황과 비교했을 때, 최소화의 사용은 관대한 처분을 약속했던 만큼 효과적으로 유죄에 대한 자백을 받아 냈을 뿐 아니라 무죄 조건의 피험자에게서까지 허위자백의 비율을 증가시켰다.

기질적 취약성

어떤 사람은 남들에 비해 체질적으로 심약하여 허위자백의 위험이 더 크다. 예를 들어, 성격적인 이유로 사회적 상황 속에서 순응적(compliance)으로 행동하는 경향이 있는 사람은 다른 이들과의 대립을 피하고자 하는 열망으로 인해 특히나 취약성을 보인다. 잘못된 유도 질문이나 부정적 반응을 줌으로써 기억이 조작될 수 있는 사람 또한 피암시성(suggestibility)을 갖기 쉬워 강압적인 조사 상황의 영향을 받기 쉽다. 불안, 공포 우울, 환각 등이 높거나 심리적으로 불안정한 사람 그리고 정신지체를 가진 사람은 압박에 의해 허위자백을 할 가능성이 높다(Gudjonsson, 2003 참조).

이때 어린 연령은 특히 중요한 위험 요인이 된다. 경찰심문을 경험하는 청소년의 90% 이상이 '침묵할 권리'와 '변호사를 선임할 권리'를 보장하는 미란다 권리(Miranda rights)를 포기한다. 미국 내 여러 주에서는 청소년을 보호하기 위해 부모 혹은 '이해관계를 가진 성인'의 참관이 요구되지만, 오히려 그들에게 경찰에게 협조할 것을 권고하기 때문에 사실상 도움이 되지는 않는다(Oberlander & Goldstein, 2001). 허위자백 집단 내에서 불균형적으로 높은 청소년의 수는 이러한 문제가 분명함을 보여 준다(Drizin & Leo, 2004). 무엇이 청소년을 이토록 취약하게 만드는가에 관한 발달심리학 연구는 사춘기의 청소년들이 '미성숙한 판단력(immaturity judgement)'을 보인다고 지적하였다. 미성숙한 판단이란 충동성을 특징으로 하는 행동 패턴으로서 당장의 만족에만 초점을 맞추고 미래의 위험을 인지하는 데는 약한 능력을 갖는 것을 뜻한다(Owen-Kostelnik, Reppucci, & Meyer, 2006). 이와 같이 근시안적인 청소년에게는 허위자백이 스트레스 상황에서 벗어날 수 있는 편리한 방법으로 여겨질 수 있다. 설상가상으로 형사사법 절차 내의 청소년 대부분은 진단 가능한 심리학적 장애를 가지고 있어 심문조사실 내에서 이중 위험에 빠진다(Redlich, 2007).

무죄 현상

2006년 9월 20일, 저지르지 않은 살인 사건을 자백하여 뉴욕 교도소에 수감되었던 제프리 데스코빅(Jeffrey Deskovic)이 15년 만에 출소했다. 그는 왜 자백한 것일까? 데스코빅은 "형사사법 제도를 믿었고 두려웠기 때문에 그들이 원하는 대답을 해 줬다."라고 말했다. 정액 DNA 검사가 그의 결백을 증명해 줄 거라고 확신했던 데스코빅은 "결국엔 모든 것이 다 잘될 거라고 생각했다."라고 덧붙였다(Santos, 2006, p. A1). 이렇듯 경우에 따라서는 무죄라는 사실 그 자체가 결백한 사람들을 위험하게 만든다는 역설적 가설을 제시했다(Kassin, 2005). 무고하게 고발된 사람들은 진실과 정의가 승리하리라 믿고 그들의 결백함이 타인에게도 명료하다 생각한다. 그렇기 때문에 그들은 의심받고 있다는 사실도 인지하지 못한 채 경찰에게 협조하고 권리를 포기하며 거리낌 없이 말한다. 이러한 요점을 잘 나타낸 한 연구에서는, 보안 요원에게 '체포'된 참가자들 중 일부에게 100달러를 절도했다는 모의범죄 사실을 배정한 뒤 그들의 권리를 통지했다. 예상했던 바와 같이, 무고한 참가자들이 떳떳하지 못한 참가자들보다 더 쉽게 권리포기 각서에 사인하고 진술하였다(81% vs. 36%). 이후 권리를 포기한 참가자들 대부분은 권리포기의 이유를 자신들이 결백했기 때문이라고 설명하였다. "난 아무것도 잘못한 것이 없어요." "난 아무것도 숨길 것이 없어요."(Kassin & Norwick, 2004) 함축하자면 미란다 경고는 가장 그것이 필요한 시민—저지르지 않은 범죄에 대해 고발당한 사람들—을 보호하지 못할 수 있다.

누가 사이코패스인가

사이코패시(Psychopathy)는 반사회성 인격장애에 속하는 하위 범주로서 공감 및 죄책감의 결여, 얕은 감정, 자기중심성, 남을 잘 속임 등을 특징으로 한다. 실질적인 불만이 있지 않음에도 있다고 느끼고 있는 경우가 많으며, 정서 및 대인 관계에서는 공감 능력 부족, 죄의식과 양심의 가책 결여를 특징으로 한다. 대인 관계에서 자기중심적이고, 교묘한 거짓말에 능하다. 행동 내지 생활양식은 충동적이고 지루함을 참지 못하며, 행동 제어가 서투르고, 자극을 추구하며, 책임감이 없고, 사회규범을 쉽게 위반한다. 이러한 성격적인 문제를 가진 사람을 사이코패스(psychopaths)라 부른다. 이들은 환각, 환청, 망상, 비합리적 사고 등을 거의 보이지 않는다는 점에서 정신병(psychosis)과는 분명히 구분된다. 하지만 19세기 초에는 이들 두 개념이 혼동되어 사용되던 시기도 있었다. 당시에는 마음(mind)을 곧 이성(reason)이라고 보았기 때문에 이상한 행동은 이성에 결함이 생겨서 하게 된 행동, 즉 미쳤거나 제정신이 아닌 것으로 간주하였다. 따라서 범죄 행위 역시도 이성을 어기는 행위로 제정신이 아닌 상태로 간주되었는데, 파이넬(Pinel, 1809)은 '습관적으로 이기적이며 반사회적 행동을 하지만, 그런 상황이 정신적 질병의 징후를 나타내지는 않는 사람들'을 구별해 낼 필요가 있다고 하면서 이들을 따로 'manie sans dlire(insanity without delirium)'라는 용어로 지칭한 바 있다(이수정, 허재홍, 2004에서 재인용). 'manie sans dlire'는 잔혹하고 무책임하며 도덕심이 없는 것과 같은 특징은 현저하지만 정신착란과 같은 격앙됨이 없는 조증 상태로, 파이넬에 의하면 범죄 행동 역시 일종의 비이성적 증상이라 평가할 수 있다는 것이었다.

20세기에 들어서는 사회병질자(sociopaths)라는 개념이 한동안 통용되기도 했는데, 1952년 미국정신의학회는 정신병질(psychopathy)이라는 개념 대신에 사회병질(sociopathy)이라는 개념을 반복적으로 범죄 행동을 하는 사람들의 특성으로 통칭한 적도 있다. 하지만 이 같은 소양은 단순한 행동 습벽보다는 잠재적인 심리적 소양으로 받아들이는 것이 적합하다는 입장이 대두되면서 1968년 DSM-III에서 처음으로 반사회적 성격장애(antisocial personality disorder)란 용어로 통칭하기에 이르렀다. 이렇게 위법 행동을 지속적으로 보이는 일군의 대상에 대하여 정신의학 분야에서는 일찍이 반사회적 성격장애라고 지칭하여 왔다. 하지만 일종의 성격장애인 반사회적 성격장애를 진단함에 있어 범죄나 비행 행동이 주요 진단 준거가 되는 것은 순환논리적 모순이라는 점이 형사사법 현장에서는 강력하게 지적되었고(Hare, 1986, 1996; Hare, Forth, & Stachan, 1992), 따라서 이미 발생한 범죄 행동을 근거로 진단하는 사후 설명적 판단방법보다는 잠재적 특질을 토대로 하여 재범 예측 등 미래의 행동 가능성을 평가하는 방법이 필요하다는 점이 부각되었다. 이렇게 하여 유독 형사사법 현장에서 유행하게 된 개념이, 반사회적 인격장애보다는 조금 더 정제된 사이코패시, 바로 정신병질이라는 개념이다.

원래 정신병질이란 개념은 1976년 클레클리(Cleckley)에 의해 정리되어 학계에 소개된 적이 있다. 그의 정의에 따르면 사이코패스들은 외관상으로는 상당히 정상으로 보이고 지능도 보통 수준 이상을 지니지만 극단적으로 이기적이고 타인을 목적 달성의 도구로 이용하며, 무책임하면서 냉담하고 쉽게 거짓말을 하는 특성을 지닌다고 한다. 그 후 오늘날의 세분화된 정신병질 개념이 형성된 계기는 헤어(Hare)와 동료들(Hare, 1970, 1978, 1984, 1986, 1996; Hare & Craigen, 1974; Hare et al., 1992)의 정신병질에 대한 방대한 양의 실증연구에 의해서이다. 특히 PCL(Psychopathy Checklist)이라는 측정도구의 개발은 정신병질에 관한 실증연구를 촉진시키는 계기가 되었다.

사이코패스의 행동심리적 특이성

오늘날의 신경심리학적 연구들은 사이코패스가 인지행동적인 특이성 외에도 신경학적인 독특성을 지닌다고 보고한다. 이들의 가장 큰 특징은 회피학습 능력이 부족하다는 점이다. 1950년대 중반 이후 수행된 연구(Fairweather, 1954; Lykken, 1957; Siegel, 1978)는 정신병질자를 포함하는 반사회적인 인격장애인이 언어적 조건화, 고전적 조건화, 수용—회피 학습 등에서 열등하며 따라서 처벌이 존재하는 상황 내 학습, 짝짓기, 연상 학습 등에서 무력한 수행을 보인다고 하였다. 이와 같은 회피 학습 과정에서 수행 저하를 보이는 인지행동적 특성은 일반적으로 정신병질자가 조급하고 충동적인 경향을 보이는 것과 결코 무관하지 않다(Widom, 1977). 이들은 매우 자기중심적이기도 하다. 위덤(Widom, 1976a, 1976b)은 정신병질자와 정상인의 대인 인지 구조와 개인 인지 구조 체계를 비교했는데 정신병질자는 동일한 상황에 대하여 다른 사람들이 자신과는 다르게 해석을 할 수도 있다는 사실을 상상하지 못하며, 자신의 고정된 인지 구조를 수정하려고 노력하지도 않는다고 한다. 또다른 연구에서도 정신병질자는 대인 관계에서 위협적인 상황에 대해 인지적으로 왜곡해서 받아들이고 있다는 사실이 밝혀졌으며(Blackburn & Lee-Evans, 1985), 정상인에 비해 불안 상황을 실제보다 더 많이 분노 유발 상황으로 지각하는 경향성이 나타났다(Sterling & Edelmann, 1988). 이 같은 대인 관계상의 결함은 이들의 정서적인 둔감성과 밀접한 관련성을 지닌다. 클레클리(1976)는 사이코패스의 정서적인 결함을 '의미 실어증(semantic aphasia)'이라고 불렀다. 예컨대, 글자대로 말을 알기는 하지만 그 말이 지니는 사실상의 깊은 의미는 전혀 파악하지 못한다는 것이다. 이와 유사하게, 그랜트(Grant, 1977) 역시 정신병질자는 단어의 교과서적인 의미만을 알 뿐 그것이 함축하고 있는 진정한 의미는 알지 못한다고 지적하였으며, 존스와 콰이(Johns & Quay, 1962)는 사이코패스의 이 같은 인지행동적 특성에 대하여 "가사(words)는 알고 있으나, 음악(music)은 이해하지 못한다."라고 표현한 바 있다. 이 같은 지적은 모두 일관되게 사이코패스가 감정적으로 매우 냉담하고 이해심이 없는 자임을 추정하게 한다.

여러 실험 과제를 통한 연구(Blair et al., 2006; Lorenz & Newman, 2002; Williamson, Harpur, & Hare, 1991)는 사이코패스가 정서 관련 처리 과정에서 다양한 기능이 저하되어 있는 것을 확인시켜 준다. 일반적으로 정상인의 경우 정서 정보를 더 빠르고 정확하게 처리하는 데 반하여, 이들에게는 정서 정보에 대한 처리 과정의 효율성이 나타나지 않았다. 자극 특성이 일치할 때 발생하는 반응 시간상의 점화효과에서 사이코패스는 의미론적 점화 과제에서는 정상인만큼의 점화효과를 보였지만 정서적 점화에서는 정상인보다 훨씬 더 수행이 저조했다. 그뿐 아니라 단어 판단 과제에서도 사이코패스는 아주 구체적인 단어는 단어임을 잘 알아맞혔지만 추상적인 단어에 대해서는 올바른 단어라는 것을 잘 맞추지 못하였다. 이는 자극에 대한 처리 과정에서도 이들은 매우 피상적으로만 정보를 처리한다는 것을 시사한다.

특정 정서가에 대한 처리 과정에 이상이 있다고 지적하는 연구도 있는데, 최근 풀럼과 돌런(Fullam & Dolan, 2006)은 정신병질적 특성이 높은 사람은 유독 슬픔과 관련된 정보의 재인에 어려움을 겪음을 보고하였다. 이 점은 국내 수감자들을 대상으로 하였던 리, 밀러와 문(Lee, Miller, & Moon, 2004)의 연구 결과와도 일치하는 것으로서, 블레어(Blair, 2001)는 사이코패스는 유독 슬픔과 관련된 정보를 처리하지 못하는 특성이 있으며 이는 폭력성 제지 메커니즘(Violence Inhibition Mechanism: VIM)에 문제가 있기 때문이라고 설명하였다. 이 이론에서는 타인의 슬픈 표정은 보는 사람에게 굴종의 의미를 전달하게 되고 따라서 그 사람에 대한 공격성이 억제된다고 결론짓는다. 하지만 사이코패스는 VIM에 이상이 생겨 슬픔에 대한 정보가를 잘못 인식하고 따라서 자신의 폭력 행위에 대한 제지력을 제대로 발휘할 수 없다. 바로 이 점 때문에 피해자에 대한 잔혹하고도 반복적인 범죄가 가능한 것이다. 코슨, 서치, 메이어와 리비(Kosson, Suchy, Mayer, & Libby, 2002), 블레어와 콜스(Blair & Coles, 2000), 스티븐스, 차먼과 블레어(Stevens, Charman, & Blair, 2001), 레빈스턴, 패트릭, 브래들리와 랭(Levenston, Patrick, Bradley, & Lang, 2000)은 정신병질적 피험자가 특정 정보가를 지닌 자극(슬픔, 공포, 역겨움 등)의 처리에만 유독 더 많은 손상을 보인다는 것을 확인한 바 있으며, 이 같은 현상은 얼굴 표정에 대한 인식뿐만 아니라 정서 단어(Intrator et al., 1997), 정서적인 목소리(Blair, 2001) 등에 모두 일관된 결과로 나타났다.

사이코패스의 신경심리학적 특이성

특정한 정서 표정(일반적으로는 부정적 표정)의 처리에만 기능 저하를 보인다는 사실은 많은 연구자에게 혹시 사이코패스의 정서 처리 기능의 손상이 그들의 신경학적 둔감성에서 기인한 것은 아닌지, 만일 그렇다면 정서를 처리하는 뇌 기능의 손상을 동반한 것은 아닌지 의문을 갖게 한다. 이 같은 의문점은 최근에 출판되고 있는 많은 연구에서 활발하게 탐색되고 검증되고 있다. 블레어(2004)는 표정 자극을 이용하여 사이코패스의 편도체의 정서 자극에 대한 활성화 수준이 매우 저하되어 있다는 사실을 확인하였고, 레인(Raine, 1992, 1998, 2001, 2002a, 2002b)은 정신병질적 살인범의 변연계 기능과 전전두엽 기능의 광범위한 손상도 보고하였다. 특히 전전두엽 기능의 손상은 사이코패스의 분노 통제에 상당한 장애를 예측하게 하며 이는 실제 정신병질적 살인범에게서 공통적으로 나타나는 특성이라는 사실을 실제 살인범들을 대상으로 확인한 바 있다(Raine, 1992, 2001). 키엘 등(Kiehl et al., 2004)도 정신병질자는 변연계 기능에 이상 소견이 있음을 일관되게 보여 주고 있다. 특히 정신병질자와 그렇지 않은 사람들의 정서적인 단어의 신경학적 처리 과정에서 사건 관련 전위인 ERP의 N400 파장이 매우 특이하다는 사실을 보고하였다. 일반인보다 뒤늦게 나타나는 사이코패스의 사건 관련 부적 전위는 우측 측두엽 부위에서 상대적으로 더 현저하였다. 이런 결과는 정서 자극의 즉각적인 처리 과정을 담당하는 변연계의 기능 저하를 의심하게 한다고 연구자들은 합의하고 있다.

　뇌의 이상 징후라고 할 때 형사사법 종사자들은 흔히 책임 능력과 관련을 지으며 혹시라도 감경 사유가 되지 않을지를 걱정한다. 하지만 사이코패스의 뇌 기능상의 이상 징후는 극히 국한된 범위 내에서 특정한 자극에 대해서만 출현하는 것으로서, 범죄를 저지른 당시의 상태 전반에 관하여 '정신질환(insanity)'이라고 판단하기는 매우 어렵다. 더구나 법정에서의 정신질환이라는 개념이 심리학이나 정신의학적인 개념과 다르다는 점을 상기할 때, 환청이나 망상 등 현실 감각에 심각한 손상이 동반되지 않는 일종의 성격장애 정도를 '자신의 행위에 대한 옳고 그름을 판단할 수 없는' 정신장애로 보기는 힘들다. 사이코패스는 비록 뇌 기능이 일부 저하된 부분이 있기는 하지만 자신의 행위 결과를 정확하게 이해하며 범죄 행위를 계획하고 통제할 수 있다.

법적으로 금지된 행위가 무엇인지 알면서도 그것을 의식적으로 선택할 능력이 있는 사람이라면 어떤 경우라도 면책시킬 이유는 없는 것이다(Bradley, 1999).

성범죄자들은 동질적인가

2016년 발표된 대검찰청의 범죄분석(대검찰청, 2016)에 따르면, 성폭력 범죄는 2006년 인구 10만 명당 29.1건에서 매년 지속적으로 증가하여 2015년 인구 10만 명당 60.3건(총 3만 1,063건)으로 최고치를 기록하였는데, 이는 10년간 107.2%가 증가한 수치이다. 강력범죄 중 살인, 강도, 방화가 10년 동안 감소 추세를 보인 것과는 달리 성폭력은 약 2.1배나 증가하였다. 신고가 이루어지지 않은 암수 범죄들을 고려하면 실제 성범죄 수는 이보다 훨씬 많을 것으로 추정된다. 특히 최근에는 아동 및 청소년 대상 성범죄나 폭력, 살인을 동반하는 성범죄, 집단에 의해 이루어지는 성범죄 등 접촉성 성범죄의 범행 방식이 점차 흉포화되고 있다. 또한 화이트칼라(White Collar)들에 의해 이루어지는 권력형 성범죄 역시 미투 운동의 연장선상에서 그 실체가 밝혀지고 있다.

이러한 성범죄의 증가로 인해 정부에서는 성범죄에 대한 형법상의 처벌 수위를 높이고 출소 후에도 보호관찰 기간 동안의 외출 제한, 주거지 제한, 피해자 접근 금지, 특정 지역 출입 금지뿐만 아니라 전자감독, 신상 정보 등록, 신상 정보 공개 및 고지 명령 등 많은 보안 처분을 부과하였다. 또한 「치료감호법」을 개정하여 성도착 성범죄자들을 치료하도록 하고, 성충동 약물치료를 실시하는 등 재범을 줄이고자 여러 대책을 마련해 왔다. 그럼에도 불구하고 전자발찌를 찬 상태에서 재범을 저지르거나 해외로 도피하는 사례 등 현재의 정책이 충분한 효력을 발휘하지 못하는 증거가 곳곳에서 나타나고 있는

데, 이는 우리나라의 성범죄에 대한 처분이 개인의 특성을 고려하기보다는 구금과 보안 처분을 우선적으로 적용하고 있기 때문인 것으로 보인다.

성범죄는 성적 일탈성, 반사회성, 대인관계 능력 부족 등 분명한 범죄 유발 요인이 존재하는 범죄이다. 따라서 이에 대한 적절한 개입 없이 범죄 의지만을 억제시켜서는 재범 감소를 기대하기 어렵다(윤정숙 외, 2012). 또한 성범죄자 개개인의 특성은 매우 다양하기 때문에 모든 성범죄자에게 동일한 처우를 적용하는 것은 역효과를 야기하여 재범 감소에 도움이 되지 않을 수 있다(Looman, Abracen, Serin, & Marquis, 2005). 그러므로 전자감독 제도, 신상공개 제도, 치료감호 처분 등 현재 시행되고 있는 다양한 처분을 효과적으로 적용하기 위해서는 성범죄자 개개인의 재범 유발 요인 및 특성이 고려되어야 한다.

성범죄자에 대한 유형들

선행 연구들에 따르면 성범죄자는 다양한 하위 유형으로 분류되며, 성범죄자 유형의 분류는 평가 또는 치료의 도구로서 유용하다(Robertiello & Terry, 2007). 또한 성범죄의 역동을 이해하고 유형별로 그에 구체화된 개입을 하도록 도울 수 있다(Woessner, 2010). 실제로 북미와 유럽에서는 효과적이고 효율적인 치료 프로그램 실시를 위하여 치료 프로그램 전에 성범죄자를 분류하여 그 유형에 따라 적합한 프로그램을 제공하고 있다. 그로스와 번바움(Groth & Birnbaum, 1979)은 임상적인 경험과 강간범들로부터 받은 인상을 바탕으로 권력형 강간범, 분노형 강간범, 가학적 강간범의 세 가지 유형의 강간범 유형론을 개발했다. 권력형 강간범(power rapist)은 오직 불가피할 정도의 폭력만을 행사하거나 혹은 지배와 정력에 관한 그들의 강박적인 성적 판타지를 실현하기 위해서 폭력을 사용한다. 이와 반대로, 분노형 강간범(anger rapist)은 피해자들을 다치게 하거나, 굴욕감을 주거나, 처벌 혹은 망신을 주는 것으로 동기화된다. 가학적 강간범(sadistic rapist)은 그로스-번바움

(Groth-Birnbaum)의 유형에서 가장 폭력적인 유형으로 특히 가학적 적개심을 충족하고자 피해자의 정신과 신체를 학대한다.

나이트(Knight, 1999)는 과거의 모델을 재구성하여 강간범의 유형론을 개발했는데, The Massachusetts Treatment Center Revised Rapists Typology, Version 3(MTC: R3)는 기본적인 네 가지의 서로 다른 동기에 따라 강간범을 기회주의 유형(opportunistic type), 과잉 분노 유형(pervasively angry type), 성적인 유형(sexual type), 여성혐오/보복적 유형(vindictive type)의 네 가지 범주로 분류하고, 성적인 유형을 가학적 하위 유형과 비가학적 하위 유형으로 구분하였다. 가학적 강간범은 강간을 유도하고 지속시키는 가학적인 성적 판타지에 심취해 있다는 점에서 차별된다. 기회주의 유형은 성적 판타지나 몰두에 영향을 받아 충동적이고 포식적인 성폭행을 저지른다. 과잉 분노 유형은 모든 범죄자의 일상의 측면과 같은 일반적이고 구분되지 않는 분노를 보이는 것으로 개념화된다. 성적 강간범 중 가학적인 성적 강감범은 즉시 폭행을 표현하는 외현적 유형과 판타지적이고 상징적인 폭행을 하는 억제적 유형으로 나뉜다. 비가학적인 성적 강간범은 만연한 부적응과 지배의 필요성을 가지는 경향이 있으며 사회적 능숙도에 따라 하위 유형화된다. 여성혐오/보복적인 유형은 그들의 분노를 특정 여성에게 직접적으로 표출하여 피해 여성에 대한 비하, 폭력, 폄하, 굴욕감을 유발하는 행동을 하는 것으로 특정지어진다.

경험적 연구로 성범죄자의 유형을 분류하고자 하는 시도 중 심리검사를 활용한 유형 분류도 많은 연구에서 수행되어 왔다. 이들 연구는 MMPI와 Multiphasic Sex Inventory(MSI; Nichols & Molinder, 1984), State-Trait Anxiety Inventory(STAI; Spielberger, Gorsuch, Lushene, Vagg, & Jacobs, 1983)와 같은 특수한 평가 도구를 결합시켜 성범죄자의 분류를 시도하였다. 특히 브라일리(Briley, 2001)는 MMPI 검사 결과를 토대로 성인을 대상으로 하는 성범죄자를 혼란형(disturbed), 일탈형(deviant), 반사회형(antisocial), 가학형(sadistic)으로 분류하였고, 아동 대상 성범죄자는 비손상형(unimpaired), 충동형(impulsive), 혼란형(disturbed), 원망형(resentful), 위축형(withdrawn), 적대형(hostile), 손상형(impaired), 일탈형(deviant)의 8개 집단으로 분류하였다. 치료 요인을 활용한 유형 분류도 존재하는데, 외스너(Woessner, 2010)는 독일 교도소와 법정시설에 수용된 199명의 성범죄자에게 치료 관련 요인들을 검사한 결과, 사회적이고 정신적으로 문제가 없는 범죄자(socially and mentally unremarkable offender), 정신병리가 뚜렷한 범죄자(highly discernible psychopathological offender), 지나치게 적응된 범죄자(overly adapted offender), 정신장애가 있는 범죄자(mentally handicapped offender), 반사회적인 범죄자(antisocial offender)의 5개 하위 유형으로 분류하였다.

한국 성범죄자의 하위 유형

국내 연구에서 성범죄자의 심리 특성으로 하위 유형을 분류한 연구는 정지숙, 조성희, 최지명(2009)이 정신감정이 의뢰된 성범죄자를 대상으로 MMPI-2 검사를 실시한 연구가 존재한다. 그 결과 F, Pa, Sc, Pt 척도가 상승하는 '호소형' 집단과 모든 척도가 60점 이하이며 D, Pd, Pt 척도가 다른 척도들에 비해 다소 상승한 '위축형' 집단, F척도가 다소 상승하고 Pd, Mf, Pa, Si 척도가 60점 이상 상승하는 '반사회성형' 집단으로 분류하였다. 호소형 집단은 자신의 증상을 과장해서 말하고 있으며 이는 정신감정에서 이차적 이득을 얻으려는 목적으로 보인다. 위축형 집단은 우울, 불안, 충동성, 열등감 등을 보인다. 반사회성형 집단은 반사회적 행동, 대인관계 예민성, 분노감, 적대감, 사회기술 부족을 보인다고 하였다. 보다 최근의 연구에서 장은영과 이수정(2017)은 총 170명의 국내 성범죄자를 대상으로 하여 HUDAP으로 다차원 분석을 실시하였다. 그 결과, 네 가지의 잠재적인 특성이 성범죄자를 잘 구분하는 것으로 나타났다. 편의적으로 다차원 도면을 알파벳으로 지칭하자면, A영역은 이성 갈등, 가족 갈등, 대인관계 갈등, 피해자 공감 부족, 책임 전가, 여성에 대한 적대적 태도에 해당하는 6개의 변인으로 구성되었다. 이는 A영역에 속하는 성범죄자들이 공감 능력 부족으로 인하여 주변인들과의 갈등을 경험하고 있을 가능성을 시사한다. 특히 여성에 대한 적대감으로 인해 이성과의 불화가 있을 수 있고, 자신의 성범죄를 합리화하며 죄책감을 느끼지 못할 수 있다. 따라서 A영역은 공감 능력 부재에 따른 대인관계 문제 집단으로 분류할 수 있다.

B영역은 반사회성, 공격성, 성범죄 전과, 높은 KSORAS(한국 성범죄자 위험성 평가척도) 점수, 폭력 전과 3회 이상, 본사건 폭력 사용, 첫 입건 연령(조발 비행), 5년 이상의 장기 복역, 중졸 미만의 학력에 해당하는 9개의 변인을 포함한다. 이러한 특성들은 충동적으로 범법 행위를 저지르는 반사회적인 누범자에게서 많이 나타나는 것으로, 이 유형에 해당하는 범죄자는 다양한 범죄력을 가지고 있고 폭력이 동반된 성범죄를 저질렀을 가능성이 높다. 따라서 B영역은 반사회성 집단으로 분류할 수 있을 것으로 보인다.

C영역은 신경증과 정신증에 해당하는 2개의 변인으로 구성되어 있다. 기분장애와 정신장애로 측정된 이 두 변인은 모두 정신질환의 가능성을 시사하고 있으므로, C영역은 정신질환 집단으로 분류될 수 있다. 이 집단에 해당하는 성범죄자들은 정신증에 기인한 인지적 혼란 또는 급격한 기분 변화 및 부정적 정서로 인하여 통제력이 저하된 상태일 수 있을 것이다.

마지막으로, D영역에는 성 인지 왜곡, 음란물 중독, 성도착, 성적 몰두에 해당하는 4개의 변인이 포함된다. 이러한 변인들은 D영역에 속하는 유형의 성범죄사가 성에 대해 남다른 집착과 충동을 가지고 있으며 성과 관련된 충동을 억제하기 어려울 수 있음을 보여 준다. 따라서 D영역은 성에 대한 집착 집단으로 분류할 수 있다.

정리하면, HUDAP 분석을 통하여 각 영역에 포함된 변인들의 특성을 바탕으로 성범죄자의 유형을 대인관계 문제 집단, 반사회성 집단, 정신질환 집단,

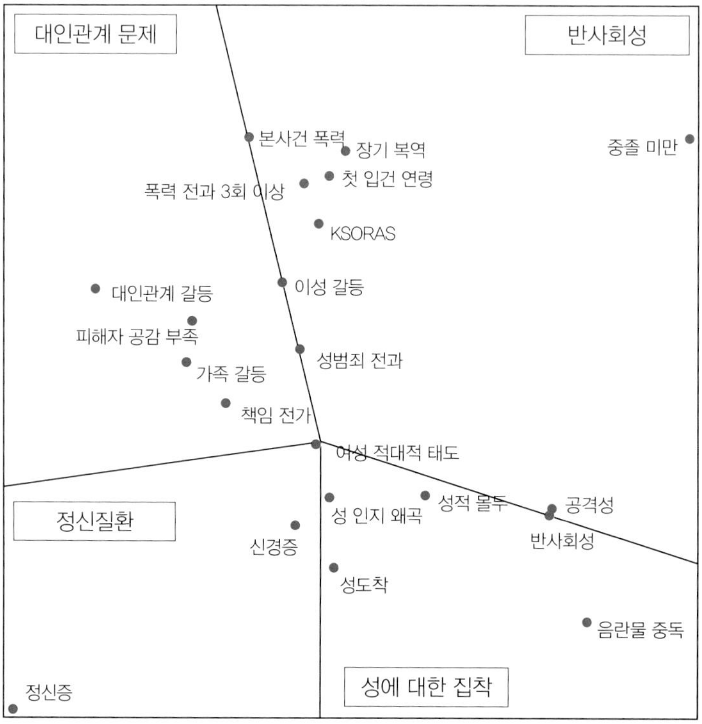

대인관계 문제

반사회성

본사건 폭력 · 장기 복역

중졸 미만 ·

폭력 전과 3회 이상 · 첫 입건 연령

KSORAS

대인관계 갈등 ·
피해자 공감 부족 ·
이성 갈등

가족 갈등 ·

책임 전가 · 성범죄 전과

여성 적대적 태도

정신질환

성 인지 왜곡   성적 몰두   공격성

신경증

반사회성

성도착

음란물 중독 ·

성에 대한 집착

정신증 ·

[그림 13–1] HUDAP 다차원척도 분석 결과 모형

성에 대한 집착 집단으로 분류할 수 있음을 시사한다.

　이 같은 연구의 결과는 개별적인 유형에 따라 재범 억제의 방향 역시 차이나게 적용해야 함을 보여 준다. 우선, 반사회성 유형에 대해서는 출소 후에도 개별적인 관리가 불가피해 보인다. 이들의 범죄 습벽은 전반적으로 다른 집단에 비하여 더 진전되어 있다. 성도착 등 집착의 수준이 높은 집단에 대하여서는 교도소 내에서부터 치료적 개입이 필요하며 전자감독 중에도 심리치료가 지속적으로 제공되어야 할 것이다. 정신질환 집단은 사회 내 처우보다는 시설 내 처우 기간을 장기화하는 편이 나을 것이다. 강간범들 중 다수를 차치하는 대인관계에 문제를 보이는 집단에 대해서는 성 인지 왜곡을 교정해 줄 방안이 필요하며 가족관계나 대인관계의 개선을 도모해야 할 것이다.

대검찰청(2016). 범죄분석.

이수정, 허재홍(2004). 잠재적 범죄위험 요인으로서의 정신병질. 한국심리학회지: 사회 문제, 10(2), 41-45.

윤정숙, Marshall, W. L., Marshall, L. E., Knight, R. A., Sims-Knight, J. E., & 이수정 (2012). 성범죄자를 위한 치료프로그램 개발 및 제도화방안(Ⅰ). 한국형사정책연구원 연구총서.

장은영, 이수정(2017). 성범죄자 하위유형 분류 및 차별화된 처우방안 제안. 한국범죄 학, 11(1), 79-112.

정지숙, 조성희, 최지명(2009). 정신감정이 의뢰된 성범죄자들의 MMPI-2 하위 유형 에 따른 심리적 특성. 한국심리학회지: 임상, 28(4), 1049-1068.

Blackburn, R., & Lee-Evans, J. M. (1985). Reactions of primary and secondary psychopaths to anger-evoking situations. *British Journal of Clinical Psychology, 24*(2), 93-100.

Blair, K. S., Newman, C., Mitchell, D. G., Richell, R. A., Leonard, A., Morton, J., & Blair, R. J. R. (2006). Differentiating among prefrontal substrates in psychopathy: neuropsychological test findings. *Neuropsychology, 20*(2), 153.

Blair, R. J. R. (2001). Neurocognitive models of aggression, the antisocial personality disorders, and psychopathy. *Journal of Neurology, Neurosurgery & Psychiatry, 71*(6), 727-731.

Blair, R. J. R. (2004). The roles of orbital frontal cortex in the modulation of antisocial behavior. *Brain and Cognition, 55*(1), 198-208.

Blair, R. J. R., & Coles, M. (2000). Expression recognition and behavioural problems in early adolescence. *Cognitive Development, 15*(4), 421-434.

Bradley, G. V. (1999). Retribution and the secondary aims of punishment. *Am. J. Juris., 44*, 105.

Briley, J. (2001). *The univestigated factors: Dimensions of personality and psychopathology in sex offenders* (Doctoral dissertation). University of North

Texas, TX.

Cleckley, H. (1976). *The mask of sanity* (5th ed.). St. Louis, MO: Mosby.

Drizin, S. A., & Colgan, B. A. (2004). Tales from the juvenile confessions front. In G.D. Lassiter (Ed.), *Interrogations, confessions, and entrapment* (pp. 127–162). New York: Kluwer Academic.

Drizin, S. A., & Leo, R. A. (2004). The problem of false confessions in the post-DNA world. *North Carolina Law Review, 82*, 891–1007.

Fairweather, G. W. (1954). *The effect of selected incentive conditions on the performance of psychopathic, neurotic, and normal criminals in a serial rote learning situation* (Unpublished Doctoral dissertation). University of Illinois, IL.

Fullam, R., & Dolan, M. (2006). The criminal and personality profile of patients with schizophrenia and comorbid psychopathic traits. *Personality and Individual Differences, 40*(8), 1591-1602.

Grant, V. W. (1977). *The menacing stranger: A primer on the psychopath*. Dabor Science Publications.

Groth, A. N., & Birnbaum, H. J. (1979). Patterns of rape. In *Men Who Rape* (pp. 110-192). Springer, Boston, MA.

Gudjonsson, G. H. (2003). *The science of interrogations and confessions: A handbook*. Chichester, England: Wiley.

Hare, Forth, & Stachan (1992). Psychopathy and crime across the life span. In R.D. Peters, R. J. McMahon, & V. L. Quinsey (Eds.), *Aggression and violence throughout the life span* (pp. 285–300). Thousand Oaks, CA: Sage Publications.

Hare, M. (1986). *Phsyiotherapy in psychiatry*. London: Heinemann.

Hare, R. D. (1970). *Psychopathy: Theory and research*. Oxford, England: John Wiley.

Hare, R. D. (1978). Psychopathy and electrodermal responses to nonsignal stimulation. *Biological Psychology, 6*(4), 237–246.

Hare, R. D. (1984). Performance of psychopaths on cognitive tasks related to frontal lobe function. *Journal of Abnormal Psychology, 93*(2), 133.

Hare, R. D. (1996). Psychopathy: A clinical construct whose time has come. *Criminal Justice and Behavior, 23*, 25-54.

Hare, R. D., & Craigen, D. (1974). Psychopathy and Physiological Activity In a Mixed–Motive Game Situation. *Psychophysiology, 11*(2), 197-206.

Intrator, J., Hare, R., Stritzke, P., Brichtswein, K., Dorfman, D., Harpur, T., Bernstein, D., Handelsman, L., Schaefer, C., Keilp, J., Rosen, J., & Machac, J. (1997). A brain imaging (single photon emission computerized tomography) study of semantic and affective processing in psychopaths. *Biological Psychiatry, 42*(2), 96-103.

Johns, J. H., & Quay, H. C. (1962). The effect of social reward on verbal conditioning in psychopathic and neurotic military offenders. *Journal of Consulting Psychology, 26*(3), 217.

Kassin, S. M. (2005). On the psychology of confessions: Does innocence put innocents at risk? *American Psychologist, 60*, 215-228.

Kassin, S. M., & Kiechel, K. L. (1996). The social psychology of false confessions: Compliance, internalization, and confabulation. *Psychological Science, 7*, 125-128.

Kassin, S. M., & Norwick, R. J. (2004). Why suspects waive their Miranda rights: The power of innocence. *Law and Human Behavior, 28*, 211-221.

Kassin, S. M., & Wrightsman, L. S. (1985). Confession evidence. In S. Kassin & L. Wrightsman (Eds.), *The psychology of evidence and trial procedure* (pp. 67-94). Beverly Hills, CA: Sage.

Kiehl, K. A. (2006). A cognitive neuroscience perspective on psychopathy: Evidence for paralimbic system dysfunction. *Psychiatry Research, 142*(2), 107-128.

Kiehl, K. A., Hare, R. D., McDonald, J. J., & Brink, J. (1999). Semantic and affective processing in psychopaths: An event-related potential(ERP) study. *Psychophysiology, 36*(6), 765-774.

Kiehl, K. A., Smith, A. M., Mendrek, A., Forster, B. B., Hare, R. D., & Liddle, P. F. (2004). Temporal lobe abnormalities in semantic processing by criminal psychopaths as revealed by functional magnetic resonance imaging. *Psychiatry Research: Neuroimaging, 130*(3), 297–312.

Knight, R. A. (1999). Validation of a typology for rapists. *Journal of Interpersonal Violence, 14*(3), 303–330.

Kosson, D. S., Suchy, Y., Mayer, A. R., & Libby, J. (2002). Facial affect recognition in criminal psychopaths. *Emotion, 2*(4), 398.

Lee, S., Miller, H., & Moon, J. (2004). Exploring the foreusic use of the emotional recognition test(ERT). *International journal of offen for therapy and comparative psychology, 48*(6), 664–682.

Levenston, G. K., Patrick, C. J., Bradley, M. M., & Lang, P. J. (2000). The psychopath as observer: Emotion and attention in picture processing. *Journal of Abnormal Psychology, 109*(3), 373.

Looman, J., Abracen, J., Serin, R., & Marquis, P. (2005). Psychopathy, treatment change, and recidivism in high-risk, high-need sexual offenders. *Journal of Interpersonal Violence, 20*(5), 549–568.

Lorenz, A. R., & Newman, J. P. (2002). Deficient response modulation and emotion processing in low-anxious Caucasian psychopathic offenders: results from a lexical decision task. *Emotion, 2*(2), 91.

Lykken, D. T. (1957). A study of anxiety in the sociopathic personality. *The Journal of Abnormal and Social Psychology*, 55(1), 6.

Nichols, H. R., & Molinder, I. (1984). *Multiphasic Sex Inventory manual: A test to assess the psychosexual characteristics of the sexual offender.* Tacoma, WA: Nichols & Molinder.

Oberlander, L. B., & Goldstein, N. E. (2001). A review and update on the practice of evaluating Miranda comprehension. *Behavioral Sciences and the Law, 19*, 453–471.

Owen-Kostelnik, J., Reppucci, N. D., & Meyer, J. R. (2006). Testimony and interrogation of minors: Assumptions about maturity and morality. *American Psychologist, 61*, 286–304.

Raine, A. (1992). Schizotypal and borderline features in psychopathic criminals.

Personality and Individual Differences, 13(6), 717-721.

Raine, A. (2001). Psychopathy, violence, and brain imaging. In *Violence and psychopathy* (pp. 35-55). Springer, Boston, MA.

Raine, A. (2002a). Biosocial studies of antisocial and violent behavior in children and adults: A review. *Journal of Abnormal Child Psychology, 30*(4), 311-326.

Raine, A. (2002b). Annotation: The role of prefrontal deficits, low autonomic arousal, and early health factors in the development of antisocial and aggressive behavior. *Journal of Child Psychology and Psychiatry, 43*, 417-434.

Raine, A., Meloy, J. R., Bihrle, S., Stoddard, J., LaCasse, L., & Buchsbaum, M. S. (1998). Reduced prefrontal and increased subcortical brain functioning assessed using positron emission tomography in predatory and affective murderers. *Behavioral Sciences & The Law, 16*(3), 319-332.

Redlich, A. D. (2007). Double jeopardy in the interrogation room: Young age and mental illness. *American Psychologist, 62*, 609-611.

Robertiello, G., & Terry, K. J. (2007). Can we profile sex offenders? A review of sex offender typologies. *Aggression and Violent Behavior, 12*(5), 508-518.

Russano, M. B., Meissner, C. A., Narchet, F. M., & Kassin, S. M. (2005). Investigating true and false confessions within a novel experimental paradigm. *Psychological Science, 16*, 481-486.

Santos, F. (2006). DNA evidence frees a man imprisoned for half his life. *The New York Times*, September 20, p. A1.

Siegel, R. A. (1978). Probability of punishment and suppression of behavior in psychopathic and nonpsychopathic offenders. *Journal of Abnormal Psychology, 87*(5), 514.

Spielberger, C. D., Gorsuch, R. L., Lushene, R., Vagg, P. R., & Jacobs, G. A. (1983). *State-trait anxiety inventory (form Y)*. Redwood City, CA: Mind Garden, 77.

Sterling, S., & Edelmann, R. J. (1988). Reactions to anger and anxiety-provoking events: Psychopathic and nonpsychopathic groups compared. *Journal of Clinical Psychology, 44*(2), 96-100.

Stevens, D., Charman, T., & Blair, R. J. R. (2001). Recognition of emotion in facial expressions and vocal tones in children with psychopathic tendencies. *The Journal of Genetic Psychology, 162*(2), 201–211.

White, W. S. (2003). Confessions in capital cases. *University of Illinois Law Review, 2003*, 979–1036.

Widom, C. S. (1976a). Interpersonal and personal construct systems in psychopaths. *Journal of Consulting and Clinical Psychology, 44*(4), 614.

Widom, C. S. (1976b). Interpersonal conflict and cooperation in psychopaths. *Journal of Abnormal Psychology, 85*(3), 330.

Widom, C. S. (1977). A methodology for studying noninstitutionalized psychopaths. *Journal of Consulting and Clinical Psychology, 45*(4), 674.

Williamson, S., Harpur, T. J., & Hare, R. D. (1991). Abnormal processing of affective words by psychopaths. *Psychophysiology, 28*(3), 260–273.

Woessner, G. (2010). Classifying sexual offenders: An empirical model for generating type-specific approaches to intervention. *International Journal of Offender Therapy and Comparative Criminology, 54*(3), 327–345.

14장
광고 효과의 이해:
광고는 어떻게 소비자의 마음을 움직이는가

이병관 (광운대학교 산업심리학과 교수)

우리가 일상에서 접하는 광고는 대략 얼마나 될까? 그러면 브랜드는 과연 몇 개일까? 평균적으로 일반 소비자에게 하루에 노출되는 광고는 최대 4,000개가량이며, 브랜드는 2,000개에 이른다. 이 중에 우리의 주의를 끄는 것은 15%, 여기서 기억에 남은 것은 20%, 그마저도 다음 날에는 70%가 기억에서 사라진다. 마케팅과 시장 상황은 그 어느 때보다 치열하다. 미국에서는 한 해에 3,000개 이상의 제품이 쏟아져 나오지만 그중에 5% 이하만 시장에서 살아남는다. 광고와 매체는 하루가 다르게 급속히 변화하고 있다. 2018 「DMC 리포트」에 따르면 2018년 전 세계 광고 매출은 전년 대비 5.2% 증가하여 총 5,350억 달러에 달할 것이라고 한다. 2017년도의 4.1%에 비해 광고 매출은 점차 증가하고 있는 추세이며 2022년까지 지속적으로 증가할 것으로 예측되고 있다. 국내 광고 시장의 경우에도 시장 규모는 지속적으로 증가하고 있으며 광고비 증가 중 가장 많은 부분을 차지하고 있는 것은 온라인 광고이다. 온라인 광고 중에서도 모바일 광고에 대한 비중이 점차 증대하고 있다. 모바일 광고 시장의 증대가 의미하는 바는 광고의 영역이 예전의 TV 등을 통한 일방향, 집단적 메시지에서 양방향, 개별적 메시지로 변화하고 있다는 것이다. TV에서 모바일로 변화하고 있는 미디어 상황은 보다 세밀하고 면밀한 개인 맞춤형 전략을 요구하고 있으며, 이와 같은 상황의 변화는 기업과 마케팅 업체에 있어서 변화에 따른 위기이자 새로운 시장 개척을 위한 기회로서 평가되고 있다. 이같이 변화하는 환경에 더해 진화하는 소비자가 있다. 수많은 제품과 광고 정보에 노출되고 SNS와 모바일 환경에서의 네트워크 연결이 보다 쉬워짐에 따라 소비자의 욕구가 더 다양하게 표출되고 있으며, 사회적 관계망을 통한 활동의 증가로 인해 새로운 시장이 창출되고 다른 사람들과 자신을 차별화하는 개인화된 제품에 대한 요구도 증가하고 있다. 이와 같은 변화는 소비자의 욕구와 동기를 더 깊이 이해하고 소비자의 마음을 움직이고 설득할 수 있는 효과적인 광고 메시지 전략을 구사할 것을 요구한다. 과연 광고는 어떻게 소비자의 마음과 행동에 영향을 미치는가?

이 장에서는 변화하는 시장과 마케팅 상황에서 진화하는 소비자의 심리 타점을 공략하기 위한 광고의 효과를 이해하는 데 필요한 소비자의 광고 정보처리 과정과 설득 이론을 살펴보고, 실제 사례를 통해 효과적인 광고의 심리학적 의미를 알아보고자 한다.

소비자 광고 정보처리 과정과 소비자 설득

짬짜면이나 카페인 없는 커피는 왜 만들어졌을까? (288쪽) 유명한 아이스크림 브랜드인 하겐다즈(Häagen-Dazs)는 과연 어느 나라 제품일까? (291쪽) 어떤 브랜드가 유명해지면 이를 모방한 유사제품들이 덩달아 많아진다. 과거에 나이키, 박카스, 비타 500, 물먹는 하마 등 히트한 제품의 모방 제품이 무수하게 생산된 적이 있다. 그 이유는 무엇일까? (289쪽) 한편, 치약 광고에서는 왜 치과 전문의가 모델로 등장하고, 김연아나 전지현은 왜 수많은 광고의 모델로 나오는 것일까? (290쪽)

광고가 어떻게 소비자의 마음을 움직이고 행동에 영향을 주는지를 이해하려면 소비자 정보처리 과정의 특성과 설득의 기제를 알아야 한다. 광고 자극이 소비자의 감각 기관에 노출되어 주의를 기울이게 되면 광고 정보의 처리가 시작된다. 광고 정보에 대한 이해와 감각 과정을 거치고 나면 광고와 제품 정보가 소비자의 기억에 저장되고, 나중에 제품의 구매나 소비 상황에서 그 기억 정보가 끄집어내어져 사용된다. 또한 소비자에게 노출된 광고와 마케팅 자극은 제품에 대한 소비자의 신념, 가치, 행동에 영향을 주어 그 제품에 대한 태도를 새롭게 형성하거나 변화시키는 설득 과정이 발생한다. 여기에서는 소비자의 광고 정보처리 과정에 개입하는 단계별 특성과 이론을 살펴보고, 이 장에서는 소비자 설득에 관한 주요 이론들을 소개하고자 한다.

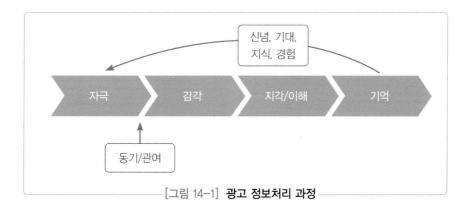

[그림 14-1] **광고 정보처리 과정**

소비자의 광고 정보처리 과정

감각과 지각

일상에서 접하는 수많은 자극 중에서 극히 일부만이 감각수용기에 의해 입력되고 처리된다. 이처럼 외부의 물리적 자극이 우리의 감각수용기에 일시적으로 머물러 있는 상태를 감각이라고 부른다. 그리고 입력된 정보 중에서 일부가 우리의 주의를 끌며, 그 정보는 우리의 해석과 이해 과정을 통해 처리되고 인식된다. 사람들이 인식한 자극은 물리적인 정보로 저장되는 것이 아니라 우리의 지식, 현재의 욕구 상태, 주관적 편향, 선행 경험 등에 의해 범주화되고 주관적으로 해석된다. 즉, 지각이란 오감을 통해 받아들인 정보를 주관적으로 해석하는 과정을 말한다. 이러한 과정은 감각에서 노출, 주의, 해석의 과정을 통해 발생한다. 특정 제품에 대한 지각은 경쟁 제품과 차별화되는 그 제품의 감각 정보를 해석하고 인식하는 과정을 거치게 된다. 예를 들어, 펩시와 코카콜라, 아디다스와 나이키는 각각의 로고나 광고 문구, 색, 광고에 삽입된 소리 등을 통해 서로 차별적으로 지각된다. 즉, 코카콜라는 빨간색, 북극곰으로 차별화되고 나이키는 고유의 로고 디자인과 마이클 조던으로 차별화된다. 감각과 지각 과정을 설명하는 주요 현상과 이론으로 역하 지각, 단순노출 효과, 게슈탈트 이론이 있다.

역하 지각

절대역은 의식적으로 처리할 수 있는 지각의 하위 영역을 의미한다. 역하 지각은 의식적으로는 인지하지 못하지만 무의식적 수준에서 지각이 일어나는 현상을 가리킨다. 광고 메시지에서도 소비자가 의식적인 처리를 하지 못하지만 절대역 이하에서 정보의 처리가 나타난다고 주장한다. 1957년 한 연구에서 의식할 수 없는 짧은 시간 동안 영화의 장면들 사이에 '콜라를 마셔라.' '팝콘을 먹어라.'라는 메시지를 삽입하여 관람시킨 결과, 콜라와 팝콘의 소비가 늘었다는 보고가 있었으나 반복 검증되지 않았다. 이같이 역하 지각과 관련된 연구들은 효과가 검증되기도 하였으나 유의한 결과가 도출되지 않기도 하는 등 그 효과에 대해 아직도 많은 논의가 이루어지고 있다.

단순노출 효과

단순노출 효과(mere exposure effect)는 소비자들이 의식적으로 지각하지 못하는 짧은 시간(50msec 이하)에 자극을 지속적이고 반복적으로 제시할 경우 소비자들이 자극을 친숙하게 여겨 다른 자극보다 더 선호하게 되는 현상을 말한다(Zajonc, 1968). 실제로 사람들은 매우 짧은 시간에 주어진 자극을 의식적으로 인지하지 못하지만 반복적으로 노출된 자극에 대해 친숙성이 형성되고 이것이 긍정적인 반응을 나타낸다는 실증적인 연구들이 보고되고 있으며, 특정 대상에 대한 호감도는 0.2초 만에 형성되기도 한다. 이러한 단순노출 효과는 인터넷이나 모바일 환경에서도 많이 활용되는데, 광고주들은 소비자에게 광고를 짧지만 반복적으로 제시하여 친숙성을 높이고 제품에 대한 호감도를 증진시키고자 한다. 하지만 반복적인 노출이 소비자들의 이용을 방해하거나 그 자극에 대해 싫증이 발생하게 된다면 오히려 역효과가 나타날 수 있다.

게슈탈트 이론

게슈탈트 이론은 지각적 통합에 대한 원리로, 지각 대상은 개별적으로 분리되어 지각되는 것이 아니라 통합적으로 지각된다고 주장한다. 즉, 대상에 대한 인식은 단순한 부분의 합이 아니라 전체가 통합적인 의미 덩어리로 이해되고 처리된다는 것이다. 이러한 게슈탈트 이론으로는 전경-배경 원리, 집단화 원리, 맥락 효과를 설명할 수 있다. 전경-배경 원리는 제시된 자극에서 중심이 되는 정보는 전경으로, 나머지 정보는 배경으로 지각되는 현상을 말한다. 집단화 중 대표적인 완결성 원리는 완성된 자극보다 미완성된 자극이 더 주의를 끄는데 이는 사람들이 불완전한 부분을 채워서 완성하려는 동기가 있기 때문으로 해석된다. 자이가닉 효과(Zeigarnik effect)라고도 불리는 완결성 원리는 티저 광고(제품의 일부분만을 보여 주거나 제품명을 가려서 호기심을 자극하고 후속 광고로 이를 완결하여 보여 주는 광고)나 드라마식 광고(드라마처럼 후속 광고를 통해 광고의 전체 줄거리나 메시지가 완성되는 광고)에서 잘 보인다. 맥락 효과는 특정 대상이 주변 맥락과의 관계에 의해 해석되는 것으로 PPL 전략(product placement: 드라마나 영화의 장면에 특정 제품을 배치하여 그 맥락에서 제품이 자연스럽게 소비자에게 노출되도록 하는 광고 전략)이 맥락 효과를 활용한 예이다.

동기

동기란 내재적으로 생성된 목표를 달성하기 위한 행동을 가능케 하는 내적 상태 또는 과정을 의미하며, 그 행동의 방향, 강도 및 지속성을 결정하는 상태를 의미한다. 동기는 내적으로 유발된 욕구로부터 시작되는데, 욕구는 현재 상태와 이상적인 상태 간의 괴리가 발생하면 나타나는 내적 긴장 상태로 내적 긴장의 정도가 클수록 더 강한 동기가 유발된다. 즉, 현재 상태와 이상적 상태 간의 간격을 줄이고자 하는 내적 상태를 동기라고 할 수 있다. 예를 들어, 운동 후 목마른 사람은 물이나 이온음료를 마시고자 하는 동기가 발생한다. 남에게 돋보이고 싶은 사람은 유명 브랜드 제품을 입거나 사용한다. 동기를 설명하는 대표적인 이론으로는 욕구위계 이론, 동기의 장 이론, 인지부조화 이론이 있다.

욕구위계 이론

매슬로(Maslow)가 제안한 욕구위계 이론(hierarchy of needs theory)은 인간의 욕구가 피라미드 구조로 구성되어 있으며 하위 욕구부터 상위 욕구로 나아간다고 주장하였다. 욕구위계 이론에 따르면 인간의 욕구는 다섯 가지로 구성되어 있는데, 가장 하위 욕구인 생리적 욕구부터 안전 욕구, 사회적 욕구, 존경 욕구, 자아실현 욕구로 분류할 수 있다. 생리적 욕구란 가장 기본적인 생존의 욕구로 배고픔이나 성욕 등의 본능적 욕구를 의미한다. 안전 욕구는 신체를 안전하게 보호하려는 욕구로 위협이나 위험으로부터의 보호 욕구이다. 사회적 욕구란 애정, 소속, 사랑의 욕구로 사회적 관계에 대한 필요성을 의미하며, 존경 욕구는 타인으로부터 인정받고자 하는 욕구를 의미한다. 자아실현 욕구란 궁극적 자아실현과 자기인식 획득에 대한 욕구를 말한다. 예를 들어, 보험이나 의료 광고는 소비자의 안전 욕구에 소구하는 광고가 대부분이며, 극지나 설산을 정복하는 장면을 배경으로 삼는 트레킹 장비 광고는 소비자의 자아실현 욕구를 잘 표현하는 광고라 할 수 있다.

동기의 장 이론

레빈(Lewin)이 제안한 장 이론(field theory)은 여러 동기가 동시에 발생했을 때 나타나는 갈등을 말한다. 그중 접근-접근 갈등은 두 가지 이상의 매력적인 대안이 동시에 주어졌을 때 나타나는 갈등으로, 예를 들어 짜장면과 짬뽕 중 하나를 선택해야 하는 상황에서 발생한다. 접근-회피 갈등이란 한 가지 대상이 매력적인 면과 부정적인 면을 동시에 갖고 있어 접근과 회피 동기가 동시에 나타날 때 발생하는 갈등이다. 야식으로 프라이드 치킨을 먹고 싶지만 살이 찔까 봐 꺼려지는 상황을 예로 들 수 있다. 마지막으로, 회피-회피 갈등이란 싫어하는 대상 중 하나를 선택해야 하는 상황에서 접하게 되는 갈등이다. 한 예로, 치과 치료는 치료 과정의 고통과 치료를 받지 않을 때의 치통이 모두 회피적이지만 하나를 결정해야 하는 상황이 있다. 누구나 한번쯤은 짜장면과 짬뽕 중 무엇을 먹을까 행복한 고민에 빠진 경험이 있을 텐데 이러한 접근-접근 갈등은 매력적인 대안 중 하나를 선택하고 다른 하나는 버려야 하는 갈등을 낳는다. 커피는 향과 잠을 쫓아 주는 긍정적인 기능과 카페인이라는 부정적인 요소를 동시에 가지고 있는 접근-회피 갈등의 예이다. 짬짜면과 카페인 없는 커피는 이러한 갈등을 해결하기 위한 훌륭한 제품이라고 할 수 있다.

인지부조화 이론

인지부조화 이론(cognitive dissonance theory)에서는 어떤 대상이나 행동과 관련된 두 개 이상의 인지 요소가 조화롭지 못하면 긴장 상태가 발생하며, 이러한 내적 긴장 상태는 긴장을 완화시키려는 욕구를 발현시킨다고 주장한다. 예를 들어, 제품을 구매하는 상황에서 두 개의 대안을 놓고 고민하다가 하나를 구매했는데 이후에 구매한 제품에 대한 부정적인 정보를 발견했을 때 인지부조화가 발생한다. 이때 소비자들은 구매한 제품을 환불하거나 구매 제품에 대한 긍정적인 인지 정보를 더 많이 찾는 식의 외적 행동을 변화시키거나 내적 태도를 변화시키는 방법을 구사한다. 교환이나 환불이 쉽다는 광고나 구매 후에 해당 제품의 광고나 긍정적인 기사를 찾아서 보는 것은 인지부조화를 줄여 주는 전략이라고 할 수 있다.

학습

학습이란 경험이나 정보 취득 과정에서 겪게 되는 태도와 행동의 변화로 개인이 외적 환경과 적응하는 과정을 포함한다. 소비자의 학습이란 제품의 구입, 소비, 처분 등의 행동에 대한 학습뿐만 아니라 브랜드나 제품에 대한 새로운 태도의 형성과 신념의 획득을 모두 포함한다고 할 수 있다. 즉, 소비자에게 있어서 학습이란 제품에 대한 지식의 형성에서 지각과 기억을 통해 이루어지는 과정이라고 할 수 있으며, 광고는 소비자가 제품이나 브랜드에 대해 학습할 수 있도록 정보와 지식을 전달하는 역할을 한다고 볼 수 있다. 대표적인 소비자 학습 원리로 행동 학습과 사회 학습이 있다.

행동(연합) 학습

행동(연합) 학습이란 외부 자극에 대한 사람들의 반응에서 학습이 이루어지는 것을 의미한다. 행동 학습은 내적 인지 과정 없이도 학습이 이루어질 수 있다고 가정하며, 고전적 조건화와 조작적 조건화를 통해 이루어진다. 고전적 조건화는 특정 반응을 유발하는 자극과 중성적인 자극을 반복적으로 제시하게 되면 중성적인 자극만 제시하게 되더라도 특정 반응이 유발되는 현상을 말한다. 유명 연예인과 특정 제품을 지속적으로 같이 제시하는 것은 연예인에 대한 긍정적인 평가와 이미지를 제품과 연합시키는 조건화를 통해 제품에 대해서도 긍정적인 반응이 나타나도록 할 수 있다. 나이키, 박카스, 비타 500, 물먹는 하마 등 긍정적이고 선호도가 높은 제품의 경우 그와 유사한 모방 제품이 많이 나타난다. 그 이유로 브랜드 가치의 반사이득, 시장 침투의 용이성과 같은 마케팅 관점의 이득도 있으나 소비자 관점에서는 고전적 조건화에서의 자극 일반화[소비자가 긍정적 반응을 유발하는 유명 제품과 유사한 자극(모방 제품)에 대해서도 긍정적으로 반응하는 학습의 현상]가 작동되기 때문이다. 한편, 조작적 조건화란 특정한 행동에 대하여 가해지는 보상과 처벌에 의해 행동이 변화하는 것을 의미한다. 제품을 소비한 후 만족감이 높아진 소비자는 다시 그 제품을 반복 구매할 것이고, 불만족한 소비자는 재구매를 하지 않을 것이다. 또 다른 예로, 제품을 구매하면 보너스 포인트를 주거나 할인 혜택을 보상으로 줌으로써 구매 행동을 강화시킬 수 있다.

사회 학습

사회 학습은 타인의 행동을 모방하고 관찰하면서 학습이 이루어지는 것으로 주로 직접적인 경험보다는 간접적인 대리 경험의 결과로 학습이 나타나게 된다. 사람들은 타인의 행동을 관찰하고 기억했다가 자신이 그 상황에 처하게 되면, 기억을 떠올리고 행동을 모방하게 된다. 제품의 사용 방법이나 조리 방법을 시연하거나 얼마나 많은 소비자가 해당 제품을 구매했다고 알려 주는 소구(사회적 증거의 법칙)를 통해 소비자의 사회 학습을 유도할 수 있다. 사회 학습에서는 관찰의 대상이 되는 모델의 역할이 매우 중요한데, 특히 모델의 매력성(예: 매력적인 연예인), 전문성(예: 의사나 공학자와 같은 제품 관련 전문가), 소비자와의 유사성(예: 나와 유사한 일반 소비자는 사회적 증거의 법칙에 해당)은 소비자의 구매 행동에 큰 영향을 준다. 실제로 광고에서 김연아나 전지현과 같은 유명인이 자주 등장하고 껌과 같은 제품 광고에 치과 의사와 같은 전문가가 기용되는 것은 사회 학습의 원리가 적용된 것으로 긍정적 반응을 일으키는 무조건 자극(치과 의사나 유명인)과 중립적인 제품 자극을 연결시켜서 제품에 대한 긍정적인 반응을 유도하기 위한 조작적 조건화의 예이다.

기억

휴대폰, 자동차, 탄산음료 제품군에서 가장 먼저 떠오르는 브랜드는 무엇인가? 제록스, 박카스, 코카콜라, 나이키 등은 해당 제품군의 선두 제품이다. 소비자의 기억에서 가장 먼저 생각나는 브랜드일수록 그 제품군에서 선두 제품일 가능성이 높다. 제품의 품질도 중요하지만 소비자가 그 제품을 얼마나 잘 기억해 내느냐는 제품 구매 그리고 광고 효과와 관련이 깊다. 즉, 소비자의 기억을 선점하는 것은 시장 점유율과도 상관이 높은 것이다. 이처럼 기억은 광고 효과에서 매우 중요한 요소이다. 기억은 외부 정보를 심리적 기호로 바꾸는 부호화 과정, 이를 기억 장치에 저장하는 저장 과정, 기억에 저장된 정보를 필요에 따라 끄집어내는 인출 과정으로 이루어진다. 소비자의 의미기억 속에는 제품에 관한 정보(제품군, 제품 속성, 제품 광고, 제품에 대한 평가, 브랜드명)가 저장되어 있다. 하겐다즈 아이스크림은 브랜드 이름만 보면 유럽 어느 나라의 고급스러운 아이스크림을 연상시킨다(독일어의 철자와 유럽 사람의 이름). 그러나 하겐다즈는 1961년 뉴욕에서 만들어져 미국이 원산지이다. 소비자의 의미기억에서는 유럽이라는 개념이 역사, 전통, 품격과 같은 개념과 가깝게 연합되어 저장되어 있다. 이 제품은 유럽풍의 고급스러움이라는 고정관념을 활용한 센스 있는 작명의 예라고 하겠다. 소비자의 의미기억에 관한 이론으로는 위계망 모형과 활성화 확산 모형이 있다.

위계망 모형

위계망 모형에서는 사람들의 의미기억이 개념들의 위계적인 범주 구조로 되어 있다고 주장한다. 예를 들어, 동물이라는 상위 범주에 새, 물고기, 포유류와 같은 기초 범주가 위계적으로 연결되어 있고 그 아래에 각각 비둘기, 타조(새 범주), 연어, 상어(물고기), 개, 코끼리(포유류)와 같은 하위 범주 개념이 연결되어 있다. 위계망 모형에서는 이와 마찬가지로 소비자의 의미기억에는 제품 정보가 범주의 위계 구조로 저장되어 있다고 제안한다. 예를 들어, 음료라는 상위 범주에는 탄산음료, 차, 커피 등과 같은 기초 범주가, 그 아래에는 콜라, 사이다, 허브, 카페인, 비카페인 등의 하위 범주가 연결되어 있다. 그리고 가장 아래에는 구체적인 제품의 브랜드명이 연결되어 있다고 볼 수 있다. 소비자의 위계망 모형을 가정하고 이를 활용한 광고 전략으로 미국의 세븐업의 uncola 광고, 에이스침대의 유명한 '침대는 가구가 아닙니다. 침대는 과학입니다'를 들 수 있다.

활성화 확산 모형

의미기억에 관한 활성화 확산 모형에 따르면, 장기기억 속에 저장된 정보

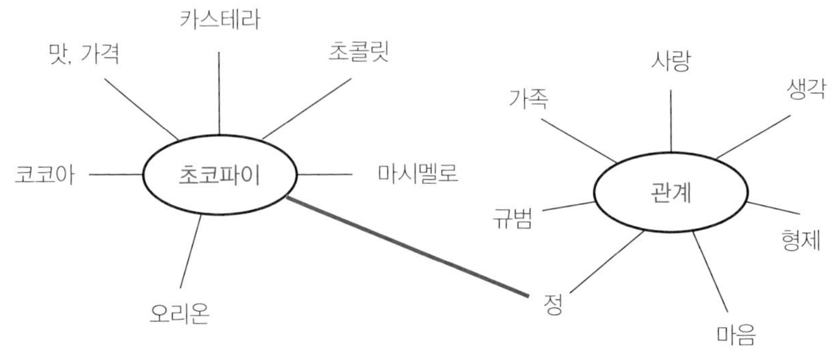

[그림 14-2] 의미기억의 활성화 확산 모형

는 서로 의미적으로 관련이 있는 정보끼리 인접하게 연결되어 있으며, 하나의 정보가 활성화되면 그 정보와 가깝게 연결된 관련된 다른 정보도 함께 활성화된다. 예를 들어, 위계망 모형에서는 소방차가 탈것, 자동차의 범주에 포함되어 의미기억에 저장되어 있다고 주장한다. 그러나 활성화 확산 모형에서는 소방차 하면 화재, 빨간색, 구급차, 빌딩 등이 떠오르는데, 이는 그 정보가 소방차와 의미적으로 가깝게 연결되어 저장되어 있기 때문이라고 해석할 수 있다. 위의 그림에서 보는 바와 같이 오리온 초코파이는 수년 동안 '정'이라는 주제로 광고를 해 왔다. 이는 초코파이 하면 정이라는 정보가 떠오를 만큼 소비자의 기억 속에 두 정보가 가깝게 저장되어 있다는 것을 도식적으로 보여 준다.

소비자 설득과 태도

광고는 소비자에게 제품에 관한 정보를 제공하고 이를 통해 소비자의 긍정적인 평가와 행동을 유도하는 설득을 목적으로 행해진다. 이러한 목적은 무엇보다도 제품에 대한 소비자의 태도와 관계가 깊다. 태도란 특정 대상(사람, 사물, 이슈 등)에 대해 긍정적 또는 부정적으로 평가하는 비교적 지속적으로 형성하고 있는 학습된 경향성을 의미하며, 보통 '좋다, 나쁘다' '호의적이다, 비호의적이다'와 같은 표현으로 나타난다. 소비자의 태도에 관한 이론으로 다속성 태도 모형, 합리적 행위 이론, 위계효과 모형, 인지반응 이론, 정교화 가능성 모형 등이 있는데 이 중 대표적인 이론으로 다속성 태도 모형과 정교화 가능성 모형을 소개한다.

다속성 태도 모형

다속성 태도 모형에서는 소비자가 제품에 대한 관심이 높은 고관여 상황인 경우 제품의 세부 정보에 대해 꼼꼼히 살펴보고 정보를 처리하여 제품 속성에 대한 신념을 형성하고 이를 기반으로 제품에 대한 태도를 형성하며 이것이 구매 의도로 이어질 것이라고 가정한다. 다양한 속성에 대해 소비자는 속성의 중요도를 다르게 지각할 수 있으며 속성별 가중 평가를 통해 전반적인 제품에 대한 태도를 형성하게 된다. 예를 들어, 다속성 태도 모형에 따르면, 휴대폰의 경우 소비자는 화면의 크기, 메모리, 카메라 해상도, 디자인 등 다양한 속성과 각 속성의 중요도를 함께 고려해서 가중 평가값이 가장 높은 제품을 최종적으로 선택한다.

정교화 가능성 모형

정교화 가능성 모형은 페티, 카시오포와 골드먼(Petty, Cacioppo, & Goldman, 1981)이 제안한 모형으로 브랜드에 대한 태도는 소비자가 정보에 대한 처리 당시의 관여도에 따라 정보처리에 대한 정교화 정도가 다르며, 정교화의 정도는 두 가지 다른 경로를 통해 처리된다고 제안한다. 두 가지 경로 중 관심이 높고 관여가 높은 정보의 경우 중심 경로를 통해 메시지가 처리되며, 이때 소비자들은 정보를 주의 깊게 인식하고 정보를 처리하며 논점에 대해 깊이 있는 처리 과정을 거치게 된다. 자동차나 노트북과 같은 제품은 일반적으로 제품의 중심적인 속성 정보를 기반으로 해서 정보를 처리하고 태도를 형성한다. 반면, 관여도가 낮은 소비자는 대체로 주변 경로를 통해 정보를 처리하는데, 이 경우 소비자는 메시지나 핵심 정보를 주의 깊게 처리하지 않으며, 다양한 주변 단서에 의해 더 크게 영향을 받는다. 과자와 껌과 같은 저관여 제품의 경우 광고의 자극 속 핵심 정보보다는 모델이나 배경음악 같은 주변 정보가 브랜드에 대한 태도에 더 큰 영향을 미친다.

●

사례로 본 광고 효과의 의미와 전략

성공적으로 소비자를 설득하고 구매 행동으로 이어지게 만드는 광고가 있는 반면, 많은 광고가 소비자의 주의와 마음을 사로잡는 데 실패한다. 30만 번의 소비자 테스트 후에 맛에서 뛰어난 새로운 콜라를 출시한 코카콜라가 소비자에게 외면을 받은 사례는 대표적인 소비자 통찰의 실패 사례이다. 기업주는 맛은 기존의 콜라에 비해 좋은 새로운 콜라를 개발했을지 모르지만 기존의 코카콜라와 연상되는 소비자의 어릴 적 경험과 추억은 미처 생각하지 못했던 것이다. 인스턴트 커피와 식기세척기가 처음 출시되었을 때 예상보다 판매가 저조했던 이유는 시간을 들여 커피를 내려먹고 손으로 직접 설거지를 하는 주부가 부지런한 가정 주부라는 인식과 인스턴트 커피와 식기세척기를 사용하는 주부는 게으르다는 인식이 무의식에 깔려 있음을 간과했기 때문이다. 한편, 미국의 유명한 하인즈 케첩은 눌러 짜도 잘 나오지 않아 불편을 호소하는 소비자에게 케첩의 농도가 진하다는 제품 특성을 제안함으로써 성공적으로 대응하였으며, 앞에서 예로 든 초코파이의 정 시리즈 광고는 일상에서 사람들이 겪는 소소한 에피소드를 정이라는 주제로 제품과 잘 연결시켜 기억에 오래 남는 광고로 성공을 이어 가고 있다. 진정으로 효과적인 광고는 무엇일까? 경쟁 제품보다 더 크게, 더 자주 말하거나, 더 자극적이고 신기한 것을 보여 주는 광고가 꼭 효과적인 광고일까? 효과적인 광고란 브랜드와 소비자에 대한 통찰을 근거로 소비자의 심리적인 타점을 잘 맞춘 광고라고 할 수 있다. 아래에 성공적인 광고와 마케팅 사례를 통해 효과적인 광고의 심리학적 의미와 전략을 살펴보자.

리워드 마케팅

마케팅 미디어 시장 중 디지털과 온라인 시장의 비중이 점차 커져 감에 따라 온라인상에서의 마케팅 전략 중 하나인 리워드 마케팅(Reward Marketing)이 최근 주목받고 있다. 대표적으로 스타벅스의 경우 커피를 구매할 때마다 모바일 e-스티커가 적립되는 시스템을 운용하고 있으며, 최근 편의점 마케팅 전략 중 GS 25의 경우 나만의 냉장고 어플을 통해 일정 수준 이상의 도장을 획득할 시 선물을 제공하는 이벤트를 진행하고 있다. 그렇다면 기업들은 왜 이러한 전략을 사용하고 있으며, 소비자들은 왜 도장을 모으기 위해 노력하는가? 최근의 심리학 연구에서는 소비자들이 제품 구매에 따라 스티커를 받는 보상에서 부여된 진행 효과(endowed progress effect)가 나타난다고 한다. 이는 제품 구매에 대해 소비자들이 스티커와 같은 일종의 보상을 받게 되면, 지속적으로 보상을 받기 위해 제품을 반복적으로 구매하게 된다는 것이다. 이는 인간의 기본적인 욕구 중 목표 달성 욕구를 충족하고자 함을 이용하는 것이다. 인간은 자신에게 주어진 목표를 달성하기 위해 자신도 모르는 사이에 몰입하게 되고, 조건적 학습을 통해 행동이 점차 강화되어 간다. 최근 쿠폰과 관련된 또 다른 심리학 연구에 따르면, 8개를 모두 채우면 공짜 세차권을 받는 조건과 10개 중 이미 2개가 채워져 있고 8개를 더 모으면 공짜 세차권을 받는 두 조건으로 구성된 실험을 진행한 결과, 아무것도 없이 8개를 채우는 조건의 소비자들보다 10개 중 이미 2개가 채워져 있던 소비자들이 목표 달성 동기가 더 높았으며, 실제로 쿠폰을 모두 채우고 공짜 세차를 받은 비율 또한 높게 나타났다. 이와 같은 결과는 소비자에게 있어서 단순히 목표를 제시하는 것 보다 자신이 이미 목표 달성 과정 중에 있다고 느끼게 하여 목표에 대한 동기에 영향을 미치게 됨을 의미한다.

디자인 활용

국내 소비자들에게 화장품통 밀크티로 널리 알려져 있는 밀크티 음료 제품인 춘추이허는 제품의 외관이 화장품 통이 연상될 만큼 예쁘고 깔끔한 디자인의 외형을 갖고 있다. 이러한 디자인 전략은 한국뿐만 아니라 일본, 홍콩, 싱가포르 등 아시아 전역에 수출되고 있는 대만의 주요 상품 중 하나이다. 대만 여행의 필수 구매 제품이라고도 불리는 춘추이허는 음료를 마시고 난 뒤에 음료 통을 씻어서 필통으로 사용하거나 다른 물품을 보관하는 용도로 사용하는 등 패키지 자체가 큰 강점을 갖고 있는 제품이라고 할 수 있다. 이와 같은 디자인 전략은 매우 효과적인데, 2010년 처음 출시한 이후 1년 만에 판매량이 43% 증가하는 등 가파른 성장세를 보이고 있다. 대만의 『빈과일보』에 따르면 이 제품은 2017년을 기준으로 연간 약 12만 병의 판매고를 기록하기도 하였다. 대만의 경우 밀크티와 같은 음료 시장은 포화 상태로 경쟁이 매우 치열한 상황이다. 이와 같은 시장 구조에서 이 밀크티 제품은 제품의 외형을 차별화하는 전략을 통해 성공적인 마케팅 사례로 꼽히고 있다. 그들은 제품의 외관을 단순화하였을 뿐 아니라 소비자들의 눈길을 사로잡을 수 있도록 다양한 색감을 활용하는 전략을 사용하였다. 이와 같은 전략은 국내에서도 많이 활용되고 있는데 최근 GS 25의 미니언즈 음료 제품을 비롯하여 다양한 캐릭터나 디자인을 접목한 상품들이 점차 증가하고 있다. 패키지 외관 차별화 전략은 최근 성장하고 있는 SNS나 메신저를 통한 입소문 전략에 매우

[그림 14-3] 리워드 마케팅과 디자인 활용 사례

적합한 전략이며 소비자들은 제품에 대한 소유 욕구와 경험 욕구를 충족하기 위해 제품을 구매하게 된다.

소비자의 마음에 소구하는 광고

GS 칼텍스의 마음이음 연결음 광고는 감정노동을 하고 있는 서비스 센터 직원들이 누군가에게는 소중한 가족임을 알리는 광고를 제작하였다. 해당 광고는 일반적인 제품 판매를 위한 마케팅 광고는 아니지만, 사람들의 인식을 바꾸기 위한 공익 광고로서 2017년 한국광고대상에서 영상광고 부문 통합 대상을 수상하였다. 광고는 특정한 메시지를 담고 있다. 광고는 그 메시지를 효과적으로 전달할 뿐만 아니라, 제한된 시간 내에서 효율적으로 전달하기 위해 제작된다. 이 광고는 '세상을 바꾸는 에너지'라는 문구와 함께 기업 브랜드를 나타낼 뿐만 아니라 기업의 사회적 책임 부분까지 나타내어 소비자의 눈길을 사로잡고 있다. 기업들은 기업의 제품이나 기업 브랜드 이미지와 관련된 문구들을 갖고 있곤 하는데, 삼성의 '또 하나의 가족', 나이키의 'Just Do It' 등을 예로 들 수 있다. 문구를 활용하는 방식은 제품이나 기업 브랜드에 대한 연상으로 기억을 증진시킬 수 있으며, 문구가 담고 있는 이미지, 상징을 기업 브랜드와 제품에 연결시킬 수 있는 장점이 있다. 하지만 너무 복잡하거나 긴 문구는 짧은 시간에 기억하기 쉽지 않기에 단순하면서도 의미 있

[그림 14-4] GS칼텍스의 마음이음 연결음 광고

출처: 유튜브(https://www.youtube.com/watch?v=J5TYcGGlvoU).

는 문구를 만드는 것이 중요하다. 또한 사람들의 눈길을 사로잡아야 할 필요가 있는데, 30초짜리 광고나 온라인 동영상 광고에서 해당 광고는 실제 상담 사례를 요약 제시하였을 뿐 아니라 상담 직원과 가족들이 등장하여 광고 메시지의 설득력을 높였다.

참고문헌

DMC REPORT. (2018.01.10.). 2018 국내외 디지털 광고 시장 분석 및 전망 보고서. http://www.dmcreport.co.kr/content/ReportView.php?type=Market&id=12675&gid=3

Brehm, J. W., & Cohen, A. R. (1962). Explorations in cognitive dissonance. Hoboken, NJ, US: John Wiley & Sons Inc.

Crowe, E., & Higgins, E. T. (1997). Regulatory focus and strategic inclinations: Promotion and prevention in decision-making. *Organizational behavior and human decision processes*, 69(2), 117-132.

Festinger, L. (1962). *A theory of cognitive dissonance* (Vol. 2). Stanford university press.

Maslow, A. H. (1943). A theory of human motivation. *Psychological review*, *50*(4), 370.

Bandura, A., & Walters, R. H. (1977). *Social learning theory* (Vol. 1). Englewood Cliffs, NJ: Prentice-hall.

Petty, R. E., Cacioppo, J. T., & Goldman, R. (1981). Personal involvement as a determinant of argument-based persuasion. *Journal of personality and social psychology*, *41*(5), 847.

Naver InterBiz. (2018. 4. 2). 손님에게 도장 2개 찍힌 커피 쿠폰 줬더니 생긴 놀라운 변화. https://blog.naver.com/businessinsight/221243067244

Naver interbiz. (2018. 4. 23). "아 다르고 어 다르다" 고객의 미세한 감정을 잘 활용해야 하는 이유. https://blog.naver.com/businessinsight/221259496826

Naver interbiz. (2018. 3. 23). 밀크티 담긴 '화장품통'? 남다른 패키징으로 대만 음료 업계를 평정한 기업. https://blog.naver.com/businessinsight/221235363179

Zajonc, R. B. (1968). Attitudinal effects of mere exposure. *Journal of Personality and Social Psychology, 9*(2, Pt.2), 1-27.

15장

심리학이 경제학을 만났을 때:
소비자 선택의 착시

:

김재휘 (중앙대학교 심리학과 교수)

당신이 최근 구매한 제품을 떠올려 보라. 수많은 제품 중에 왜 그 제품을 선택했는지, 선택하면서 무엇을 생각했고 어떤 기분이었는지 말이다. 소비자 심리학은 심리학 지식으로 이러한 일상의 소비 행동을 설명하는 학문이다. 단순해 보이지만, 사실 사람들의 소비 행동은 매우 복잡하다. 당신이 이 책을 고른 이유도 단순히 심리학에 대한 관심 외에, 가격, 디자인, 저자나 출판사에 대한 신뢰 혹은 책의 두께와 같은 여러 특성이 영향을 미쳤을 수 있다. 비단 책의 특성뿐만 아니라 당신이 이 책을 구매할 때 옆에 있었던 책이 무엇인지, 어떤 결제 방법이 가능했는지와 같이 이 책이 놓여 있는 외부적인 상황이나 맥락도 우리의 선택에 중요한 영향을 미친다. 이처럼 당신의 소비가 왜 그리고 어떻게 나타나는지 그 의사결정 과정과 이유를 심리학적으로 설명하고 예측하는 것이 바로 소비자 심리학이다.

소비자의 의사결정 과정

우리는 태어나서 죽을 때까지 끊임없이 소비하는 과정 속에 살고 있으며, 그 안에서 헤아릴 수 없이 많은 선택을 하게 된다. 이러한 소비자 의사결정 과정에는 충동적이거나 습관적으로 나타나는 것도 있으나, 대체로 소비자가 문제를 인식하고, 관련된 정보를 찾고, 대안들을 평가하고, 선택(구매)하고, 이후에 구매 후 평가하는 전반적인 과정을 거친다.

먼저, 현재와 바라는 상태의 차이를 인식함에 따라 소비자가 '무엇을 사야겠다.'는 것을 깨닫는 것이 문제 인식이다. 예를 들면, 지금 쓰는 펜이 다 닳아서 혹은 새로운 신제품 펜이 출시되어서 내가 펜을 사야겠다는 마음이 생기는 것을 의미한다. 무언가에 대한 구매 욕구가 생긴 이후에는 관련된 정보를 찾게 되는데, 친구들에게 펜에 대한 정보를 물어보거나 인터넷에서 관련된 정보를 찾아보는 등 제품이나 점포, 구매에 대해 뭔가 알고자 하는 행동이 나타날 수 있다. 그 이후, 선택을 위해 추려진 대안들을 보다 자세히 평가하고, 최종적으로 어떤 펜을 선택할지 결정한다. 그리고 마지막으로 선택한 펜을 소비하고 사용하면서 선택의 결과에 대해 평가하는 것이 일반적인 구매 의사결정 과정이라 할 수 있다. 이것은 소비자들이 합리적이고 체계적인 의사결정을 할 것이라는 가정을 전제로 한다.

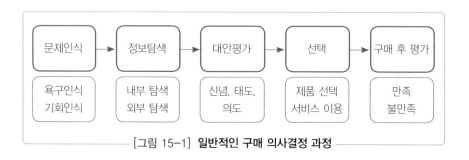

[그림 15-1] **일반적인 구매 의사결정 과정**

소비자 선택과 인지적 착시

하지만 사람들의 구매 의사결정이 항상 체계적이고 합리적으로 이루어지는 것만은 아닌 것 같다. 여러분도 정보탐색의 과정을 건너뛰고 즉흥적으로 바로 구매를 했다거나 혹은 대안평가 과정에서도 합리적인 비교·평가를 하지 않았던 경험이 어느 정도 있을 것이다. 따라서 이 장에서는 이러한 비합리적이고 감성적인 소비자의 행동에 대해서 다루어 보고자 한다.

이를 위해 먼저, 사람들의 시각적인 착시에 대해서 이야기를 해 보자. 아래는 아델슨(Adelson)이 만들어 낸 체크무늬 그림자 착시(checker shadow illusion) 그림이다. 여러분은 왼쪽 그림에서 블록 A와 B 중에 어떤 블록의 색상이 더 밝아 보이는가? 아마 대부분의 사람은 B가 훨씬 밝게 보인다고 말할 것이다. 그런데 정말 A보다 B 블록이 밝은가? 오른쪽 그림을 보면 알겠지만, 사실 A와 B는 같은 색상이다. 그럼에도 불구하고 우리는 원기둥의 그림자와 주변 환경을 고려하여 객관적인 시각 정보를 다르게 받아들인다. 어두운 그림자가 드리워진 대상은 실제보다 더 밝을 것이라고 그리고 체크무늬로 연이어 제시되는 주변 환경을 고려했을 때 분명 B는 A보다 연한 그레이 색일 것이라고 알아서 보정하여 인식하는 것이다. 이는 우리가 눈앞에 보이는 모든 자극을 '객관적'으로 처리하는 것 같지만, 사실상 그대로 보는 것이 아니라 주

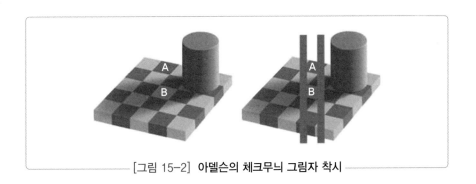

[그림 15-2] **아델슨의 체크무늬 그림자 착시**

변 정보에 영향을 받아 '주관적'으로 받아들이고 있음을 보여 준다. 어쩌면 우리는 모두 내가 보는 것, 믿는 것, 선택하는 것이 '정확하다'는 환상을 가지고 있는 것일지도 모른다.

이러한 착시는 비단 시각적인 자극뿐만 아니라 우리의 판단과 의사결정 과정에서도 흔히 나타날 수 있다. 실망스럽겠지만, 생각보다 우리의 판단은 정확하지도, 객관적이지도 않다. 단지 그렇게 보이는 것일 뿐이다. 앞서 제시한 시각적인 착시처럼 말이다. 예를 들어, 마트에 갔더니 우유가 한 팩에 2,000원 그리고 3,000원이라는 가격표가 붙어 있다. 사실 같은 우유일지라도 대부분의 사람은 3,000원이 붙어 있는 우유가 왠지 품질이 더 좋을 것 같다고 생각한다. 실제로는 가격이 비싸다고 해서 품질(맛)이 반드시 좋다고 할 수가 없음에도 불구하고 우리는 가격을 통해서 품질을 추론하는 경우가 적지 않다. 그래서 가격이 높으면 품질이 당연히 더 좋아 보이는 착시를 만들어 낸다. 또한 한정이라는 말에 혹해서 구매하는 것 역시 구매 수량이 제한적이라는 상황으로 인해 제품이 가진 객관적인 가치보다 더 좋은 것으로 느껴지는 착시가 일어나는 것으로 이해될 수 있다. 블록의 색상을 판단할 때, 원기둥과 그로 인한 그림자 그리고 주변의 블록들에 영향을 받는 것처럼, 제품을 평가하고 선택할 때에도 어떠한 상황과 맥락에서 제시되는지에 따라 어떤 부분에 주목하고 어떻게 바라보는지 등 판단에 영향을 미치게 된다. 즉, 우리가 평가하는 모든 제품이 확실하고 분명한 객관적 가치를 가지고 있는 것 같이 보이지만, 사실 가치는 제품이 어떤 맥락에서 제시되는지, 그 안에서 우리가 무엇을 기대하는지에 따라 주관적으로 달리 받아들여질 수 있는 것이다. 또한 이러한 의사결정의 착각은 우리가 알아차리지 못할 뿐, 실제 우리의 선택에 큰 영향을 미친다.

심리학 + 경제학 = 행동경제학

사람들은 대개 우리가 어떤 제품을 선택하고 구매할 경우 제품을 선택하거나 선택하지 않았을 때 발생할 효용을 정확히 계산해서 결정한다고 생각한다. 따라서 언제나 최고의 대안을 찾기 위해 이성적이고 합리적으로 판단하여 선택한다고 여기는 것이다. 물론 그런 경우도 당연히 있다. 그러나 자신의 소비 행동을 잘 떠올려 보라. 한 달 용돈으로 식비, 교통비, 문화비의 정확한 예산을 설정해 놓고도 뜻밖에 찾아온 소위 지름신 때문에 예상하지 못한 곳에 돈을 쓰거나, 어떤 제품이 이득인지 꼼꼼히 따지다가 결국 처음에 생각지도 않은 제품을 선택해 버리는 경우는 없는가? 맞지 않는 구두와 옷을 버리지 못하고 옷장 안에 간직하고 있거나, 열심히 모은 용돈보다 세뱃돈을 더 쉽게 쓰게 되지는 않는가?

생각보다 많은 순간, 우리는 합리적이지 않아 보이는 선택을 한다. 하지만 여러분은 아마도 그 선택이 합리적이지 않다는 사실을 인정하지 않을 것이다. 왜냐하면 여러분은 짧은 시간 안에 그 선택을 했어야만 하는 수많은 이유를 만들어 내면서 스스로 정당화할 테니까. 예를 들어, 여러분이 인터넷 쇼핑을 하다가 전혀 계획하지 않았던 제품을 비싼 값에 구매했다고 치자. 이후 여러분은 왜 그 제품을 샀으며 그것이 얼마나 합리적인 선택이었는지 스스로를 납득시키려 할 것이다. 제 값을 지불할 만큼 좋은 제품이라고 위안하거나, 이번 기회가 아니면 다시 구매할 수 없다고 생각하거나 혹은 언젠가 반드시 필요한 제품이었다고 여기면서 말이다. 허나 여러분이 인정하고 싶지 않을지라도, 여러분이 내린 선택 결과만 놓고 보자면 그것은 확실히 비합리적이다.

우리는 경제학적 관점에서 바라보는 인간으로는 도저히 이해하고 설명할 수 없는 선택들을 일상에서 무수히 많이 행하고 있다. 흥미로운 것은 이러한 실수가 몇몇 특정한 사람에게만 해당되는 것이 아니라 상식 있고 교양 있다고 자신하는 우리 모두에게 나타날 수 있다는 것이다. 그리고 이러한 비합리적 행동에도 규칙성이 있다. 비합리적이고 비이성적인 행동들이 누구에게나 나타나며 끊임없이 반복된다는 것은 그러한 행동이 예측 가능하다는 것을 의미하는데, 이처럼 사람들의 판단 오류와 실제 행동을 설명하기 위해 등장한 학문이 바로 경제심리학 혹은 **행동경제학**(behavioral economics)이며, 이것이 현재 소비자 심리학 영역의 많은 부분을 설명하고 있다.

행동경제학은 심리학과 경제학이 접목되어, 상황이나 맥락에 따라 달라지는 비합리적인 의사결정을 설명한다. 모든 인간이 합리적이고 기대 효용이 가장 높은 대안을 선택한다는 이성적 인간 행동을 전제로 하는 경제학적 관점만으로는 인간의 행동을 제대로 설명할 수 없기에, 심리적인 지식을 활용하여 사람들의 실제 행동에 대한 설명력을 높이고 보다 정교하게 그들의 행동을 예측하고자 하는 것이다. 즉, 행동경제학의 관점은 비합리적인 소비 사례와 이에 대한 심리학적 통찰력을 통해, 소비자로서 매일을 살아가는 우리가 어떻게 하면 좀 더 현명한 의사결정을 할 수 있는지를 생각하게 할 것이다. 자, 이제 본격적으로 여러분이 잘못 판단하기 쉬운 의사결정의 오류와 몇 가지 흥미로운 구매 선택의 착시에 대해 이야기해 보려 한다.

처음 들어온 정보의 놀라운 효과: 무엇이 선택의 기준이 되는가

앵커링 효과

다음에 묘사되는 두 사람에 대해 얼마나 호감이 가는지 평가해 보라. 지현이는 '똑똑하고, 근면하고, 충동적이며, 비판적이고, 고집이 세며, 질투심이 강하다.' 반면, 혜교는 '질투심이 강하고, 고집이 세며, 비판적이고, 충동적이

며, 근면하고, 똑똑하다.'

지현이와 혜교 중에 누구에게 더 호감이 가고 친해지고 싶은가? 질문의 의도를 알아차린 사람들도 있었겠지만, 앞서 묘사한 지현이와 혜교의 특성은 성격 형용사의 제시 순서만 달리했을 뿐 모두 동일하다. 그러나 흥미롭게도, 어떤 순서로 형용사가 제시되었는지에 따라 우리의 호감은 달라진다. 애쉬(Asch, 1946)의 연구 결과에 따르면, 실제 사람들은 긍정적인 형용사들이 부정적 형용사보다 먼저 제시되었을 때 대상에 대해 더 호의적으로 판단한다. 즉, 처음 들어온 정보를 기준으로 대상을 평가하는 경향이 있다는 것이다.

트버스키(Tversky)와 카네만(Kahneman)의 연구에 따르면, 이러한 초기 값은 사람의 특성이 아닌 숫자 정보로도 역할을 할 수 있으며, 이러한 숫자 정보는 그 수치와 판단 과제가 전혀 관련이 없거나 적절하지 않을 때조차 사람들의 판단에 영향을 미친다. 구체적으로, 사람들에게 UN 가맹국 중 아프리카 국가가 얼마나 있는가를 맞히는 문제를 제시하는 상황을 가정해 보자. 그런데 그들이 정답을 말하기 이전에 룰렛을 돌려 임의의 숫자를 맞추게 하고 그 숫자를 알려 주면, 사람들은 아무런 의미가 없는 그 숫자에 가까운 답을 내놓게 된다. 예를 들어, 룰렛에서 10이라는 숫자가 나온 조건의 사람들은 UN에 가입한 아프리카 국가의 비율이 낮은 것으로 응답하고, 룰렛에서 65를 맞춘 조건의 사람들은 UN에 가입한 아프리카 국가의 비율이 높은 것으로 응답하였다.

다시 말해, UN에 가입한 아프리카 국가 비율과 룰렛에서 나온 수는 전혀 관계가 없음에도 불구하고, 룰렛에서 큰 수 혹은 작은 수가 나오게 되면 그 수를 기준으로 자신의 판단을 추정한다는 것이다. 이를 기준점 및 조정 휴리스틱(anchoring and adjustment heuristic)이라 한다. 배가 정박하기 위해 닻(앵커)을 내리면 닻을 내린 지점에서 벗어나지 못하고 일정한 범위 안에서만 움직이게 되듯이, 사람의 심리는 특정한 앵커(기준점)를 제시하면 그것을 중심으로 제한된 판단을 하게 된다는 것을 비유해서 일컫는 용어이다.

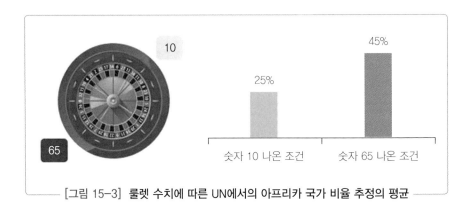

[그림 15-3] 룰렛 수치에 따른 UN에서의 아프리카 국가 비율 추정의 평균

우리가 제품을 구매할 때, 그 거래가 얼마나 합리적이며 가치 있는 선택인지를 판단할 수 있는 가장 손쉬운 방법은 정상 가격과 지금 지불해야 하는 현재 가격을 비교하는 것이다. 만약 여러분이 마트에 갔는데, 가격표에 '원가 5만 원과 40% 할인한 현재 할인가 3만 원이 함께 제시되어 있는 것'을 보았다고 생각해 보라. '할인가 3만 원만 부착된 가격표'를 본 상황과 비교했을 때 여러분은 어떤 제품을 구매했을까? 혹은 두 상황 모두 현재 지불해야 하는 가격이 3만 원으로 동일하기 때문에 구매할 확률이 같아 보이는가?

대부분의 사람은 현재 지불해야 할 가격이 3만 원이라고 단순하게 제시한 상황보다, 원래 5만 원인데 3만 원에 준다고 거래 조건을 제시했을 때 그 제품을 더 구매하고 싶어진다. 왜일까? 이는 처음 나에게 제시된 가격 정보가 해당 제품을 평가하는 앵커(anchor)로 작용했기 때문이다. 만약 제품의 절대

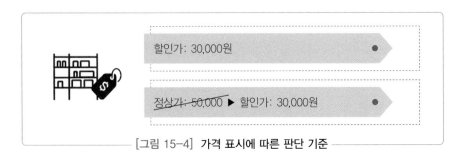

[그림 15-4] 가격 표시에 따른 판단 기준

적인 가치와 제시된 가격만 놓고 본다면, 아마도 사람들은 해당 제품을 매력적이라 여기지 않았을지 모른다. 그러나 사람들은 대개 거래와 대안의 가치를 판단하는 과정에서 주어진 모든 정보를 체계적으로 분석하는 것이 아니라, 인지적 지름길을 통해 신속하고 쉽게 결정을 내리고자 한다. 따라서 제시된 원가에 닻을 내리고 처음 주어진 정보를 토대로 가치를 판단하게 되는 것이다. 즉, 소비자가 제품의 가치를 확실히 모르는 상황에서 매장에서 제시하는 가격 정보(기준)에 의존하여 제품의 가치를 평가(조정)하게 되는 것이다. 이것이 바로 첫인상이 중요한 이유이며, 초기 제시된 값의 영향력이다.

디폴트 옵션과 소비자 선택

아래 표는 유럽의 여러 국가에서 장기 기증 의사가 있는 사람들의 비율을 제시하고 있다. 왼쪽에 위치한 국가들은 장기 기증 의사가 거의 없는 것으로 보인다. 반면, 오른쪽에 제시된 국가들은 장기 기증 의사가 있는 사람들이 많음을 보여 주고 있다. 국가별로 이러한 차이는 왜 나타나는 것일까? 덴마크, 네덜란드, 영국, 독일 사람들은 국민들의 도덕성이 낮기 때문인가? 혹은 문화적인 차이 때문인가?

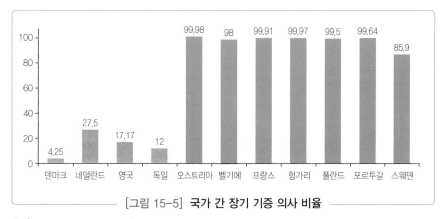

[그림 15-5] 국가 간 장기 기증 의사 비율

출처: Johnson & Goldstein (2003).

사실 진짜 이유는 장기 기증 여부를 묻는 선택지의 기본 값(default option)에 있다. 장기 기증 의사 비율이 낮은 왼쪽의 국가들의 경우에는 '장기 기증 프로그램에 참여하려면, 아래 박스에 체크하세요.'로 신청 양식이 만들어져 있다. 이 경우 사람들은 체크를 하지 않았고, 결국 기증에 참여하지 않는 것이 되었다. 한편, 오른쪽에 있는 국가들의 경우에는 '장기 기증에 참여하지 않으려면, 아래 박스에 체크하세요.'라고 신청 양식을 만들어 두었는데, 역시 이 경우에도 사람들은 체크를 하지 않았고, 이는 많은 사람이 장기 기증에 참여하는 결과를 가져왔던 것이다.

사람들은 이러한 작은 선택 양식의 변화가 자신의 선택과 행동에 엄청난 영향을 미칠 것이라 예상하지 못하지만, 어떤 것을 기본 값으로 설정하는 순간 사람들의 의사결정은 크게 달라질 수 있다. 그래서 우리가 통신사의 부가 서비스나 보험에 가입할 때 특정 특약의 가입을 기본 값으로 해 두는 방식(opt-in)인지 혹은 원하면 빼주는 탈퇴 방식을 기본 값으로 두는지(opt-out)에 따라 해당 서비스에 최종 가입할지 여부가 영향받을 수 있는 것이다. 왜냐하면 사람들은 기본적으로 설정된 기본 값에서 바꾸지 않으려는 현상유지 편향(status quo bias)이라는 심리적 기제가 나타나기 때문이다.

비슷한 예를 하나 더 살펴보자. 조립식 컴퓨터나 자동차를 구매할 때 우리는 이런 상황을 흔히 마주한다. 모든 옵션(사양)이 기본으로 갖춰진 풀 옵션 패키지에서 시작해서 내가 제거할 옵션들을 선택해 나가거나, 반대로 최소 옵

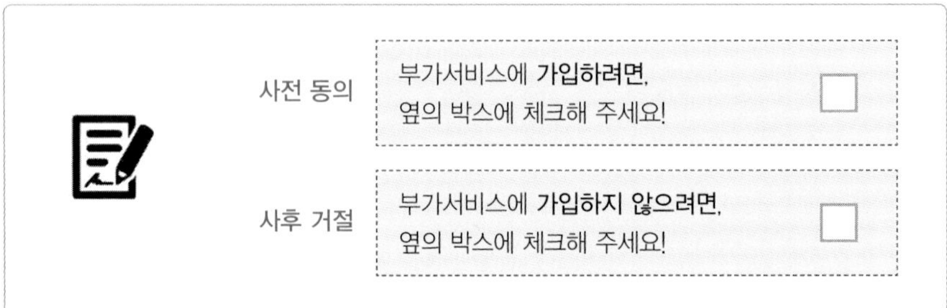

사전 동의	부가서비스에 **가입하려면,** 옆의 박스에 체크해 주세요!	☐
사후 거절	부가서비스에 **가입하지 않으려면,** 옆의 박스에 체크해 주세요!	☐

[그림 15-6] **사전 동의(Opt-in)와 사후 거절(Opt-out) 방식**

션만이 기본 값으로 제시된 상황에서 옵션들을 하나씩 추가해서 최종적으로 구매하는 경우이다. 어떠한 옵션 상황에서 사람들이 더 많은 옵션을 선택하고 궁극적으로 제품 구매에 더 많은 비용을 지불하게 될까? 박충완 등(Park, Jun & MacInnis, 2000)의 연구에 따르면, 완벽한 옵션을 갖춘 사양을 기본 값으로 제시하고 불필요한 옵션들을 제거할 수 있게 하는 조건이 최소한의 옵션에서 출발하여 추가 옵션들을 선택하게 하는 조건보다 최종적으로 더 많은 옵션을 선택하고 더 높은 가격으로 구매하는 것으로 나타났다. 이러한 선택이 나타나는 이유는 완벽한 옵션에서 불필요한 옵션들을 제거할 때 사람들은 이를 '손실'로 간주하기 때문이다. 즉, 사람들은 기본적으로 이득보다 손실에 더 민감하기 때문에 풀 옵션을 기본 값으로 설정했을 때 이미 갖춰진 옵션들을 제거하기 어려운 것이다. 이 역시 처음에 어떤 초기 값이 주어지는지에 따라 사람들의 판단이 달라질 수 있음을 의미하며, 더 나아가 뭔가를 선택할 때 새로운 것보다는 이전의 결정이 기준이 된다거나 혹은 현재를 유지하려는 성향이 나타날 수 있음을 보여 주고 있다.

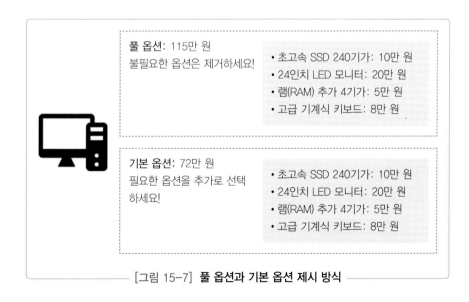

[그림 15-7] **풀 옵션과 기본 옵션 제시 방식**

인출 용이성이 대안 평가에 미치는 영향력:
무엇이 가장 먼저, 생생하게 떠오르는가

인출 용이성과 소비자 판단

브랜드의 시장 점유율을 판단할 수 있는 지표로 많이 쓰이는 것 중 하나는 소비자가 여러 경쟁 브랜드 중에서 어떤 브랜드를 가장 먼저 떠올리는지에 대한 것이다. 이를 마케팅에서는 **최초 상기도**(top of mind: TOM)라 하는데, 예를 들어 당신에게 가장 좋아하는 브랜드가 무엇인지 물어봤을 때 기억에서 가장 빠르게 연상되는 브랜드를 당신이 가장 선호한다고 보는 것이다. 기본적으로, 최초 상기도가 높은 제품은 당연히 과거 그 사람이 주로 구매했거나 향후 구매할 가능성이 가장 높은 브랜드일 수밖에 없다. 왜냐하면 최초 상기된 브랜드는 소비자의 고려 상표군에 포함될 가능성이 높고, 소비자가 어떠한 구매 욕구가 발생했을 때 이를 가장 잘 충족해 줄 수 있다고 여기기 쉬우며, 나에게 친숙한 브랜드를 인기 있고 긍정적인 브랜드로 인식할 가능이 크기 때문이다. 이는 제품 및 브랜드 정보가 머릿속에서 얼마나 쉽고 빠르게 떠올려지는지에 따라 소비자 선택이 달라질 수 있음을 단적으로 보여 준다.

더 나아가 사람들은 객관적인 정보나 확률보다 얼마나 나에게 인상 깊은 정보였는지, 그것이 얼마나 생생하게 느껴지는지에 따라 사건의 발생 가능성 자체를 다르게 평가한다. 이처럼 인출기억을 기반으로 사건의 발생 가능성을 추론하는 현상을 **이용 가능성 휴리스틱**(availability heuristics)이라 한다. 이런 현상 때문에 미디어에서 많이 노출되는 살인이나 비행기 추락 사고의 위험은 과대 평가하고, 심장 질환과 같이 미디어에서 잘 다뤄지지 않는 질병으로 인한 사망률은 과소평가하기 쉽다. 일본 수산물의 방사능 위험에 대한 뉴스가 주목 받으면, 수산물 소비가 눈에 띄게 줄어드는 것도 같은 이치이다. 이는 특정한 사건으로 인해 관련된 위험 발생 확률에 대한 기대치가 높아졌기 때문이다.

우리가 구매 상황에서 대안을 평가하는 과정 역시 그러하다. 사람들은 제품의 모든 속성을 꼼꼼하게 따져 보는 것이 아니라 빠르고 생생하게 떠오르는 정보나 이미지를 근거로 제품을 평가하게 되고, 기억 속에 잘 떠오르지 않는 정보는 고려하지 않거나 중요하지 않은 것으로 치부하고 만다. 만일 특정 자동차 브랜드가 자사의 자동차를 벽에 부딪치게 하는 충돌 실험 영상을 소비자에게 보여 주면서 자동차의 안전성을 강조한다면, 소비자들은 실제와 상관없이 그 자동차가 다른 자동차보다 더 안전하다고 생각하거나, 혹은 적어도 그 자동차 회사가 차의 안전성을 가장 중요시하고 있다고 결론 내리기 쉽다.

●

구체적인 이미지 연상의 효과:
언패킹 효과

한국인이 가장 많이 걸리는 주요 5대 암은 위암, 간암, 대장암, 유방암, 자궁경부암이다. 여기 여러분에게 보험 상품을 권유하는 두 회사가 있다. 한 회사는 '주요 5대 암을 보장해 준다.'고 제시하고, 다른 한 회사는 '위암, 간암, 대장암, 유방암, 자궁경부암을 보장해 준다.'고 한다. 여러분은 어떤 보험회사의 상품에 가입하고 싶은가? 사실 이 두 회사가 이야기하는 핵심적인 메시지는 동일하다. 그러나 사건들에 대해 전체적인 특징을 강조했는지 혹은 세부적으로 자세한 사항을 설명했는지에 대한 부분만 다를 뿐이다. 그럼에도 불구하고, 이러한 제시 방식의 차이에 따라 보험 가입에 대한 여러분의 결정은 바뀔 수 있다. 왜 그럴까? 앞서 설명한 이용 가능성 휴리스틱 맥락에서 생각해 보자. 사건들을 큰 범주로 묶어서 제시하지 않고 낱개로 풀어서 묘사하게 되면, 이 사건은 우리의 머릿속에 더 생생하고 쉽게 떠오를 수밖에 없다. 암을 각각 나열하면 위암에 걸린 주위 사람도 생각이 나고, 얼마 전 대장암

수술을 받은 친척도 생각날지 모른다. 주요 5대 암을 보장한다는 메시지보다 훨씬 많은 생각이 생생하게 떠오를 것이다. 생각해 보라. '그릇이 깨졌다.'고 설명하는 것과 '그릇이 산산이 부서져서 조각조각 흩어졌다.'고 설명하는 것은 우리에게 그 상황이 얼마나 생생하게 느껴지는지가 다르다. 이와 비슷하게, 각 요소들을 풀어서 세부적으로 묘사하면 머릿속에 그 상황의 이미지가 보다 잘 떠오르고 사건의 다양한 측면이 함께 고려될 수밖에 없는 것이다. 따라서 사건이 더 현저하게 느껴지고, 미래에 발생할 가능성이 높은 것으로 판단하기 쉽다.

　사건을 포괄적으로 제시하는지 또는 세부적으로 묘사하는지는 우리가 제품을 선택할 때도 영향을 미칠 수 있다. 예를 들어, 샐러드를 판매할 때도 단순히 '농약을 첨가하지 않은 유기농 샐러드'라고 포괄적으로 묘사하는 것보다, '농약을 첨가하지 않은 토마토, 파프리카, 양상추, 케일, 계란, 드레싱이 들어간 유기농 샐러드'라고 자세하게 내용을 제시하는 상황이 소비자에게 더 매력적으로 느껴질 수 있다.

패킹	언패킹
5대 암을 보장해 주는 새로운 보험 상품!	간암, 위암, 대장암, 유방암, 자궁 경부암을 보장해 주는 새로운 보험 상품!

[그림 15-8] 패킹(Packing)과 언패킹(Unpacking) 제시방식의 상품설명

비교 맥락에 의한 판단 착시: 비교 대안의 예상치 못한 효과

개별 평가 상황 vs 공동 평가 상황

어떤 사람을 소개팅에서 만났을 때와 그룹 미팅에서 만났을 때를 생각해보자. 여러분은 같은 평가를 하게 될까? 일대일 소개팅으로 만났는지 혹은 여러 명과 함께 만났는지에 따라 동일한 사람이라도 선호나 매력이 달라질 수 있다. 제품을 선택하는 상황에서도 동일한 현상을 확인할 수 있다. 한 제품씩 개별적으로 평가했을 때와 다른 제품들과 함께 비교하여 판단할 때 동일한 제품에 대한 가치가 다르게 느껴질 수 있다. 왜냐하면 상황에 따라 해당 제품이 가지고 있는 속성에 대한 가치 평가가 달라지기 때문이다. 하나의 대안을 단독으로 평가하는 상황에서는 그 대안의 가치를 확실히 알기 어렵다. 하지만 여러 제품을 함께 평가하면, 비교 과정을 통해서 비로소 각 대안들의 상대적인 가치를 보다 명확히 느낄 수 있는 것이다. 예를 들어, 한 제품이 잘 들어본 적 없는 특정 속성에서 높은 성능을 가졌다고 가정하자. 이 제품을 단독으로 평가하는 경우에는 해당 속성에서 높은 점수가 얼마나 좋은 성능을 의미하는지에 대해 분명하게 알기 어렵다. 따라서 이러한 상황에서 대부분의 소비자는 브랜드나 가격과 같이 이미 익숙하거나 상대적으로 평가하기 쉬운 속성을 중심으로 판단하게 된다. 그러나 다른 제품과 함께 평가하는 상황은 다르다. 비교가 가능해지기 때문에 이전에 평가하기 어려웠던 속성의 값이 평가에 중요한 요소로 작용하게 되는 것이다. 이처럼 한 제품을 개별 평가하는 상황인지 또는 두 제품을 동시에 비교 평가하는 상황인지에 따라 제품에 대한 평가나 선택이 달라지는 것을 **평가 모드**(evaluation mode)에 따른 선호 이행이라 한다.

쉬(Hsee, 1996)는 사전을 평가할 때 이러한 평가 모드에 따라 사람들의 선택이 어떻게 달라지는지 실험을 했다. 중고사전 A와 B가 있다. 출판된 연도는 같지만, A 사전은 1만 단어, B 사전은 2만 단어를 수록하고 있다. 이때 A 사전의 표지는 거의 새것과 마찬가지지만, B 사전은 표지가 찢겨져 있다는 결함이 있다. 개별적으로 이 사전을 평가하게 했을 때는 표지 결함 여부가 눈에 띄고 중요시될 수밖에 없다. 따라서 대부분의 사람은 사전 A를 더 매력적으로 느끼게 된다. 반면, 두 사전을 함께 비교 평가하게 한 경우에는 단독으로 평가할 때 그 가치를 확실히 평가할 수 없었던 수록단어 수에 대한 비교가 가능해지면서 사전 A보다 B를 더 매력적으로 판단한다. 이처럼 우리가 어떤 제품에 대해 평가할 때, 제품이 하나씩 개별적으로 보이는지 혹은 복수로 보이는지에 따라 주의가 기울여지는 속성도 달라지며, 궁극적으로는 제품의 선호가 바뀌기도 한다.

	사전 A	사전 B
 Aa	- 출판년도: 2003년 - 단어 수: 1만 - 특이사항: 표지가 깨끗함	- 출판년도: 2003년 - 단어 수: 2만 - 특이사항: 표지 손상됨
가치 평가		
개별 평가(separate mode) 사전 A 사전 B	$24	$20
공동 평가(joint mode) 사전 A 사전 B	$19	$27

[그림 15-9] 제시 방식에 따른 선호 이행(지불하겠다고 제시한 가격)

비교 맥락에서 초점화되는 속성의 유인 효과

우리의 의사결정에서 영향을 미칠 수 있는 비교 맥락은 고정적으로 놓여 있는 상황뿐 아니라 어떻게 새로운 대안이 추가되어 비교되는지도 중요하다. 다시 흥미로운 소비자의 의사결정 상황을 하나 제시하고자 한다. 여러분의 집 앞에 커피숍에서 작은 사이즈(short) 커피를 2,000원, 큰 사이즈(grande) 커피를 4,000원에 팔고 있다. 하나는 양이 적은 대신 값이 싸고, 다른 하나는 양은 많지만 값이 비싸다. 대부분의 사람은 이 상황에서 양은 적지만 값이 저렴한 작은 사이즈 커피를 선택한다. 사람들의 선택에 양보다 가격이 더 중요하게 작용했기 때문이다. 그런데 어느 날 이 가게에 선택지가 하나 더 늘었다. 사장님이 중간 사이즈(tall) 커피를 하나 더 추가한 것이다. 이 커피의 양은 작은 사이즈와 큰 사이즈의 중간 정도이지만, 가격은 큰 사이즈 커피보다 불과 500원 더 싼 3,500원에 팔고 있다. 작은 사이즈의 커피보다는 1,500원이나 더 비싸다. 이때 사람들은 어떤 커피 사이즈를 선택할까? 단순하게 생각하면, 그다지 매력적이지 않은 중간 사이즈 커피가 추가되었기 때문에 사람

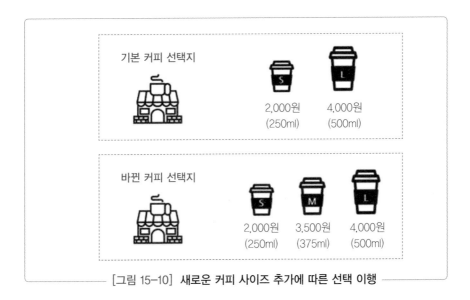

[그림 15-10] 새로운 커피 사이즈 추가에 따른 선택 이행

들은 여전히 작은 사이즈 커피를 구매할 것이라 예상된다. 그러나 실제 이런 상황에서 흥미롭게도 사람들의 선택은 달라진다. 이전에 구매했던 작은 사이즈도, 새롭게 추가된 중간 사이즈도 아닌 구매를 전혀 고려하지 않았던 큰 사이즈 커피를 선택하는 비율이 높아지는 것이다. 왜일까? 이건 새롭게 추가된 중간 사이즈의 커피가 일종의 미끼(decoy) 역할을 했기 때문이다. 기존 대안보다 약간 열등한 새로운 추가 대안이 이 선택에서 어떤 속성이 중요한가에 대한 사람들의 평가에 영향을 미치는 것이다. 따라서 추가 제품과 유사하지만 상대적으로 우월해 보이는 기존 제품에 대한 선택이 증가한다. 중간 사이즈와 500원 차이니까 양이 많은 큰 사이즈를 선택해야겠다고 결정하게 된다. 커피숍의 매출을 고려한다면 소비자에게 어떤 선택지를 제시하는 것이 나을지 두말할 필요는 없을 것이다.

　기존의 경제학적 관점에서는 사실 이러한 미끼 역할을 해 주는 대안이 있든 없든, 하나의 동일 제품에 대한 가치는 변함이 없다고 가정한다. 각 대안에 대한 선호는 어느 상황에서나 일정하며 바뀌지 않음을 가정하는 것이다. 그러나 위의 예처럼 새로운 대안의 등장으로 인해 기존 대안의 매력도가 상대적으로 높게 평가될 수 있다. 이를 유인 효과(attraction effect)라 한다. 이러한 소비자 심리는 실제 기업에서 의도적으로 약간 열등한 새로운 대안을 추가하여 기존 대안을 선택하게끔 유도할 수 있음을 시사한다. 미끼를 던져 기존 대안으로 오게끔 유인할 수 있다는 것이다. 이에 대한 좀 더 구체적인 사례가 있다. 미국의 유명한 행동경제학자인 댄 애리얼리(Dan Ariely)는 몇 년 전 『이코노미스트』 인터넷판에서 우연히 정기구독 광고를 보고 실험을 하나짜 보았다.

　[그림 15-11]과 같이 A, B, C 3개의 선택지를 주고, 학생들에게 무엇을 고를 것인지 물어본 결과, 대부분의 사람은 C 상품 패키지를 선택했다(84%). 그리고 B 상품(오프라인 정기 구독)을 선택하는 사람은 아무도 없었다. 아무도 원하지 않는 B를 제거해 버린다고 해도 선택의 결과는 똑같지 않을까? 따라서

		선택 비율	
A) 온라인 정기 구독: 59달러	16%	68%
B) 오프라인 정기 구독: 125달러	0%	–
C) 오프라인 및 온라인 정기 구독: 125달러	84%	32%

[그림 15–11] 유인 효과에 따른 선호 이행에 관한 댄 애리얼리(Dan Ariely)의 실험 결과

선택지에서 B를 제거하고, A와 C만을 제시하고 다른 학생들의 그룹에게 무엇을 고를지를 다시 물어보았다. 결과는 어떻게 되었을까? 사람들의 선택은 크게 달라졌다. 가장 인기 있었던 C 상품에 대한 선택이 32%로 줄고, A 상품을 선택하는 사람들이 68%로 크게 늘어난 것이다. 왜 이런 현상이 나타났을까? 그들이 선호하는 똑같은 선택지가 주어졌는데 말이다. 이는 앞서 이야기했듯이 B 상품(오프라인 정기 구독 125달러)이 C 상품(오프라인 및 온라인 정기 구독 125달러)의 선호를 이끄는 미끼 역할을 했기 때문이다.

앞서 여러 사례에서 보았듯이, 우리가 능동적이고 적극적으로 무언가 '결정'한다고 생각했지만 사실 우리의 선택은 상황에 의해 이미 정해져 있는 것일 수 있다. 스스로 선택하고 결정한 것이라는 일종의 착각을 가질 뿐, 실은 심리학자나 마케터들이 잘 설계한 선택의 장(field) 안에서 우리는 그들이 예견하고 있는 행동을 그대로 보여 주고 있는 것은 아닐까?

사실 사람들은 자신이 선택할 대상(대안)이 얼마나 높은 가치를 갖고 있는지 확실히 알지 못한다. 심지어는 자신이 가장 선호하는 것이 무엇인지 알지 못하는 경우도 적지 않다. 우리가 평가하는 대상의 객관적 가치는 비교적 고정적이고 불변하지 않을지 모르지만, 대상에 대한 우리의 가치 판단이나 선호는 주관적이며 가변성을 갖고 있다. 따라서 선택 상황이나 맥락은 우리가 대상의 가치나 선호를 결정짓는 데 중요한 역할을 하고 있다. 즉, 앞선 사례들처럼 선택 대안이 싱글일 때 혹은 복수일 때 그리고 어떤 비교 대안이 주어

지는가에 따라 선행 대안에 대한 평가가 전혀 달라진다. 이러한 이유로 상황의 힘이 우리의 인지에 어떤 착시를 불러일으키고 어떻게 작용하는지를 이해해야 할 것이며, 제한된 합리성과 감성적 관점으로도 인간의 행동을 바라볼 수 있는 소비자 심리학의 역할에도 주목할 필요가 있을 것이다.

이 장이 여러분의 비합리적인 의사결정과 판단의 오류들을 정확히 교정해 줄 수는 없지만, 매일 마주하는 선택 장면에서 여러분에게 간단하나 귀중한 팁을 제공할 수는 있다. 첫째, 여러분이 스스로의 비합리성을 인정하고 자신의 의사결정을 돌아본다면 똑같은 상황에서 합리적인 선택을 할 수 있는 기회가 조금은 늘어날 수 있다. 적어도 선택 장면에서 한 번이라도 이러한 부분을 떠올린다면 말이다. 둘째, 이러한 선택의 심리를 토대로, 수많은 사람들속에서 여러분 자신의 브랜드를 어떻게 돋보이게 할 것인지, 어떻게 긍정적인 평가를 받을 것인지를 생각해 볼 수 있다. 그리고 마지막으로, 다른 사람들을 설득하는 장면에 응용할 수 있다. 우리가 누군가의 마음을 움직이고 행동을 변화시키고자 할 때 앞서 제시한 여러 심리적 통찰들은 선택 기술로써 흥미롭게 응용될 수 있을 것이다.

<참고문헌>

Adelson, E. H. (1995). Checkershadow illusion. http://web.mit.edu/persci/people/adelson/checkershadow_illusion.html

Asch, S. E. (1946). Forming impression of personality. *Journal of Abnormal and Social Psychology, 41*, 258-290.

Huber, J., Payne, J. W., & Puto, C. (1982). Adding asymmetrically dominated alternatives: Violations of regularity and the similarity hypothesis. *Journal of Consumer Research, 9*(1), 90-98.

Huber, J., & Puto, C. (1983). Market boundaries and product choice: Illustrating attraction and substitution effects. *Journal of Consumer Research, 10*(1), 31-44.

Hsee, C. K. (1996). The evaluability hypothesis: An explanation for preference reversals between joint and separate evaluations of alternatives. *Organizational Behavior and Human Decision Processes, 67*, 247–257.

Johnson, E. J., & Goldstein, D. (2003). Do defaults save lives? *Science, 302*(21), 1338–1339.

Park, C. W., Jun, S. Y., & MacInnis, D. J. (2000). Choosing what i want versus rejecting what i do not want: An application of decision framing to product option choice decisions. *Journal of Marketing Research, 37*(2), 187–202.

Tversky, A. & D. Kahneman (1974). Judgment under Uncertainty: heuristics and Biases. *Science, 185*(4157), 1124–1131.

Tversky, A., & Koehler, D. J. (1994). Support theory: A non–extensional representation of subjective probability. *Psychological Review, 101*, 547–567.

16장

심리학에서 배우는 좋은 삶의 자세

:

최인철 (서울대학교 심리학과 교수)

어떻게 살 것인가? 어떻게 사는 것이 좋은 삶일까?

다분히 철학적이고 인문학적인 이 질문들에 대하여 과연 심리학은 어떤 답을 할 수 있을까? 과연 이 질문들이 심리학의 영역이라고 할 수 있을까?

대부분의 심리학 개론서는 심리학이 가치중립적이며 규범적(normative)이거나 처방적(prescriptive)이기보다는 기술적(descriptive)이라고 소개한다. 이런 소개는 심리학이 사람들에게 이렇게 살아야 한다 혹은 저렇게 살아야 한다는 당위적인 지침을 제공하는 것을 주 목적으로 하기보다는 사람들의 특성을 있는 그대로 중립적으로 기술하는 것을 목적으로 한다는 점을 드러낸다. 일반적인 의미에서 당위와 가치를 중시하는 윤리학이나 철학과는 달리 심리학은 인간의 심리적 특성에 관한 사실(fact)을 수집하는 것에 관심을 두고 있다고 할 수 있다.

그러나 이런 일반적인 특징에도 불구하고 심리학은 가치에서 전적으로 자유로운 학문이 아니다. 심리학은 많은 사회적 이슈에 대해서 매우 적극적으로 생각과 행동의 지침을 제공하고 있다. 예를 들어, 집단 간 편견과 고정관념에 대한 사회심리학적 연구는 편견과 고정관념의 기원·원인·결과에 대한 사실들을 이해하는 것을 넘어서서, 어떻게 하면 편견과 고정관념을 줄일 수 있는지에 대한 해결책을 제시하고 있다. 임상 심리학과 상담 심리학은 인간의 심리적 고통과 부적응에 대한 사실만을 연구하는 것이 아니라 그 지식에 기초하여 정신 건강에 꼭 필요한 지침들을 사회에 제공하고 있다. 이런 노력은 심리학이 편견과 고정관념을 부정적인 것으로 바라보는 가치와 정신 건강을 바람직한 것으로 보는 가치를 가지고 있기 때문에 가능하다.

심리학이 가지고 있는 독특한 장점이 바로 여기에 있다. 심리학은 어떻게 살아야 하는지를 연구하는 학문이라고 스스로를 명시적으로 규정하지는 않는다. 그러나 인간의 삶에 관한 사실들을 치밀하고 체계적으로 축적하여, 바람직한 삶에 대한 보편적 가치에 근거한 제안과 지침을 제공하고 있다. 심리학의 처방은 그 어떤 학문보다 '증거에 기초(evidence-based)'하고 있다. 결론적으로, 심리학 개론서 어디에도 어떻게 살아야 하는가에 대한 명시적인 답이 없음에도 불구하고, 심리학은 그 어떤 학문보다 어떻게 살아야 하는가에 대한 답을 제공하고 있다고 볼 수 있다.

이런 전제하에 저자가 심리학에서 발견한 좋은 삶에 대한 교훈 몇 가지를 소개해 보고자 한다. 이 지침들은 철저히 저자의 개인적 기준에 의해 선택된 것임을 밝혀 둔다.

자기중심성을 이겨 내려는 자세

심리학이 밝혀낸 인간의 특징들 중 매우 주목할 만한 특징 하나가 자기중심성이다. 우리는 자신이 세상의 평균이라고 믿는다. 우리는 자신이 상식적이라고 가정한다. 따라서 우리와 생각이 다른 사람은 '상식이 없다'고 생각한다. 이는 인간의 자기중심성을 가장 잘 보여 주는 현상이 허위합의 효과(False consensus effect, Ross, 1977)이다.

이 연구에서는 연구 참여자들에게 다양한 기호를 묻는다. 예를 들어, 펩시와 코카콜라 중 좋아하는 것을 고르도록 한다. 선호만 묻는 것이 아니라 어떤 행동에 대한 태도도 묻는다. 예를 들어, '회개하라'는 문구가 적힌 피켓을 들고 자기 학교 캠퍼스를 돌아다니는 행동을 할 의사가 있는지를 묻는다. 참여자들이 답을 한 후에, 이번에는 다른 사람들(구체적으로는 자기 학교의 다른 학생들)이 어떤 선택을 할 것인지를 예측해 보게 한다.

이 연구에 따르면, 사람들은 자기가 좋아하는 것을 다른 사람들도 좋아할 것이라고 믿는다. 자신이 '회개하라'는 피켓을 들고 캠퍼스를 돌아다니겠다고 응답한 사람들은 다른 사람들도 그럴 것이라고 예측한다. 반대로 그 행동을 하지 않겠다고 답한 사람들은 남들도 하지 않을 것이라고 예측한다.

펩시보다 코카콜라를 좋아하는 사람들은 남들도 그럴 것이라고 가정한다. 따라서 그들은 펩시를 좋아하는 사람들을 의아해한다. 샌드위치 가게에서 흰 빵을 주문하는 사람들은 보리 빵을 주문하는 사람들을 이해하지 못한다. 보수적인 사람들은 진보적인 사람을, 진보적인 사람은 보수적인 사람을 이해하지 못한다. 자기중심성 리스트는 끝이 없다고 해도 과언이 아니다.

자기중심성은 자신이 세상의 상식이 되고 싶은 강한 동기와 우리 주변에는 주로 우리와 비슷한 사람들이 모여 있다는 현실에서 기인한다. 그 결과, 심리학에서 가용성(availability)이라고 불리는 원리를 따라(Kahneman & Tversky, 1973; Schwarz et al., 1991) 우리의 머리속에서는 우리와 취향과 의견, 정치적 성향이 비슷한 사람들이 쉽게 떠오른다.

사회심리학자 로스(Ross)는 이런 우리의 믿음을 소박한 실재론(naive realism)이라고 명명하고, 사람들 사이의 오해와 갈등의 상당 부분이 이에 근거함을 다양한 연구를 통해 밝혀 주었다(Ross & Ward, 1996). 그에 따르면 우리는 우리가 주관적으로 경험하는 내용이 객관적 실체라고 믿는 경향이 있다. 우리는 카메라와 같은 존재이기 때문에 세상에 존재하는 것들을 있는 그대로 경험한다고 믿는 것이다. 그러나 많은 심리학 연구는 우리는 카메라가 아니라 카메라를 들고 사진을 찍는 존재라는 점을 반복적으로 보여 준다. 우리는 우리의 가치와 욕망과 관점에 따라 찍고 싶은 장면을 찍고, 찍은 후에도 다양한 편집술을 이용해서 실제와는 다른 작품을 만들어 낸다.

자기중심성에 대한 심리학 연구는 우리로 하여금 좋은 삶을 살아가는 자세 하나를 가르쳐 준다. 바로 우리의 주관적 경험이 객관적 사실이 아닐 수 있으며, 타인의 주관이 반드시 오류는 아니라는 사실을 인정하는 자세이다. 자신과 타인의 차이를 자기를 준거점으로 삼아 해석하게 되면, 의견과 취향이 다른 타인은 늘 비상식적이고 이기적이며 편향된 존재로 보일 수밖에 없다.

공존의 가치를 추구하는 심리학은 우리로 하여금 이런 자기중심성에서 벗어날 것을 강하게 권하고 있다.

◉

자기와 타인에게 동일한 기준을 적용하려는 자세

자기중심성은 자기와 타인의 행동을 설명하는 현상에서도 발견된다. 귀인(attribution)이라는 심리학의 개념은 사람들이 행동을 설명하는 심리적 과정을 의미한다. 귀인 연구가 밝혀낸 가장 큰 성과 중 하나는 인간은 자신의 행동과 타인의 행동을 다르게 설명한다는 사실이다. 또한 다르게 설명할 뿐 아니라 자신에게 유리한 방향으로 설명하려고 한다.

예를 들어, 사람들은 자신이 약속에 늦은 것은 차가 밀렸기 때문이라고 외부 탓을 하지만(외부 귀인), 다른 사람이 약속에 늦은 것은 게으르기 때문이라고 설명한다(내부 귀인). 우리 팀이 원정에서 진 것은 시차 때문이라고 설명하면서도, 다른 팀이 우리나라 원정에서 진 것은 그들의 실력 때문이라고 주장한다. 자신의 좋은 성적은 능력과 노력의 결과이지만 다른 학생의 좋은 성적은 운과 관대한 성적 평가 때문이라고 깎아 내린다. 내 모든 행동에는 다 그럴 만한 이유가 있다고 믿는다. 그래서 자신의 실수와 실패에는 관대하지만 타인의 실수와 실패에는 단호하다.

자기와 타인에 대한 이중적 귀인의 대표적 현상으로 행위자-관찰자 편향(the actor-observer bias, Jones & Nisbett, 1972; Pronin, Lin, & Ross, 2002)과 자기 고양적 귀인(self-serving attribution, Carver, Degregorio, & Gillis, 1980; Greenberg, Pyszczynski, & Solomon, 1982; Mullen & Riordan, 1988)을 들 수 있다. 행위자-관찰자 편향이란 자신의 행동은 주로 상황적 요인들로 설명하지만 타인의 행동은 그 사람의 내면적 특징으로 설명하는 경향성을 지칭한다. 행위자가 자신의 행동을 설명할 때와 관찰자가 되어 타인의 행동을 설명할 때 서로 다르게 설명한다는 점을 보여 주는 개념이다.

자기 고양적 귀인이란 자신이 성공은 자신의 공으로, 자신의 실패는 환경과 운으로 설명하고, 타인의 성공은 환경과 운으로, 타인의 실패는 그 사람의 잘못으로 설명하는 현상을 지칭한다. 글자 그대로 자기를 고양(self-serving)하기 위해서 인간이 택하는 설명 양식인 것이다.

심리학은 인간이 행위자-관찰자 편향과 자기 고양적 귀인을 통해 자신의 자존감을 유지하려고 노력한다는 점을 보여 준다. 그러나 심리학은 한걸음 더 나아가서 우리로 하여금 그런 경향성을 넘어설 것을 권한다. 자신의 행동과 타인의 행동을 동일한 원리로 설명하려는 자세, 자신의 실수와 실패를 보호하듯 타인의 실수와 실패도 보호하려는 자세, 타인의 실수와 실패에 대해 단호히 대처하려면 자신의 실수와 실패에도 단호하게 대처하려는 자세, 이런 일관된 자세를 품고 살아가는 자세를 심리학은 우리에게 권하고 있다.

타인의 성공을 방해하지 않으려는 자세

앞에서 기술하였듯이 인간은 자기 자신을 긍정적으로 보려는 강한 욕구를 지니고 있다. 심리학에서는 이를 자기 고양 욕구라고 한다. 일상적인 표현을 빌리자면 자존감 욕구라고 할 수 있다.

우리의 자존감에 큰 영향을 주는 대상은 가까운 사람들이다. 가까운 사람들은 우리에게 위로를 제공해 주는 존재이기도 하고, 외로움을 해결해 주는 존재이기도 하지만 동시에 우리의 자존감을 크게 위협하는 존재이기도 하다. 특히 같은 분야에서 활동하고 있는 친구가 나보다 더 나은 성취를 이루었을 때는 심각한 위협이 된다. 탁월한 성취를 이룬 친구가 나와 다른 분야에서 활동하고 있다면, 자존감에 위협이 되기보다는 오히려 자존감의 원천이 된다.

예를 들어, 공무원인 나에게 운동선수 친구가 올림픽 메달을 따는 것은 자존감을 올려 주는 계기가 된다. 가까운 사람의 성취나 성공을 이용해서 자존감 혜택을 누리려는 심리적 행위를 BIRGing(basking in the reflected glory, Cialdini et al., 1976)라고 한다. 일종의 친구의 후광을 이용하는 행위이다.

그러나 나와 친구가 같은 종목 선수인데 친구만 메달을 획득하게 된다면 이는 자존감에 심각한 위협이 된다. 이런 상황에서 사람들은 몇 가지 방법을 이용해서 자존감을 보호하려고 한다. 그 중 한 가지 방법이 친구의 성취를 폄하하거나 친구의 나중의 성취를 방해하는 것이다. 시합 전날 일부러 불러내서 고민을 토로하거나 술을 권하여 연습을 하지 못하도록 유도하는 등의 방법으로 친구의 수행을 방해하려고 하는 것이 그 예이다. 그런 노력이 여의치 않은 경우에는 아예 친구와의 관계를 소홀히 해 버린다.

이런 심리적 과정을 설명하는 사회심리학의 이론이 자기 평가 유지 모델(Self-evaluation maintenance model, Tesser, 1988)이다. 이 모델을 자세히 들여다보면, 인간이란 존재가 얼마나 자기애(自己愛)를 강하게 가지고 있는지를 알 수 있다.

좋은 삶을 산다는 것은, 작가 D. H 로렌스의 표현을 빌리자면 '산술적 평균'을 깨는 것이다. 평균적인 존재는 가까운 사람의 성취로 인해 괴로워하고, 그의 성취를 방해하기 위해 은밀한 일을 벌인다. 그의 실패 앞에서 때로는 샤덴프로이데(schadenfreude), 즉 고소함을 느낀다. 이런 평균적 경향성을 벗어나려는 자세가 좋은 자세이다.

불교에서는 타인에게 일어난 좋은 일을 마치 자신의 일인 양 축하하고 기뻐해 주는 행위를 '수희(隨喜)'라고 부른다. 보통의 인간에게서 쉽게 발견되기 어려운 덕목이다. 심리학은 평균적 인간의 특징을 밝힌 후에 우리로 하여금 그 평균을 뛰어넘을 것을 권한다.

⬤

자민족 중심주의를 벗어나려는 자세

인간은 '거리'에 민감한 존재이다. 여기서 거리란 물리적 거리만을 의미하지 않는다. 우리는 시간도 물리적 거리인 것처럼 사유한다. 그래서 '가까운 미래' '먼 과거'와 같은 표현으로 시간을 공간화하는 경향이 있다. 뿐만 아니라 사람들 사이의 관계도 '가까운 사람' '먼 친척'과 같은 표현처럼 공간화한다. 우리는 공간상에서든 시간상에서든 그리고 인간관계에서든, 먼 거리의 사건을 표상할 때와 가까운 거리의 사건을 표상할 때 매우 다른 양상을 보인다. 예를 들어, 고아원에서 봉사하는 일을 '당장 내일' 한다고 생각할 때와 '일 년 후'에 한다고 생각할 때, 생각의 내용이 달라진다. 일 년 후의 일인 경우에는 그 일을 '인간으로서의 도리' '인류 보편에 대한 사랑' '의미 있는 일'과 같이 표상하지만, 당장 내일하게 될 일이라고 생각할 경우는 '고아원까지 몇 시간 걸릴까?' '어린아이들이 보채면 어떻게 달래야 하지?'와 같은 매우 구체적인 절차들을 주로 생각하게 된다.

같은 원리로 자기와 가까운 곳(예를 들어, 자기 지역이나 자기 나라)에서 벌어지는 일을 생각할 때와 먼 곳(다른 지역이나 다른 나라)에서 일어나는 일을 생각할 때도 생각의 내용이 달라진다. 사람들은 먼 곳에서 일어나는 일에 대해서는 원칙적으로 생각한다. 반면, 가까운 곳에서 일어나는 일에 대해서는 '특수한 사정'을 고려한다. 먼 나라에서 난민을 수용하지 않으면 인류애를 저버린 일이라고 원칙적인 생각을 하면서도, 우리나라에서 난민을 수용하지 않는 것에 대해서는 우리만의 특별한 사정이 있다고 생각한다.

우리는 우리 자신의 일, 우리와 가까운 사람들의 일 그리고 우리나라의 일에 대해서는 다 그럴 만한 특수한 이유가 있다고 생각한다. 그러나 다른 사람의 일, 우리와 상관이 없는 먼 관계 사람들의 일 그리고 다른 나라의 일에 대해서는 원칙을 내세워 판단한다. 이처럼 '거리'에 따른 판단의 차이를 설명하는 심리학적 이론을 해석수준이론(construal level theory, Liberman, Sagristano, & Trope, 2002; Trope & Liberman, 2003, 2010)이라고 한다.

해석수준이론에 따르면 자기와 가까운 사람과 집단에 대해서는 특수한 사정을 내세워 예외를 인정해 주고, 타인과 다른 집단 사람에 대해서는 엄격한 원칙을 적용하는 행위는 평균적인 인간의 자연스러운 행위이지만, 심리학은 역시 그 평균을 넘어설 것을 우리에게 가르친다. 자기와 자기집단 중심의 사고를 자민족 중심주의라고 한다. 심리학은 자민족 중심주의의 중요한 원인이 '거리'임을 밝히면서, 동시에 그 거리의 힘을 벗어날 것을 권하고 있다.

이기심과 이타심의 공존을 인정하는 자세

사람들은 이타적 행위 이면에 이기적 의도가 있다는 점을 알게 되면 그 행위를 더 이상 이타적인 것으로 보지 않는다. 또한 이타적 행위의 결과로 인해 그 행위자에게 유무형의 혜택이 발생해도 그 행위의 이타성을 인정하지 않는다. 그런 혜택에는 세금 혜택과 같은 유형의 것도 존재하지만, 타인의 인정이나 스스로에 대한 자부심과 같은 무형의 것도 포함된다. 이 기준에 따르면 '순수하지 않으면' 이타적일 수 없다.

그런데 매우 흥미롭게도 최근의 긍정심리학 연구는 자신이 행복해지기 위한 방법으로 남을 돕는 행위를 장려하고 있다. 남을 행복하게 만드는 것이 자신을 행복하게 만드는 가장 좋은 길이라는 전제 하에 행복해지기 위한 수단으로서의 이타적 행동을 장려하고 있는 것이다. 그러나 앞에서 소개한 순수 이타성에 대한 엄격한 기준을 적용하자면, 긍정심리학의 제안은 '순수하지 않은 제안'이 된다. 자신의 행복을 위해서 타인을 돕는 행위는 진정한 의미의 이타적 행동이 아니기 때문이다.

이런 두 개의 갈등적 입장에서 우리가 취해야 하는 태도는 무엇일까? 이타성에 대해 학자들이 서로 다른 견해를 갖고 있는 것처럼, 일반인들도 서로 다른 견해를 가지고 있을까? 다시 말해, 어떤 사람들은 어떤 이기적 의도나 결과가 없어야만 이타적이라고 믿을까? 반면에, 어떤 사람들은 설사 이기적인 의도가 있거나 이기적 결과가 발생하더라도 남을 돕는 행위는 여전히 이타적이라고 생각할까? 만일 사람들 사이에 이런 차이가 있다면, 그 차이는 어떤 결과를 가져올까?

이런 질문들에 답하기 위하여 필자 연구팀은 순수 이타성의 기준에 대한 사람들의 생각을 묻는 척도를 개발하였다. 이 척도에서 높은 점수를 받은 사람들은 '순수하게' 이타적인 행동만 이타적이라고 보는 사람들이라고 할 수 있다.

연구 결과 우리는 몇 가지 흥미 있는 결과들을 발견할 수 있었다(Choi, Kim, & Choi, 2018).

첫째, 순수 이타성에 대한 엄격한(혹은 이상적인) 기준을 가지고 있는 사람들은 개인이나 회사의 이타적 행위를 덜 이타적이라고 판단하였다. 이타적 행위 이면에 어떤 의도가 있을 것이라고 가정하고 들어가기 때문이다.

둘째, 순수 이타성에 대한 엄격한 기준을 가진 사람은 이타적 행위를 한 사람을 공개적으로 인정해 주는 시도에 대해 부정적인 태도를 지니고 있었다. 이타적 행위를 한 사람에게 칭찬을 하거나 상을 주는 행위를 반대하는 것으로 나타난 것이다.

셋째, 순수 이타성에 대한 이상적인 기준을 지닌 사람들은 이타적 행위를 한 개인이나 기업이 행위로 인해 혜택을 입게 되었을 때 그 개인이나 기업의 행위를 덜 이타적이라고 평가하는 경향성이 있었다.

마지막으로, 그들은 일상에서 남을 돕는 행위를 덜 하는 것으로 나타났다.

이타적 문화는 이타적 행위를 긍정적으로 평가하고 장려하는 곳에서 자라난다. 이타적 행위에 대해 숨은 의도가 있는 행위로 의심하거나 이타적 행위의 결과로 인해 혜택이 발생할 때 그 행위의 가치를 폄하하게 되면, 이타적 행위의 동기가 약해질 가능성이 있다.

심리학자 폴 블룸 (Paul Bloom)의 연구도 유사한 결론을 내리고 있다. 『공감에 반대한다(Against empathy)』라는 책에서 블룸(2017)은 공감을 이타성의 전제 조건으로 규정하게 되면, 공감을 느끼는 대상에게만 도움이 집중되고, 공감을 쉽게 느끼지 못하는 대상에게는 도움을 주지 않는 차별이 발생한다고 주장한다. 공감을 통한 이타적 행위는 바람직하지만, 공감이 전제 되어야만 이타적 행위를 할 수 있다는 생각은 역설적으로 이타성을 약화시킨다는 것이 그의 주장이다.

순수하게 이타적이어야 이타적이라는 기준은 사람들로 하여금 이타적 행위를 하는 것을 주저하게 만들 수 있다. '내 안에 어떤 이기적 의도도 없는가?' '나를 위해 남을 돕는 것은 아닌가?'라는 자기 점검을 유도할 가능성이 높기 때문이다.

이타적 행위를 한 사람을 이기적 의도가 있을 것이라고 의심하지 않는 자세, 이타적 행위를 한 기업이나 사람을 인정하려는 자세, 궁극적으로 이기성과 이타성의 공존을 인정하는 자세가 우리에게 필요하다고 할 수 있다.

Bloom, P. (2017). *Against empathy: The case for rational compassion*. Random House.

Carver, C. S., DeGregorio, E., & Gillis, R. (1980). Field-study evidence of an ego-defensive bias in attribution among two categories of observers. *Personality and Social Psychology Bulletin, 6*(1), 44-50.

Choi, E., Kim, I., & Choi, I. (2018). *Unpublished manuscript*.

Cialdini, R. B., Borden, R. J., Thorne, A., Walker, M. R., Freeman, S., & Sloan, L. R. (1976). Basking in reflected glory: Three (football) field studies. *Journal of personality and social psychology, 34*(3), 366.

Greenberg, J., Pyszczynski, T., & Solomon, S. (1982). The self-serving attributional bias: Beyond self-presentation. *Journal of Experimental Social Psychology, 18*(1), 56-67.

Jones, E. E., & Nisbett, R. E. (1972). The actor and the observer: Divergent perceptions of the causes of behavior. In Jones. E. E., Kanouse, D. E., Kelley, H. H., Nisbett, R. E., Valins, S., & Weiner, B. (Eds.), *Attribution: Perceiving the causes of behavior*. Morristown, NJ: General Learning Press.

Liberman, N., Sagristano, M. D., & Trope, Y. (2002). The effect of temporal distance on level of mental construal. *Journal of experimental social psychology, 38*(6), 523-534.

Mullen, B., & Riordan, C. A. (1988). Self-Serving Attributions for Performance in Naturalistic Settings: A Meta-Analytic Review 1. *Journal of Applied Social Psychology, 18*(1), 3-22.

Pronin, E., Lin, D. Y., & Ross, L. (2002). The bias blind spot: Perceptions of bias in self versus others. *Personality and Social Psychology Bulletin, 28*(3), 369-381.

Ross, L., Greene, D., & House, P. (1977). The "false consensus effect": An egocentric bias in social perception and attribution processes. *Journal of experimental social psychology, 13*(3), 279-301.

Ross, L., & Ward, A. (1996). Naive realism in everyday life: Implications for social conflict and misunderstanding. In T. Brown, E. S. Reed & E. Turiel (Eds.), *Values and Knowledge*. Hillsdale, NJ: Erlbaum.

Schwarz, N., Bless, H., Strack, F., Klumpp, G., Rittenauer-Schatka, H., & Simons, A. (1991). Ease of retrieval as information: another look at the availability heuristic. *Journal of Personality and Social psychology, 61*(2), 195.

Tesser, A. (1988). Toward a self-evaluation maintenance model of social behavior. *In Advances in experimental social psychology* (Vol. 21, pp. 181-227). Academic Press.

Trope, Y., & Liberman, N. (2003). *Temporal construal. Psychological review, 110*(3), 403.

Trope, Y., & Liberman, N. (2010). Construal-level theory of psychological distance. *Psychological review, 117*(2), 440.

Tversky, A., & Kahneman, D. (1973). Availability: A heuristic for judging frequency and probability. *Cognitive psychology, 5*(2), 207-232.

저자 소개

김재휘(Kim Jaehwi)

중앙대학교 심리학과를 졸업하고, 일본 도쿄대학(東京大学)에서 사회심리학 석사 및 박사 학위를 받았다. 현재 중앙대학교 심리학과 소비자광고심리 전공 교수로 재직 중이며, 제48대 한국심리학회 회장(2017~현재)으로 활동하고 있다. 행동경제학적 이론을 기반으로 한 의사결정에 관한 연구 논문을 다수 발표해 왔으며, 최근에는 목표행동, 건강예방행동, 위기대처커뮤니케이션 등 현실 사회에 기여할 수 있는 공익적 행동영역에 관한 연구를 활발히 진행 중이다.

김경일(Kim Kyungil)

고려대학교에서 심리학과에서 학사 및 석사 학위를 취득하고, 미국 텍사스 대학교(University of Texas at Austin)에서 박사학위를 받았다. 현재 아주대학교 심리학과 교수로 재직 중이다. 인간의 판단, 추론, 의사결정 및 창의성에 관한 논문들을 발표하였으며, 최근에는 메타인지에 관심을 가지고 연구하고 있다.

김영훈(Kim Younghoon)

미국 아이오와 주립대학교(Iowa State University) 심리학과에서 석사학위를, 일리노이 주립대학교(University of Illinois at Urbana-Campaign) 심리학과에서 박사학위를 받았다. 현재 연세대학교 심리학과 교수로 재직 중이다. 긍정심리 및 문화심리에 관한 논문들을 발표했으며, 최근에는 외모지상주의, 부부관계, 자존감, 칭찬과 꾸중, 위계 및 체면 문화에 관심을 가지고 연구하고 있다.

김지호(Kim Gho)

중앙대학교 심리학과를 졸업하고, 동 대학원에서 소비자 광고 심리학으로 박사학위를 받았다. 현재 경북대학교 심리학과 교수로 재직 중이며, '소비자 마음과 경험 연구실'을 개설하여 소비자 심리학 분야의 연구 활동을 하고 있다. 아이트래킹, SCR, EMG 등을 활용하는 뉴로마케팅에 관심을 가지고 있으며, 경북대학교 뉴로마케팅 센터장을 맡고 있다. 최근에는 관련 연구와 기업과의 협업을 통한 이론과 현장의 연결을 시도하고 있다.

김학진(Kim Hackjin)

고려대학교 심리학과를 졸업하고 미국 보스턴 대학교(Boston University)에서 계산신경과학 석사학위를, 위스콘신 주립대학교(University of Wisconsin)에서 생물심리학 박사학위를 받았다. 캘리포니아 공과대학(California Institute of Technology)에서 박사 후연구원을 거쳐 2007년부터 현재까지 고려대학교 심리학과 교수로 재직 중이다. 기능적 자기공명영상기법(fMRI)을 사용해 인간의 경제적 · 사회적 의사결정과 관련된 뇌 메커니즘을 연구하고 있으며, '인정욕구' '공감' '도덕성' '이타성' 등의 신경학적 기제를 규명하기 위한 연구들을 진행하고 있다.

나진경(Na Jinkyung)

서울대학교 심리학과에서 학사 및 석사 학위를 취득하고 미국 미시간 대학교(University of Michigan)에서 사회심리학 박사학위를 받았으며, 현재 서강대학교 심리학과 교수로 재직 중이다. 문화 차이 및 사회계층 차이에 대한 논문을 발표하였으며, 사회 불평등에도 관심을 가지고 연구하고 있다.

양난미(Yang Nanmee)

이화여자대학교 교육심리학과에서 상담심리 전공으로 석사학위를, 동 대학원 심리학과에서 상담심리 전공으로 박사학위를 받았다. 현재 경상대학교 심리학과 교수로 재직 중이다. 대학생과 부모세대의 행복한 삶에 관한 논문들을 발표하였으며, 대학생의 연애와 중년의 분노에 관한 연구를 진행하고 있다.

이병관(Lee Byungkwan)

서울대학교 심리학과를 졸업하고 동 대학원에서 심리학 석사학위를 취득하였으며, 미국 텍사스 대학교(University of Texas at Austin)에서 광고학으로 석사 및 박사 학위를 받았다. 현재 광운대학교 산업심리학과 소비자광고심리 전공 교수로 재직 중이며, 한국 소비자광고심리학회 회장, 심리학회 부회장, 광고학회 부회장으로 활동 중이다. 최근에는 사회적 배제, 자기자비, 자기해석 등 심리적 특성이 소비자 행동에 미치는 효과 및 SNS와 온라인 광고 효과에 관심을 가지고 연구하고 있다.

이수정(Lee Soojung)

연세대학교 심리학 전공으로 학사 · 석사 · 박사 학위를 취득하고, 미국 아이오와 대학교(University of Iowa)에서 심리측정 석박사과정을 수료하였다. 현재 경기대학교 범죄심리학과 교수로 재직 중이다. 범죄자의 심리 특성에 관한 논문들을 발표하였으며, 심리학적 원리를 활용한 형사정책적 대안 모색에 관심을 가지고 연구하고 있다.

이은경(Lea Eunkyoung)

이화여자대학교 심리학과에서 상담심리 전공으로 석사 및 박사 학위를 받았으며, 현재 명지대학교 청소년지도학과 교수로 재직 중이다. 청소년 심리 및 상담에 관한 논문들을 발표하였으며, 상담 자교육과 청소년상담에 관심을 가지고 연구하고 있다.

조양석(Cho Yangseok)

고려대학교 심리학과에서 학사 및 석사 학위를 취득하고 미국 퍼듀 대학교(Purdue University)에서 인지심리학 전공으로 박사학위(철학)를 받았다. 현재 고려대학교 심리학과 교수로 재직 중이다. 주의 및 반응 선택에 관한 논문들을 발표하였으며, 주의 통제에 관심을 가지고 연구하고 있다.

최영은(Choi Youngon)

중앙대학교 심리학과를 졸업하고 미국 듀크 대학교(Duke University)에서 박사학위를 받았다. 펜실베이니아 대학교(University of Pennsylvania)에서 박사후연구원을 거쳐 스키드모어 대학(Skidmore College)에서 교수를 역임하였으며, 현재 중앙대학교 심리학과 교수로 재직 중이다. 언어 및 인지 발달과 관련한 다수의 논문을 발표하였으며 아동의 언어 및 추론 능력의 발달과 이에 영향을 미치는 여러 요인에 대해 연구하고 있다.

최인철(Choi Incheol)

서울대학교 심리학과를 졸업하고 미국 미시간 대학교(University of Michigan)에서 사회심리학으로 석사 및 박사 학위를 취득하였다. 일리노이 대학교(University of Illinois) 심리학과 교수를 역임하였고, 현재 서울대학교 심리학과 교수로 재직 중이다. 문화심리학과 긍정심리학에 관련된 다양한 주제들을 연구하고 있다.

최진영(Chey Jeanyung)

서울대학교 심리학과를 졸업하고, 미국 하버드 대학교(Harvard University)에서 석사 및 박사 학위를 취득하였다. 현재 서울대학교 심리학과 교수로 재직 중이며, 54대 한국임상심리학회 회장으로 활동하고 있다. 조현병, 정동장애, 스트레스와 불안장애에 기여하는 인지 신경과학적 기전을 실험 정신병리학적 방법으로 연구하였으며, 최근에는 치매와 이를 보호하는 인지 예비능에 관한 연구, 뇌영상을 포함한 다차원적인 방법론을 활용하여 치매 보호 및 위험 요인들을 밝히는 연구를 진행하고 있다.

최 훈(Choi Hoon)

연세대학교 심리학과에서 석사학위를 취득하고 미국 예일 대학교(Yale University)에서 박사학위를 받았다. 현재 한림대학교 심리학과 교수로 재직 중이다. 인과관계 지각 및 시각 학습에 관한 논문들을 발표했으며, 스포츠에서의 시지각 및 얼굴 매력 지각에 관심을 가지고 연구하고 있다.

허태균(Hur Taekyun)

고려대학교에서 심리학 전공으로 학사를 취득하고 미국 노스웨스턴 대학교(Northwestern University)에서 사회심리학 박사학위를 받았다. 현재 고려대학교 심리학과 교수로 재직 중이며, 의사결정, 착각, 사법판단 등의 사회적 판단과정과 한국인의 심리특성에 관한 연구를 하고 있다.

더 알고 싶은 심리학
Something about Psychology

2018년 8월 30일 1판 1쇄 발행
2024년 1월 25일 1판 6쇄 발행

지은이 • 한국심리학회
　　　　김재휘 · 김경일 · 김영훈 · 김지호 · 김학진 · 나진경
　　　　양난미 · 이병관 · 이수정 · 이은경 · 조양석 · 최영은
　　　　최인철 · 최진영 · 최 훈 · 허태균
펴낸이 • 김 진 환
펴낸곳 • ㈜ 학지사
　　　　04031 서울특별시 마포구 양화로 15길 20 마인드월드빌딩 5층
대표전화 • 02) 330-5114　　　팩스 • 02) 324-2345
등록번호 • 제313-2006-000265호

홈페이지 • http://www.hakjisa.co.kr
인스타그램 • https://www.instagram.com/hakjisabook

ISBN 978-89-997-1603-4　03180

정가 15,000원

출판미디어기업 학지사

간호보건의학출판 학지사메디컬 www.hakjisamd.co.kr
심리검사연구소 인싸이트 www.inpsyt.co.kr
학술논문서비스 뉴논문 www.newnonmun.com
원격교육연수원 카운피아 www.counpia.com